STUDIEN ZUR RHEINISCHEN GESCHICHTE

HERAUSGEBER: DR. JUR. ALBERT AHN

2. Heft:

Die Rheinländer und die preussische Verfassungsfrage auf dem ersten Vereinigten Landtag (1847)

von

Eduard Hemmerle

BONN
A. MARCUS UND E. WEBERS VERLAG (Dr. ALBERT AHN)
1912

Inhalt.

Einleitung.

Die preussische Verfassungsfrage seit der Ära Stein-Hardenberg bis 1847.

1. Verfassungsgesetze und Verheißungen 1808—1847.

Nach dem Zusammenbruch des Jahres 1806 war Preußen unter der Führung des Freiherrn vom Stein in die Bahn wirtschaftlicher und politischer Reformen eingelenkt. Das politische Reformprogramm Steins sah auch eine allgemeine Nationalrepräsentation vor. In seinem Rundschreiben an die obersten Verwaltungsbehörden vom Jahre 1808, dem sog. „Politischen Testament" sagte er: „Das nächste Beförderungsmittel scheint mir eine allgemeine Nationalrepräsentation ... Mein Plan war..., jeder aktive Staatsbürger, er besitze 100 Hufen oder eine, er betreibe Landwirtschaft oder Fabrikation oder Handel, er habe ein bürgerliches Gewerbe oder er sei durch geistige Bande an den Staat geknüpft, habe ein Recht zur Repräsentation. Mehrere mir hierzu eingereichte Pläne sind von mir vorgelegt. Von der Ausführung oder Beseitigung eines solchen Planes hängt Wohl und Wehe unseres Staates ab, denn auf diesem Wege allein kann der Nationalgeist positiv erweckt und belebt werden." [1]) Auch die zum Kampf gegen Napoleon verbündeten Monarchen hatten diese Idee akzeptiert und mit ihr das Volk zum Kampfe angespornt, indem sie in der Proklamation von Kalisch (25. März 1813) erklärten, „daß unter den dringenden Umständen der gegenwärtigen Lage der Dinge durch neue Zusicherung dieser Rechte [d. i. einer Verfassung] in der wenn auch noch unvollständigen Bundesakte die Völker, um mit

[1]) G. H. Pertz, Das Leben des Ministers Frhrn. vom Stein, Berlin 1851, 2. Aufl., 6 Bde. Bd. II, S. 311.

Vertrauen und Mut, mit Kraft und Freudigkeit den neuen Kampf zu beginnen, über diese Rechte beruhigt werden, daß sie zur Überzeugung gelangen müßten, daß die bereits dargebrachten Opfer sowie die neuen Anstrengungen für ihre teuersten Interessen, für ihre unverjährbaren Rechte geleistet und erheischt würden."

Für Preußen speziell kommen hier zunächst zwei Kundgebungen des Königs Friedrich Wilhelm III. vom 10. Juli 1809 und vom 27. Oktober 1810 in Betracht. In einer Kabinetts-Ordre an die ostpreußischen Stände vom 10. Juli 1809 bezeichnete der König es als eine Forderung der Zeit und des neuen Staates an das herzustellende Ständewesen: „nicht Repräsentanten der einzelnen Stände, sondern Repräsentanten des Landes zu haben, die sich über das einzelne Interesse des Standes, dem ihr Individuum angehört, hinwegzusetzen wissen, wenn von dem Wohle des Ganzen die Rede ist." In dem Edikt vom 27. Okt. 1810 behielt sich der König vor, „der Nation eine zweckmäßig eingerichtete Repräsentation sowohl in den Provinzen als für das Ganze zu geben", deren Rat er gern benutze. [1])

Auf dem Wiener Kongreß waren die Vertreter Preußens bemüht, in die Bundesakte eine Bestimmung hineinzubringen, die den im Volke lebenden Verfassungswünschen entsprach. Die von ihnen gemachten Vorschläge lassen allerdings die wünschenswerte Klarheit und Kongruenz vermissen. Am 13. Sept. 1814 legten sie bei den Beratungen über die künftigen deutschen Verfassungen einen Entwurf vor, nach welchem als Minimum der ständischen Gerechtsame für alle Bundesstaaten ein bestimmter Anteil an der Gesetzgebung, Bewilligung der Landesabgaben festgestellt werden solle. [2]) In einem späteren Entwurf vom Febr. 1815 war nur noch von einer Mitberatung der Stände bei Erlaß neuer allgemeiner, die persönlichen und Eigentumsrechte der Staatsbürger betreffenden Gesetze und von der Bewilligung neuer oder er-

---

[1]) Nach „Die preußische Verfassungsfrage. Zusammenstellung aller auf die Verordnung vom 22. Mai 1815 bezüglichen Aktenstücke, Gesetze usw". Leipzig, 1845.

[2]) Klüber, Akten des Wiener Kongresses in den Jahren 1814 u. 1815, 8 Bde. Erlangen 1815—1829. Bd. I, 47/8.

höhter Steuern die Rede, aber „das Recht der Beschwerdeführung über Mißbräuche oder Mängel in der Landesverwaltung, worauf ihnen die Regierung die nötige Erklärung nicht verweigern" dürfe, war ihnen vorbehalten.[1]) Diesen Bemühungen Preußens blieb indes wegen der sich stärker erweisenden Gegenströmung der Erfolg versagt, so daß es bei der Bestimmung des Art. XIII der Bundesakte sein Bewenden hatte, welche lautete: „In allen Bundesstaaten wird eine landständische Verfassung stattfinden."

Das Jahr 1815 brachte wieder mehrere bedeutsame Kundgebungen des Königs von Preußen zur Verfassungsfrage. Zunächst die beiden Besitzergreifungspatente vom 5. April 1815, in denen er sich „an die Bewohner der neu erworbenen Herzogtümer Cleve, Berg und Geldern" und „der mit der preußischen Monarchie vereinigten Rheinlande" wandte.[2]) In dem ersten hieß es: „Wir werden die Bildung einer Repräsentation anordnen"; in dem zweiten: „Die Steuern sollen mit Eurer Zuziehung reguliert und festgestellt werden, nach einem allgemeinen, auch für meine übrigen Staaten zu entwerfenden Plane." In dem Besitzergreifungspatent vom 15. Mai 1815 an die westpreußischen Stände sagt er diesen zu, daß sie „in dieser Wiedervereinigung an der Konstitution teilnehmen" würden, die er allen seinen Untertanen zu geben beabsichtige.[3]) Die Kungebung aber, in welcher sich der König am Deutlichsten über seine Absichten aussprach, und die, mit Gesetzeskraft ausgerüstet, in der Folgezeit denen, die auf Einlösung der königlichen Verfassungsversprechungen drängten, am meisten als rechtskräftiges Fundament diente, war die Verordnung vom 22. Mai 1815.[4]) Hardenberg hatte den König zu diesem weitgehendsten Versprechen veranlaßt, das zweifellos auch unter dem Einfluß des Freiheitskampfes und der Volksströmung gegeben wurde.[5]) In der Einleitung

[1]) Klüber, a. a. O. II, 44.

[2]) Ges. Samml. 1815, S. 21 u. 25.

[3]) Ges. Samml. 1815. S. 47.

[4]) Ges. Samml. 1815, S. 103.

[5]) „Quand Napoléon revint de l'île d'Elbe, Frédéric Guilleaume III, sur les conseils d'Hardenberg, crut nécessaire d'intéresser la nation toute entière au sort de la guerre, qui allait s'engager: il lui promit donc une

sagte der König, er erlasse die Verordnung, damit die Grundsätze, wonach seine Vorfahren und er selbst die Regierung des Reiches geführt hätten, treu überliefert und vermittelst einer schriftlichen Urkunde als Verfassung des preußischen Reiches dauerhaft bewahrt würden. Die vier ersten Paragraphen dieser Verordnung lauten:

§ 1. Es soll eine Repräsentation des Volkes gebildet werden.

§ 2. Zu diesem Zwecke sind

a) Die Provinzialstände, wo sie mit mehr oder minder Wirksamkeit noch vorhanden sind, wieder herzustellen und dem Bedürfnis der Zeit gemäß einzurichten;

b) wo gegenwärtig keine Provinzialstände vorhanden, sind sie anzuordnen.

§ 3. Aus den Provinzialständen wird die Versammlung der Landesrepräsentanten gewählt, die in Berlin ihren Sitz haben soll.

§ 4. Die Wirksamkeit der Landesrepräsentanten erstreckt sich auf die Beratung über alle Gegenstände der Gesetzgebung, welche die persönlichen und eigentümlichen Rechte der Staatsbürger mit Einschluß der Besteuerung betreffen.

Damit war der ständische und beratende Charakter der künftigen Landesrepräsentation festgestellt. Die Verordnung zeigt, daß weitergehende Pläne, die, wie die Vorschläge Preußens auf dem Wiener Kongreß erkennen lassen, vorübergehend aufgetaucht waren, nicht mehr gehegt wurden. Sie ist weiterhin bedeutsam für die Interpretation von Worten und Wendungen, die der König in seinen z. T. nur wenige Tage zurückliegenden Kundgebungen gebraucht hatte. Das Wort „Konstitution" (Patent v. 15. Mai 1815) hatte für ihn nicht den Sinn, den es in der staatsrechtlichen Literatur damals bereits hatte; er verstand darunter offenbar jede Verfassung, welcher Art sie auch sein mochte. Die in dem Patent vom 5. April 1815 verheißene „Zuziehung zur Regulierung

---

constitution." (Devinat, Le mouvement constitutionnel en Prusse de 1840 1847. Revue Historique Sept.-Okt. 1911. S. 5.

und Feststellung" der Steuern, die den Gedanken an eine entscheidende Mitbestimmung wenigstens sehr nahe gelegt hatte, war im Sinne einer bloß beratenden Mitwirkung interpretiert. Andrerseits — und das ist wichtig für die spätere Entwicklung — konnte die Wendung „Repräsentation des Volkes" im Sinne der oben (S. 2) zitierten Kabinetts-Ordre vom 10. Juli 1809 nur eine Vertretung des gesamten Volkes im Gegensatz zu einer ständischen Interessenvertretung bedeuten.

Wieder wies der König bei Einsetzung des Staatsrats (30. März 1817) auf die „künftige Landesrepräsentation" hin, deren Einwirkung bei der Gesetzgebung „durch die infolge der Verordnung vom 22. Mai 1815 auszuarbeitende Verfassungsurkunde näher bestimmt werden" solle.

Die Restaurationspolitik, die bald nach 1815 unter dem Einfluß Metternichs auch in Preußen Eingang fand, verhinderte das Fortschreiten auf der Bahn politischer Reformen. Die Verfassungsurkunde erschien nicht. In den ersten Jahren hatte das seinen Grund in der Dringlichkeit der anderen staatlichen Aufgaben: Neuorganisation des Staates, vor allem Ausbau der Steuergesetzgebung. Aber die endgültige Aufgabe der früher gehegten Verfassungspläne war begründet in dem Gesinnungswechsel, der sich inzwischen beim Könige in Bezug auf die Verfassungsfrage vollzogen hatte. Eine authentische Mitteilung hierüber besitzen wir in dem Landtagsabschied seines Nachfolgers vom 9. Sept. 1840 an die preußischen Stände, die unter Bezugnahme auf die Verordnung vom 22. Mai 1815 den König um künftige Erweiterung der ständischen Verfassung gebeten hatten. Der König fühlte sich „durch diese Bezugnahme bewogen, zur Hebung jedes künftigen Zweifels und Mißverständnisses" sich über diesen Gegenstand offen auszusprechen. Die Ergebnisse, welche sein Vater bald nach Erlaß der Verordnung vom 22. Mai 1815 in anderen Ländern wahrgenommen, hätten ihn bewogen, „wie wir davon auf das Unzweifelhafteste unterrichtet sind, die Deutung, welche mit seinen königlichen Worten verbunden wurde, in reifliche Überlegung zu ziehen." Er habe beschlossen, sein Wort zu erfüllen, „indem er, von den herrschenden Begriffen sog. allgemeiner Volksvertretung . . . sich fern haltend . . . den naturgemäßen, auf geschichtlicher Entwicklung beruhenden und der deutschen Volkstümlichkeit entsprechenden Weg einschlug. Das Ergebnis seiner weisen Fürsorge ist die allen Teilen der Monarchie verliehene provinzial- und kreisständische Verfassung." (s. u.)

Den Stein des Anstoßes bildete also offenbar die Bestimmung des § 1 in der Verordnung vom 22. Mai 1815, daß eine Repräsentation des Volkes gebildet werden solle. Auf Grund der inzwischen gewonnenen „besseren Einsicht" wollte man nun aber von einer allgemeinen Volksvertretung nichts wissen, weil eine solche größere Rechte zu erfordern schien, als man zu bewilligen bereit war. So hielt man zwar an der Idee einer zentralständischen Vertretung fest, aber ihr staatsrechtlicher Charakter sollte kein anderer sein als der der alten Stände, d. h. die künftigen gesamtpreußischen Stände sollten nur Vertreter der eigenen Interessen sein.

Daß man das Versprechen von 1815 in diesem Sinne zu erfüllen gedachte, zeigt die „Verordnung wegen künftiger Behandlung des Staatsschuldenwesens" vom 17. Jan. 1820, deren hier in Frage kommende Artikel II und XII bestimmen:

Art. II. „Wir erklären diesen Staatsschulden-Etat auf immer für geschlossen. Über die darin angegebene Summe hinaus darf kein Staatsschuldschein oder irgend ein anderes Staatsschuldendokument aufgestellt werden. Sollte der Staat künftighin zu seiner Erhaltung oder zur Förderung des allgemeinen Besten in die Notwendigkeit kommen, zur Aufnahme eines neuen Darlehens zu schreiten, so kann solches nur unter Zuziehung und Mitgarantie der künftigen reichsständischen Versammlung geschehen."

Art. XII. „Endlich ist die Staatsschuldenverwaltungsbehörde verpflichtet, der künftigen reichsständischen Versammlung alljährlich Rechnung zu legen."

Diese Kundgebung war hervorgegangen aus der Rücksicht auf die Staatsgläubiger, denen die Mitgarantie einer „Volksvertretung" wenn auch noch so problematischer Natur für die aufzunehmenden Anleihen erwünscht sein mußte. Durch dieses Gesetz kommen in das Bild der künftigen zentralständischen Versammlung neue und markante Züge. Wir resumieren den Inhalt der Gesetzgebung, die auf die einzurichtenden Reichsstände hinweist und die mit dem Staatsschuldengesetz vom Jahre 1820 ihren Abschluß erreicht hat: Es soll eine ständische Versammlung geschaffen und ihr Wirkungskreis durch eine schriftliche Verfassungsurkunde näher bestimmt werden. Im allgemeinen war schon festgesetzt, daß die Versammlung das Beratungsrecht über alle das Personen- und Eigentumsrecht sowie die Besteuerung betreffenden Gesetze, das Mitbestimmungsrecht bei der Aufnahme von Staatsschulden und das Recht der Rechnungsabnahme von der Staatsschuldenverwaltung haben und daß sie jährlich zusammentreten sollte.

Das Einzige, was unter der Regierung Friedrich Wilhelm's III. von den im Jahre 1815 gegebenen Versprechungen erfüllt wurde, war die Einrichtung der Provinzialstände durch die Gesetzgebung vom Jahre 1823. Die Befugnisse dieser provinzialständischen Versammlungen waren sehr beschränkt. Sie hatten rein beratenden Charakter und ihre Berufung stand im Belieben des Königs. Die Bildung der Reichsstände unterblieb. Wohl wurden die alten, darauf bezüglichen Gesetze nicht aufgehoben, aber man hielt es offenbar für das Beste, die Erledigung dieser delikaten Angelegenheit solange wie möglich, also bis eine Anleihe notwendig werden würde, aufzuschieben. Die im Deutschen Bunde maßgebende Politik Metternichs führte auch in Preußen zu einer Stagnation in der Verfassungsfrage. Die Grundsätze, von denen Friedrich Wilhelm's III. Politik in den letzten Jahrzehnten seiner Regierung geleitet wurde, erhellen aus seinem im Jahre 1838 entworfenen Politischen Testament. Er sagt darin, daß er „die Gewalt und Macht des Thrones unbeschränkt erhalten" habe, und bestimmt, daß „eine Veränderung in der jetzigen Verfassung des Staates, namentlich in Beziehung auf die ständischen Verhältnisse und die Beschränkung der königlichen Macht" nur „unter Zuziehung sämtlicher Agnaten" geschehen solle. Über seine reichsständischen Pläne äußert er sich dahin, daß er, wenn es notwendig werden sollte, die reichsständische Versammlung zu berufen, dieselbe aus je einem Erwählten der vier Stände der acht Provinziallandtage bilden und ihnen eine gleiche Anzahl von Mitgliedern des Staatsrats —

also 32 — beigeben werde. „Andere Fragen als über den einen oben erwähnten Gegenstand [Anleihen] werde ich einer solchen Versammlung nie vorlegen.“ [1])

Mit dem Regierungsantritt Friedrich Wilhelm's IV., der nicht nur in Preußen, sondern auch im übrigen Deutschland von allen, die die Umwandlung Preußens in einen Verfassungsstaat wünschten, hoffnungsfroh begrüßt wurde, trat das preußische Ständewesen in ein neues Stadium der Entwicklung, und auch die Öffentlichkeit wandte der Angelegenheit eine stetig wachsende Aufmerksamkeit zu. Der neue König hatte sich schon als Kronprinz lebhaft für die Entwicklung des ständischen Wesens interessiert und auch an der Vorbereitung der Gesetzgebung von 1823 mitgewirkt. Diejenigen beurteilten ihn aber falsch, die ihn für einen Freund konstitutioneller Staatsverfassung hielten. Seine ersten Kundgebungen nach dem Regierungsantritt erweckten an manchen Stellen viel zu weitgehende Hoffnungen. Friedrich Wilhelm's IV. staatsrechtliche und staatsphilosophische Anschauungen waren, wenn auch nicht in jeder Beziehung, z. B. in bezug auf die Wertschätzung des Nationalen, die der Hallerschen Schule. Mit dem großen Theoretiker der Restaurationspolitik glaubte er an die Notwendigkeit der unumschränkten Gewalt des Monarchen und der ständischen Gliederung des Staates. [2]) Mit seiner verstandesmäßigen Überzeugung stand der Zug seines Herzens im Einklang. Ein Sohn der Romantik schwärmte er für die alte deutsche Kaiserherrlichkeit und entnahm er sein Ideal einer ständischen Vertretung der vorabsolutistischen Zeit. Der Weg, den ihm Überzeugung und Neigung wiesen, war ihm überdies vorgezeichnet durch das Testament seines Vaters, der seinen Nachfolger an der Krone verpflichtet hatte, in der Verfassungsfrage nach den von ihm gegebenen Bestimmungen zu verfahren.

Im Jahre 1838 hatte sich der König — damals noch Kronprinz — dem Zaren Nikolaus I. gegenüber darüber

---

[1]) Treitschke, Deutsche Geschichte im 19. Jahrhundert, 5 Bde. 1879/94. (II, 753.)

[2]) Vgl. Meinecke, Weltbürgertum und Nationalstaat (München und Berlin 1908), S. 210—264.

ausgesprochen, wie er „das Versprechen zu erfüllen gedenke, das Friedrich Wilhelm III. durch die Verordnung vom 22. Mai 1815 gegeben hatte.“ [1]) Später hat er sich mehrere Male über seine Absichten bezüglich der ständischen Gesetzgebung ausgesprochen. In dem schon erwähnten Landtags-Abschied von 1840 erklärte er, daß er entschlossen sei, den in dieser Angelegenheit von seinem Vater betretenen Weg zu verfolgen, und forderte die preußischen Stände auf, seinen Absichten über die Institution der Landtage zu vertrauen. Diese Absichten zielten ab auf eine Erfüllung der Verheißungen der Verordnung vom 22. Mai 1815, aber nur insoweit sie eine zentralständische Vertretung in Aussicht stellte, nicht in dem Umfange, den sie durch Interpretation der Wendung „Repräsentation des Volkes“ im Sinne einer allgemeinen Volksvertretung gewann. Daher erklärte er auch am 12. März 1843 in seiner Antwort auf die Adresse der posenschen Stände um Bewilligung der am 22. Mai 1815 verheißenen Verfassung, das Gesetz vom 5. Juni 1823 (betr. die Provinzialstände) sei als an Stelle der Verordnung vom 22. Mai 1815 getreten anzusehen, und er erachte die erstere nicht mehr als für sich verbindlich. [2])

Daß der König auf der von ihm selbst angenommenen Grundlage fortzubauen entschlossen war, zeigte schon das Patent vom Frühjahr 1841, mit dem er die Provinziallandtage einberief. Darin sprach er die Hoffnung aus, daß nunmehr auch für die ständischen Verhältnisse eine lebendigere Zeit beginnen werde. Die Verwirklichung dieser Hoffnung leitete er ein, indem er den Landtagen die Veröffentlichung ihrer Protokolle — aber ohne Nennung der Redner — gestattete, sie alle zwei Jahre zu berufen verhieß und die Wahl von Ausschüssen aus allen Landtagen anordnete, damit die Monarchie „sich ihres Rates bedienen und ihre Mitwirkung in wichtigen Standesangelegenheiten stattfinden lassen“ könne; auch behielt er sich vor, diese Ausschüsse je nach Umständen zu gemeinsamer Beratung zu vereinigen. Diese Ausschüsse

---

[1]) Schiemann in der Schmoller-Festschrift des Vereins für Geschichte der Mark Brandenburg, Leipzig 1908. S. 276.

[2]) „Die preußische Verfassungsfrage“ usw. (vgl. S. 2, Anm. 1), S. 74.

betrachtete der König lediglich als eine Vorbereitung auf Generalstände. [1])

Die Ausschüsse traten am 18. Okt. 1842 zum ersten Male in Berlin zusammen. Marschall [d. i. Präsident] war der rheinische Standesherr Fürst Solms-Hohensolms-Lich. In dem Ministerrat vom 8. November 1842 entwickelte der König seine Zukunftsabsichten. Er gedachte solange wie möglich mit den Provinziallandtagen und Ausschüssen zu arbeiten, und wenn der im Staatsschuldengesetz von 1820 vorgesehene Fall einer Anleihe oder neuer Steuern eintrete, sämtliche Landtage zu einem Vereinigten Landtage zusammenzuberufen. Diesem wollte er dann das Recht der Bewilligung neuer Steuern sowie der Friedens-, aber nicht der Kriegsanleihen einräumen, ihm aber keine Periodizität gewähren. [2]) Damit hatte er den Plan entwickelt, den er dann auch unverrückt festgehalten und durchgeführt hat. Die Abweichungen von den alten Gesetzen hoffte er, wie Treitschke sagt (a. a. O. V. 188) „auf streng rechtlichem Wege, mit Zustimmung seiner getreuen Stände selbst durchzuführen.“ Schon damals aber erhielt er von der Mehrheit des Ministerrats auf die diesem u. a. vorgelegte Frage, ob die Stände sich nicht für inkompetent erklären würden, die Antwort, die vereinigten Stände würden sich nicht für befugt halten, in die Rechte des verheißenen Reichstags einzugreifen. [3])

In den Jahren 1843 und 1845 gelangten von den Provinziallandtagen, die sich wieder eifriger mit den Verfassungsfragen beschäftigten, Petitionen an den König, die jedoch alle abgewiesen wurden. Der König verfolgte in der Verfassungsfrage seinen eigenen Weg und wollte seine Absichten ohne Beeinflussung von außen durchführen. Im Sommer 1845 sprach sich die in diesem Jahre gebildete Verfassungskommission fast einstimmig für die Berufung allgemeiner Landstände aus. Ihre Wünsche waren aber nicht auf einen Vereinigten Landtag, sondern auf Verstärkung der Vereinigten

---

[1]) Treitschke, a. a. O. V., 141. Schreiben des Königs v. 9. Mai 1841 an den Oberpräsidenten d. Prov. Preußen, Schön.

[2]) Treitschke, a. a. O. V, 187.

[3]) Vota der Minister auf die drei Fragen Sr. Maj. vom 9. Nov. 1842 bis 15. Nov. 1843. Bei Treitschke V, 188.

Ausschüsse und Ausstattung derselben mit reichsständischen Rechten gerichtet.[1]) Auch jetzt hielt der König an seinen Plänen fest. Im März 1846 fanden wieder Beratungen der Kommission mit den Ministern statt; dieselben erstreckten sich über dreiviertel Jahre und hatten das Ergebnis, daß sich alle gegen zwei Stimmen für eine ständische Zentralvertretung und 9 gegen 7 Stimmen für Bildung eines Vereinigten Landtages aussprachen. In diesem Augenblick, kurz vor Erlaß des Patents vom 3. Febr. 1847, welches die Absichten des Königs endlich verwirklichen sollte, erhob der Thronfolger, Prinz Wilhelm, der in dem Vorhaben seines Bruders den ersten Schritt auf der gefährlichen Bahn zum Verfassungsstaat sah, seine Stimme, um vor der in Aussicht genommenen Maßnahme zu warnen. Im Dezember 1846 verfaßte er eine Denkschrift, in der er auf die Unauflöslichkeit eines aus den Provinzial-Landtagen gebildeten Vereinigten Landtages hinwies, für den Fall der Berufung des letzteren eine Erste Kammer als unbedingt nötig bezeichnete und von der Gewährung des Steuerbewilligungsrechtes und des unbeschränkten Petitionsrechtes der Stände abriet. An den einmal bestehenden Absichten des Königs vermochte er indes nichts mehr zu ändern; nur mit seinem Vorschlage, eine besondere Erste Kammer zu bilden, hatte er Erfolg.

2. Die Rheinlande und die Verfassungsfrage bis 1847.

Dem vorstehend gegebenen Überblick über die Entwicklung der preußischen Verfassungsfrage bis 1847 lasse ich in gedrängter Kürze eine Schilderung der Stellung folgen, welche die Rheinländer während dieser Zeit zu dieser Frage eingenommen haben.

Als im Jahre 1817 Friedrich Wilhelm III. die neu erworbenen rheinischen Gebiete bereiste, da benutzten die Bürger mehrerer großer Städte diese Gelegenheit, um ihm ihre Verfassungswünsche vorzulegen.[2]) So äußerte der Bür-

[1]) Treitschke V, 605.

[2]) Das Folgende zitiert nach: „Die preuß. Verfassung-Frage, Sammlung aller auf d. Vorrede v. 22. 5. 15 bezgl. Aktenstücke, Gesetze, Petitionen, Landtags-Abschiede. Denkschriften usw.“ Leipzig 1845.

germeister von Trier im August des genannten Jahres in seiner Rede vor dem Könige, den Bewohnern dieses Landesteiles bleibe nur ein Wunsch, um dessen Erfüllung S. Majestät gebeten werde: „Die Gewährung einer dem Zeitgeiste gemäßen ständischen Verfassung." Am 11. September überreichte der Stadtrat von Köln dem Könige eine Denkschrift, in der ihm die Erhaltung der dem rheinischen Volke liebgewordenen Institutionen ans Herz gelegt und die Bitte ausgesprochen wurde, bis zur Einführung eines „konstitutionellen Organs" durch eine „zur festen Begründung des Ansehens der kgl. Regierung so nötige Provinzialrepräsentation .... die General-Departements-Räte als Provinzialrepräsentanten zu versammeln und mit dieser Stelle die zum Wohle des Landes einzuführende künftige Verfassung und die dem Geiste der Einwohner zusprechenden Modifikationen einzuführender oder bereits eingeführter Institute in reife Beratung nehmen zu lassen."

Von besonderer Bedeutung war die Bittschrift vom 18. Okt. 1817, welche die von Görres geführte Koblenzer Deputation am 12. Jan. 1818 dem Fürsten Hardenberg zur Weiterbeförderung an den König übergab. Darin schlossen sich die Petenten in allen Teilen den Wünschen von Trier und Köln an. An einzelnen Stellen wurden sie recht deutlich. Sie wiesen darauf hin, daß alles, wonach sie ihr Verlangen ausgedrückt, ihnen schon in dem königlichen Besitznahmepatent zugesichert sei. „Sie [die Unterzeichner] sind nie vermessen genug gewesen, an der Erfüllung des königl. Wortes den geringsten Zweifel zu hegen, und wollen daher ihr Gesuch nur dahin aussprechen, daß es Ew. Majestät gefallen möge, dieselbe eintreten zu lassen, sobald es die Umstände erlauben." Weiter wurde der König gebeten, sich beim Bundestage dafür zu verwenden, „daß durch Festsetzung der gegenseitigen Pflichten und Rechte, der Regenten und Regierten, in allen Staaten Deutschlands der 13. Artikel der Bundesakte endlich in Erfüllung komme." Darauf antwortete der König am 21. März 1818: „Wer den Landesherrn, der die Zusicherung einer zu gewährenden Landesrepräsentation aus freier Entschließung gab, daran erinnert, der zweifelt frevelhaft an der Untrüglichkeit seiner Zusage."

Der Stadtrat von Cleve trat in einer Bittschrift vom 29. April 1818 den von den Städten Trier und Köln und von der Koblenzer Landschaft geäußerten Wünschen bei und erbat an erster Stelle „eine Volksvertretung oder reichsständische Verfassung".

Lediglich provinzielle und altständische Interessen verfolgte eine Denkschrift des ritterschaftlichen Adels von Jülich, Cleve, Berg und Mark, die sich mit der Bitte um Wiederherstellung einer allen Interessen gerecht werdenden ständischen Verfassung an den König wandte und sich gegen eine „die wesentlichen Interessen des Landes nicht unterscheidende, allverwirrende Gleichheit" aussprach.

Obwohl hier der Adel ebenso wie die Adressen der Städte eine ständische Verfassung verlangte, verstanden die Bürger des Rheinlandes darunter doch etwas anderes als der Adel. Schon in dem Verlangen der Trierer Adresse nach einer „dem Zeitgeist gemäßen" Verfassung und dem Wunsch der Clever Adresse nach einer „Volksvertretung oder reichsständischen Verfassung" kommt dieser Gegensatz zum Ausdruck. Darin liegt eine Ablehnung der vom Adel gewünschten Wiederbegründung der alten Stände. Genaueren Aufschluß darüber, wie man sich damals am Rhein eine ständische Vertretung dachte, gibt der von Görres über die Audienz der von ihm geführten Deputation beim Staatskanzler erstattete Bericht.[1]) Die Grundidee wird darin so formuliert: „Unser altes ständisches Recht, den geänderten Verhältnissen ohne alle innere Schmälerung angepaßt, ist, was wir als Minimum in Anspruch nehmen dürfen." (S. 57.) Grundelemente, auf die die Verfassung zurückgehen müsse, seien Lehr-, Wehr- und Nährstand. Darunter versteht er genauer: Geistlichkeit, Gelehrtenstand (z. B. Ärzte, Schriftsteller), Adel, Gerichtsbeamte, Bürgerschaft (Handel und Gewerbe), Bauern (S. 6ff.). Wichtig ist das Verlangen: Keine Bevorrechtung des Adels (S. 20/1). Er soll vertreten sein, aber „soweit seine jetzige Lage es gestattet". An Stelle der untergegangenen Adelsgeschlechter hätten im Verlauf der Zei-

[1]) „Die Übergabe der Adresse der Stadt Coblenz und der Landschaft an S. Majestät den König" (1818.)

ten und in der Entwicklung der gesellschaftlichen Verhältnisse neue Interessen sich gebildet und neue Gliederungen der alten Stände, die gegenwärtig ihre Vertretung forderten. (S. 13.) Es wird hier also eine berufsständische Vertretung, die sich den neuen Verhältnissen anpaßt, gewünscht.

Neben diesem Görresschen Bericht sind es vor allem die Schriften J. F. Benzenbergs,[1]) die über die damaligen Verfassungsanschauungen am Rhein Aufschluß geben. Von ihm erschienen im Jahre 1821 zwei Schriften: „Die Verwaltung des Staatskanzlers Fürst von Hardenberg" und „Friedrich Wilhelm III." In der ersteren befaßt er sich in anerkennender, fast bewundernder Weise mit der Reformtätigkeit Hardenbergs auf steuer-, agrar- und verfassungspolitischem Gebiet. Er ist der Ansicht, daß man den Sieg des Repräsentativsystems in Deutschland als entschieden ansehen könne, und zu diesem Siege habe Preußen das meiste beigetragen, und in Preußen keiner soviel als der Staatskanzler. Denn, indem er durch eine zehnjährige Gesetzgebung alle Grundelemente des Repräsentativsystems [er versteht darunter einen zahlreichen Stand freier Ackerbauern. S. 132] ins Leben rief, sei er diesem System nützlicher gewesen, als alle, welche in erhobenen Worten sich über dasselbe hätten vernehmen lassen. (S. 118/9.) Aus den veränderten sozialen Verhältnissen folgert er nicht, daß das Volk nach der Kopfzahl in der Kammer repräsentiert werde, sondern auch er will, daß die Kammer aus „Ständen", aber im neuen Sinne, besonders ohne Bevorzugung des Adels, hervorgehe, daß ihr konstitutionelle Rechte [Gesetzgebung, Budget- und Steuerbewilligung] eingeräumt werde und daß sie eine Vertretung des ganzen Volkes sei. In diesem Sinne sieht er in Bayern, Baden und Württemberg, wo damals eben neuständische Verfassungen eingeführt worden waren, das Repräsentativ-System verwirklicht. [In der bayrischen Kammer war die Hälfte der Mandate den Bauern, ein Viertel der städtischen Bürgerschaft und nur je ein Achtel dem Adel und der Geistlichkeit zugewiesen.] Er geht aber noch weiter, wenn er sogar die 1823 in Preußen begrün-

---

[1]) Vgl. Heyderhoff, J. F. Benzenberg, Der erste rheinische Liberale, Düss. 1909.

deten Provinzialstände als repräsentative Vertretungen ansieht, weil man auf ihnen nicht vermöge eines Rechts, sondern kraft eines Auftrags erscheine.[1]) So kann man sagen, daß für ihn die tatsächlich vollzogene Umbildung der sozialen Verhältnisse genügt, um auch dort repräsentative Körperschaften zu sehen, wo das Gesetz und die offizielle Politik von ihnen nichts weiß.

Von Bedeutung sind die Folgerungen, die er aus der Verordnung vom 22. Mai 1815 zieht. Er sagt: Eine Repräsentation des Volkes — die im § 1 verheißen war — habe noch überall zu einem Repräsentativ s y s t e m geführt und zu allem, was zu diesem gehöre. (S. 88/9.) Letzteres erläutert er: „Mit dem Worte ‚Volksrepräsentation‘ ist die Öffentlichkeit gegeben. Mit beiden ist zugleich das Bewilligungsrecht gegeben.“ (S. 116.)

Im gleichen Sinne äußert er sich auch in seiner zweiten Schrift. Auch sie enthält u. a. eine leidenschaftslose Erörterung der Verfassungsfrage unter besonderer Bezugnahme auf Preußen. Er spricht sich darin für ein Zweikammer-System aus. In der Deputiertenkammer sieht er die Vertretung der Gemeinen. Von einer Vertretung der Ritterschaft spricht er nicht. (S. 203.) Die erste Kammer könnte nach ihm der im Jahre 1817 eingerichtete Staatsrat sein (S. 203). Daß er den Kammern das Recht der Mitwirkung bei der Gesetzgebung gewährt wissen will, geht aus seinen weiteren Ausführungen hervor. (S. 205/6.)

Benzenberg und Görres begegnen sich also in der Forderung einer berufsständischen Vertretung. Daß die zu bildende preußische Ständekammer eine Volksvertretung mit allen, einer solchen eigentümlichen Rechten sein soll, sagt Benzenberg ausdrücklich. Görres geht, wie er an anderer Stelle zeigt, nicht so weit; er hält b i s z u e i n e m g e w i s s e n G r a d e an einer Vertretung spezifisch ständischer Interessen fest.[1]) Das Recht der Steuerbewilligung und der Zustimmung zu Gesetzesvorschlägen will auch er der ständischen Kammer eingeräumt wissen.[2])

---

[1]) Teutschland und die Revolution (1819). S. 193.

[2]) a. a. O. S. 193 u. 205.

Neben den Äußerungen von Görres und Benzenberg stehen auch noch zahlreiche andere. Ich verweise hier nur noch auf die von Alfred Stern in einem Aufsatz über „die preußische Verfassungsfrage 1817“ [1]) angeführten Zeugnisse, denen allen das gemein ist, daß die künftige Provinzialvertretung auf den neuen Ständen aufgebaut wurden und die allgemeinen Volksinteressen vertreten soll.

Zusammenfassend kann gesagt werden, daß in den ersten Jahren nach der Vereinigung mit Preußen in den Rheinprovinzen der Wunsch nach einer dem Volke ein Mitbestimmungsrecht in den wichtigsten Angelegenheiten einräumenden ständischen Vertretung für Gesamtpreußen allgemein war. Das änderte sich erst mit dem Eintritt der Reaktion. [2])

Während der beiden letzten Jahrzehnte der Regierung Friedrich Wilhelms III. mußten alle Bemühungen um Verfassungsreformen erfolglos erscheinen. Dazu kam die strenge Preßzensur. Aber abgesehen von alledem, bestand in dieser Zeit überhaupt am Rhein kein Interesse mehr für Reichsstände. Man hatte beständig das rheinische Recht zu verteidigen, und dieser durch das in Preußen herrschende System verschärfte Gegensatz zu Altpreußen war alles andere als ein günstiger Boden für eine reichsständische Bewegung. [3]) Auch hier bedeutete erst der Regierungsantritt Friedrich Wilhelm's IV. den Anfang neuer Hoffnungen und Bestrebungen. Doch erst ganz allmählich kam die politische Bewegung, besonders soweit sie sich auf Reichsstände richtete, in Fluß. In den ersten Jahren war von einer solchen Bewegung noch nicht viel zu merken. Die Präsidenten der Regierungen von Köln und Trier berichteten im Oktober 1840

[1]) Zeitschrift für Geschichtswissenschaft, Bd. IX (1893). S. 62, 66 ff.

[2]) Vgl. Görres, Die Übergabe der Adresse usw. S. 41 f.; — Hansen, Gustav v. Mevissen, 2 Bde. Berlin 1906, I, 211; Heyderhoff, a. a. O. S. 166.

[3]) Gervinus, Die preußische Verfassung und das Patent vom 3. Febr. 1847 (Mannh. 1847) schreibt: „Es ist unleugbar, daß in dem großen Stillstand allen Volkslebens seit 1818 das preuß. Volk den Drang, das heftige Begehren, das unabweisbare Bedürfnis nach einer Verfassung nicht empfunden hat, es hat sie vielfach ausdrücklich verschmäht.“

übereinstimmend von dem geringen politischen Interesse der Mehrheit der rheinischen Bevölkerung. Die große Masse des Volkes, so berichtete der Trierer Regierungspräsident, kümmere sich glücklicherweise gar nicht um Konstitution und Volksvertretung, sehe vielmehr weit sehnsüchtiger einem Abgabenerlasse entgegen. Seiner Ansicht nach sei die gegenwärtige Generation kaum für die vorhandene ständische Einrichtung reif, viel weniger für eine ausgedehntere. Der Eigennutz herrsche überall vor und werde es verhindern, daß das Volk in seinen Repräsentanten wirkliche Vertreter seiner Interessen finde.[1])

Auch später, als die ständischen Fragen in den öffentlichen Diskussionen des Landtags und der Presse eine große Rolle spielten, war es nach den übereinstimmenden und wiederholten Feststellungen der Regierungsberichte nur eine Oberschicht des Bürgertums, die diese Angelegenheit betrieb. Allgemeinem Interesse begegneten nur die Fragen, bei denen es sich um kirchliche Fragen oder um die rheinischen Institutionen handelte.

Eine lebhaftere Erörterung der politischen Fragen begann erst nach Gründung der Rheinischen Zeitung, die seit dem 1. Januar 1842 erschien. Sie vertrat zielbewußt und rücksichtslos[2]) die konstitutionellen Ideen: Garantierte Staatsverfassung, Staatseinheit und Beseitigung des Provinzialismus, Mitwirkung des Volkes bei der Gesetzgebung. Die Frage, ob die Volksvertreter nach dem ständischen Prinzip oder nach der Kopfzahl gewählt werden sollten, wurde von ihr nicht entschieden. Die allgemeine Richtung der Rheinischen Zeitung, besonders auch in religiösen Fragen, verhinderte indes eine weitere Verbreitung unter der rheinischen Bevölkerung. Auch ihre meisten Mitarbeiter gehörten nicht dem Rheinland an; es überwogen, wie Hansen[3]) feststellt, „die Berliner ‚Freien', eine im Frühjahr 1842 zusammentretende Gruppe von Literaten junghegelscher Observanz."[4]) Immer-

[1]) Hansen a. a. O. I, 236.

[2]) Seit Dezember 1841 wurde dem Wunsche des Königs entsprechend die Zensur milder gehandhabt.

[3]) a. a. O. S. 252.

[4]) Darunter K. H. Brüggemann, später (seit 1845) leitender Redakteur der Kölnischen Zeitung.

hin war ihr Einfluß gerade in den Kreisen groß, die auf den späteren Landtagen die Wortführer der liberalen Opposition stellten. Mevissen gehörte zu ihren eifrigen Mitarbeitern, und auch Camphausen stand zu ihr in Beziehungen.

Auf dem Rheinischen Provinzial-Landtage von 1841 wurde die Frage der Reichsstände im Gegensatz zu anderen Landtagen noch nicht erwähnt. Von Fragen politischer Natur, die zur Erörterung kamen, war die der Preßfreiheit die wichtigste. Es lagen mehrere auf sie bezügliche Anträge vor. Die Verbesserungsbedürftigkeit der geltenden Zensurvorschriften wurde zwar allgemein anerkannt, aber man war verschiedener Meinung über den bei der Reform einzuschlagenden Weg. Vertreter der Städte wünschten Aufhebung der Zensur und Erlaß eines Preßgesetzes; aus den Reihen der Ritterschaft heraus aber wurde nur der Wunsch einer Verbesserung der bestehenden Zensurvorschriften laut. Es wurde eine Petition an den König beschlossen (mit 59 gegen 5 Stimmen), er möge die Angelegenheit der Presse durch ein allen Willkürlichkeiten der einzelnen Zensoren möglichst vorbeugendes Gesetz ordnen.[1]) Daß das Interesse der Öffentlichkeit an den Verhandlungen reger geworden war, zeigte eine Petition von 1000 Einwohnern Kölns, die verlangte, daß der Zutritt zu dem Ständesaal jedermann freistehen müsse.[2]) Daneben ist noch eine Petition des Landtages zu erwähnen, in der um die Erlaubnis gebeten wurde, die Namen der Redner in den Protokollen zu nennen.[3]) Diese Petitionen wurden aber abschlägig beschieden.

Im Jahre 1843 waren es z. T. wieder dieselben Fragen, die den Landtag beschäftigten. Eine Petition um Öffentlichkeit der Verhandlungen, die durch Bittschriften aus Köln, Aachen, Trier und Kleve angeregt war, vereinigte 39 von 68 Stimmen, also nicht die erforderliche Zweidrittelmehrheit auf sich. Auch der Petition um Aufhebung der Zensur fehlten nur wenige Stimmen an der Zweidrittelmehrheit (46 gegen 26 Stimmen). Dann kam noch eine Petition um bürgerliche und politische Gleichberechtigung der Juden zur Verhandlung

[1]) Protokoll des 6. Rhein Prov.-Landt. (1841) S. 111 ff.

[2]) Treitschke, a. a. O. V. 145.

[3]) Protokoll d. 7. Rhein. Prov.-Landt. (1843) S. 19 u. 140.

und fand die Zweidrittelmehrheit. Sie wurde vom Könige dahin beschieden, daß die Frage erwogen werde. Zum ersten Male wurde auf diesem Landtage auch die Frage der Reichsstände angeschnitten. Der Abgeordnete August von der Heydt (Elberfeld) brachte einen Antrag ein, der anstrebte, daß die im Vorjahre gebildeten Vereinigten Ausschüsse zu Reichsständen ausgebaut würden, indem ihnen vom Könige das Recht der periodischen Einberufung, der Beratung aller allgemeinen Gesetze, der Begutachtung des Staatshaushaltsetats, der Kontrolle der Staatsschuldenverwaltung und der Beschlußfassung in allen das Staatsvermögen und die Staatskasse betreffenden Angelegenheiten verliehen würde. Dieser Antrag wurde mit Zweidrittelmehrheit angenommen, aber vom Könige in schroffer Form zurückgewiesen mit dem Bemerken, er wolle sich auf dem von ihm betretenen Wege weder hemmen noch drängen lassen.[1])

Trotz dieses Beschlusses des Provinziallandtags war das Interesse für Reichsstände am Rhein so gering wie je. Das beweist klar die Tatsache, daß es in Köln und Aachen nicht gelang, Unterschriften für eine Petition an den Landtag zugunsten eines zentralständischen Organs und um Erfüllung der Verheißung von 1815 zu sammeln. Man fürchtete, die Gemeinschaft mit den östlichen Provinzen werde nur durch Preisgabe der rheinischen Institutionen erkauft werden können.[2]) Diese Befürchtung hatte neue Nahrung erhalten durch den von der Regierung publizierten Strafgesetzentwurf, der am Rhein große Erregung hervorrief, weil er in manchen Punkten, z. B. in der Herübernahme der Prügelstrafe aus dem in den östlichen Provinzen geltenden Recht und der „Degradation" von Adeligen zu Bürgerlichen, dem Empfinden der Rheinländer widersprach. Auch Berichte der Regierungsbehörden aus dem Jahre 1844 bestätigen das Andauern dieser Gleichgültigkeit gegenüber der reichsständischen Frage.

Von besserem Erfolge waren die Bemühungen der an der Spitze der Bewegung für Reichsstände stehenden Per-

[1] Nach dem Prot. d. Landtags von 1845. Aus dem Protokoll von 1843 geht die reichsständische Forderung nicht hervor, wohl aus dem Landtagsabschied.

[2]) Hansen I, 287.

sönlichkeiten, als welche immer mehr die Abgeordneten Camphausen, von Beckerath, von der Heydt, Hansemann sowie der wegen seines jugendlichen Alters noch nicht wahlfähige Mevissen hervortraten, im Jahre 1845 begleitet. Zu Anfang dieses Jahres entfalteten sie mit ihren Gesinnungsgenossen in den Städten eine lebhafte Agitation, um Petitionen an den Landtag zu veranlassen, die die Vollziehung der Verordnung vom 22. Mai 1815 erbaten.[1] Solche Petitionen ergingen aus den Städten Köln, Aachen, Trier, Bonn, Burtscheid, Crefeld, Düren, Dülken, Elberfeld, Lennep, Wesel, Viersen, Saarburg, Hückeswagen, Wallerfangen. Aber auch jetzt noch berichteten die Regierungen, daß die Bewegung sich wesentlich auf die höheren Stände beschränke, die den Mittelstand für die Petitionen zu interessieren suchten. Auch Hansen urteilt: „Die politisch unreife öffentliche Meinung wurde auch außerhalb der grundsätzlich abseits stehenden proletarischen Gruppen von der entscheidenden Verfassungsfrage viel weniger bewegt, als von den Fragen des rheinischen Rechts und der Kirchenpolitik. In den Vordergrund gerückt wurde die Verfassungsfrage nur durch die politischen Köpfe unter den Vertretern des Handels und der Industrie, welche einen ausreichenden persönlichen und sozialen Einfluß auf einen weiteren Kreis und auf die rheinische Presse besaßen, um in einer von politischen Gegensätzen bewegten Zeit eine genügende Anhängerschaft an sich zu fesseln.“ [2]) Mehrere große Städte und fast alle Landgemeinden waren auch jetzt in der Frage der Reichsstände nicht hervorgetreten.

Die Führung der reichsständischen Bewegung auf dem Landtage von 1845 hatte Ludolf Camphausen, der einen Antrag auf Einführung von Reichsständen einbrachte und begründete. Camphausen und seinen Freunden gegenüber standen die Vertreter des feudalen und partikularistischen Prinzips. Ihre Wortführer in der Debatte[3]) waren von Bianco und Freiherr Max von Loë. Ersterer führte aus, das völlige Aufgehen in einem großen Staate und die damit verbundenen Vorteile böten keinen Ersatz für die teuer errungenen rheini-

---

[1]) Hansen I, 367 f.

[2]) Hansen I, 375.

[3]) Prot. d. Rhein. Prov. Landtages v. 1845, S. 108—153.

schen Institutionen; die Berücksichtigung der obwaltenden Verschiedenheiten entspreche dem deutschen Nationalcharakter; man möge getrost dem Monarchen die Vollziehung der Verordnung vom 22. Mai 1815 überlassen. Das spezielle Interesse der Rheinprovinz müsse bei der Frage der Volksrepräsentation zunächst berücksichtigt werden. Beruf des Landtags sei Erhaltung ihrer vortrefflichen Rechtsinstitutionen. Die Gesinnung der Bewohner, nicht Zentralisation der heterogenen Bestandteile der Monarchie bilde die Einheit der Monarchie.

Dem gegenüber sprachen sich Camphausen, Hansemann, von der Heydt, von Beckerath, Mohr und Lensing einmütig für ein zentralständisches Institut aus. Sie vertraten die Idee des Einheitsstaates und wollten von einem Sonderdasein der einzelnen Provinzen nichts wissen. Die rheinischen Institutionen hielten sie nicht für gefährdet, sie waren vielmehr der Ansicht, daß sie bei einer gemeinsamen Vertretung des ganzen Landes allenthalben noch mehr Anklang finden würden als bisher. Das ständische Prinzip wurde von ihnen akzeptiert, wenn sie es auch nicht grundsätzlich billigten.

Der Antrag Camphausen fand zwar keine Zweidrittelmehrheit (42 bejahenden standen 31 verneinende Stimmen gegenüber); dagegen wurde ein zweiter Antrag Camphausen, der Landtags-Marschall möge beim Könige der Dolmetsch dessen sein, daß eine reichsständische Verfassung von den Rheinländern als unabweisliches Bedürfnis angesehen werde, mit 55 gegen 16 Stimmen angenommen.

Auch in den schon auf den beiden letzten Landtagen erörterten Fragen der Preßfreiheit und der Öffentlichkeit der Landtagsverhandlungen kamen 1845 zum ersten Male durch Zustimmung einer Zweidrittelmehrheit Petitionen an den König zustande.

Bei der Debatte über den Antrag Camphausen war die politische Gruppierung des rheinischen Landtages, wie sie für die nächste Zukunft entscheidend war, in die Erscheinung getreten. Eine überwältigende Majorität hatte sich für preußische Zentralstände und damit für einen stärkeren Zusammenschluß der einzelnen Provinzen im Sinne des Einheitsstaates erklärt. Das Programm dieser Gruppe, deren

Führer wir oben genannt haben, für die nächste Zukunft war: Erfüllung der früheren Verfassungsgesetze und Verheißungen. Die Minorität, die sich wesentlich aus ritterschaftlichen Abgeordneten zusammensetzte, wollte dagegen an der bestehenden Verfassung mit ihrem provinzialen Charakter festhalten.

Über die Volksstimmung nach dem Landtag ist wieder das Gleiche zu sagen wie früher. Die große Masse beharrte gegenüber der Frage der Reichsstände in ihrer gleichgültigen oder gar ablehnenden Haltung.

* * *

Auf dem Landtag von 1845 begegnen wir den Männern, die uns auch auf dem Vereinigten Landtag von 1847 als Vertreter des Rheinlandes und zugleich als Wortführer des Liberalismus entgegentreten. Sie alle haben ihre Biographen gefunden.[1]) Bei der tief eingreifenden Wirksamkeit, die sie auf wirtschaftlichem und besonders auf politischem Gebiet entfaltet haben, ist es nicht verwunderlich, daß die Darstellungen ihres Lebens in den Abschnitten, die sie in nächster Beziehung zu den großen Ereignissen der Zeit zeigen, einen allgemein geschichtlichen Charakter annehmen.

Machen wir uns zur Vorbereitung auf die Darstellung der demnächstigen bedeutsamen Wirksamkeit der liberalen Führer mit ihrer Persönlichkeit näher bekannt.

David Hansemann (geb. 12. Juli 1790 in Finkenwerder b. Hamburg) ist der einzige unter den führenden Männern des rheinischen Liberalismus, der nicht dem Rheinlande entstammte. Er siedelte aber schon im Jahre 1810 zu dauerndem Aufenthalt dorthin über. In Aachen begründete er eine Wollfabrik und entfaltete neben der geschäftlichen eine bedeutende gemeinnützige Tätigkeit durch Gründung einer Feuerversicherungsgesellschaft und eines mit ihr verbundenen Vereins zur Beförderung der Arbeitsamkeit. Er wurde Mitglied des Stadtrats und der Handelskammer (später ihr

[1]) A. Caspary, Ludolf Camphausens Leben, Stuttg. 1902; Hansen, Gustav von Mevissen, Berlin 1906; Bergengrün, David Hansemann, Berlin 1901; derselbe, Staatsminister Aug. von der Heydt, Leipzig 1908; Kopstadt, Hermann von Beckerath, Braunschweig, 1875.

Präsident). Lebhaft interessiert an politischen Fragen verfaßte er im Jahre 1830 eine Denkschrift für den König, in der er den Übergang zum parlamentarischen Regierungssystem empfahl. 1845 wurde er Mitglied des Provinziallandtags.

August von der Heydt (geb. 15. Febr. 1801 in Elberfeld) gehört einer mit dem evangelisch-kirchlichen Leben seiner Vaterstadt eng verwachsenen Familie an und nahm auch selbst an den kirchlichen Fragen lebhaften Anteil. 1833 wurde er zum Stadtverordneten, 1839 zum Landtagsabgeordneten gewählt. Er war Teilhaber des Bankhauses von der Heydt, Kersten und Söhne.

Hermann von Beckerath (geb. 13. Dez. 1801) entstammte einer mennonitischen Crefelder Familie. Sein Vater war erst Weber, später Gerichtsvollzieher. Zunächst Angestellter, dann Teilhaber des Crefelder Bankhauses Molenaar begründete er später ein eigenes Bankgeschäft. 1836 wurde er Mitglied der Handelskammer und des Gemeinderats, 1843 Mitglied des Rheinischen Provinziallandtags.

Ludolf Camphausen (geb. 10. Jan. 1803 in Hünshoven i. Rhld.) begründete nach seiner Übersiedelung nach Köln gemeinsam mit seinem älteren Bruder ein Handlungshaus, mit dem später ein Bankgeschäft verbunden wurde. 1831 wurde er Mitglied der Handelskammer, an deren Spitze er später trat, und des Stadtrats. 1843 entsandte ihn die Stadt Köln in den Landtag.

Gustav Mevissen (geb. 20. Mai 1815 in Dülken i. Rhld.), der jüngste unter den Führern des rheinischen Liberalismus, wurde schon früh zur Leitung der gutgehenden väterlichen Garnfabrik berufen. 1841 begründete er eine Niederlassung des Geschäfts in Köln, wohin er auch selbst übersiedelte, um dort seine zweite Vaterstadt zu finden. 1842 war er einer der Gründer und Mitarbeiter der Rheinischen Zeitung. 1846 wurde er zum Mitglied des Provinzial-Landtags von seiner Vaterstadt Dülken gewählt.

Persönlichkeit und Leben der führenden Männer des rheinischen Liberalismus bieten viel Gemeinsames. Alle nehmen hervorragende Stellungen im Wirtschaftsleben ein. Alle mit Ausnahme von Beckerath sind an den damals emporblühenden, auf Ausnutzung der Dampfkraft beruhenden Verkehrs-Unternehmungen lebhaft interessiert. Die Verkehrsfragen brachten sie auch in nahe persönliche Berührung. Camphausen gehörte dem Komitee der Köln-Mindener und Köln-Bonner Eisenbahn an und war Begründer und Leiter mehrerer Dampfschiffahrtsgesellschaften auf dem Rhein. von der Heydt war beteiligt an der Bergisch-Märkischen Eisenbahn sowie an der Dampfschiffahrtsgesellschaft für den Nieder- und Mittelrhein. Hansemann leitete 1841/3 die Vorarbeiten für die Köln-Mindener Bahn. Besonders war es die Rheinische Eisenbahn-Gesellschaft, in deren leitenden Stellungen die führenden Männer tätig waren. Camphausen war der erste Träger und Förderer des Planes einer Eisenbahn von Köln nach Antwerpen. Er trat von der Leitung zurück, als es Hansemann gelang, die Führung der Linie über Düren und Aachen gegen ihn durchzusetzen. Bis 1844 lag die Leitung in Hansemanns Händen. Als er infolge eines Zwistes ausschied, trat Mevissen in die Direktion ein, um mit dem Unternehmen 36 Jahre, bis 1880, verbunden zu bleiben.

Eine eigenartige Erscheinung ist es, daß die Männer, die eine so erfolgreiche Tätigkeit im Wirtschaftsleben entfalteten, auch lebhafte geistige Interessen hatten, abgesehen vielleicht von Hansemann. Camphausens und Beckeraths Neigungen lagen vor allem auf dem Gebiet der schönen Literatur. Mevissen widmete sich schon in jungen Jahren mit ungewöhnlichem Eifer dem Studium der Literatur, der Geschichte und besonders der Philosophie. In Hegel verehrte er wie viele politische Gesinnungsgenossen seinen philosophischen Lehrer, dessen Theorien auch seine Anschauungen von Staat und staatlichem Leben entscheidend beeinflußten.

Erster Abschnitt.

Das Patent vom 3. Februar 1847.

1. Kap. Allgemeine Würdigung.

Wenngleich man wußte, daß der König sich mit Plänen bezüglich der ständischen Einrichtungen trug, erschien das Patent vom 3. Februar 1847 doch ziemlich unerwartet. Mit ihm wollte er die Vergangenheit zum Abschluß bringen, indem er die gegebenen Versprechungen mit den schon von seinem Vater für nötig gehaltenen Einschränkungen erfüllte.[1]) Eine reichsständische Versammlung, von der man gemeinhin sprach, war es nicht, die er bildete. Er hatte zwar eine Zeitlang die Absicht gehabt, die Provinzialstände zu Reichsständen auszubauen,[2]) doch hatte er sie — Schiemann meint, seit seiner Unterredung mit dem Zaren Nikolaus in Schönhausen im Jahre 1843[3]) — wieder aufgegeben.

Das Februarpatent[4]) und die es begleitenden Verordnungen trafen über die Wirksamkeit der Stände die kompliziertesten Bestimmungen. Es gab nun einen aus den acht Provinziallandtagen zusammengesetzten „Vereinigten Landtag", einen Ständischen Ausschuß und eine Staatsschulden-Deputation. Daneben blieben auch die Provinziallandtage mit ihren alten Rechten bestehen.

---

[1]) Am 11. Jan. 1845 schrieb er an den Zaren, er wolle durch die von ihm beabsichtigte Gesetzgebung alles für tot und begraben erklären, was an der Hardenberg'schen Gesetzgebung unhaltbar sei. (Schiemann, a. a. O. S. 275 ff.)

[2]) Denkwürdigkeiten aus d. Leben Leopold von Gerlachs. 2 Bde., Berlin 1891/2 I, 92.

[3]) a. a. O. S 277.

[4]) Ges. Samml. 1847. S. 33/4.

Um einen festen Standpunkt zu gewinnen für die Beurteilung des Patents und der Aufnahme, die es in der Öffentlichkeit fand, ist es nötig, die die ganze öffentliche Diskussion beherrschenden Fragen zu beantworten: Inwiefern war der König durch frühere Verfassungsgesetze gebunden? und: Worin ist er von ihnen abgewichen?

Für die Beantwortung der ersten Frage kommen die Verordnung vom 22. Mai 1815 und das Staatsschuldengesetz vom 17. Januar 1820 in Betracht, deren Inhalt früher (S. 7) zusammengefaßt worden ist. Der König selbst hielt sich nur durch das Gesetz vom Jahre 1820 für gebunden; in seinem oben erwähnten Schreiben an den Zaren sagt er das ausdrücklich. Dagegen betrachtete er, wie aus seiner ebenfalls früher (S. 9) erwähnten Äußerung gegenüber den posenschen Ständen und aus dem Briefe an den Zaren hervorgeht, die Verordnung vom 22. Mai 1815 nicht mehr als für sich verbindlich. Man wird dem Könige in dieser Auffassung nicht beipflichten können, selbst dann nicht, wenn man, wie es geschehen ist, seine Eigenschaft als absoluter Herrscher ins Feld führt, dem es frei steht, die Gesetze aus eigener Machtvollkommenheit zu ändern, denn die Verordnung vom 22. Mai 1815 war durch kein späteres Gesetz für aufgehoben erklärt worden, und die bloße Erklärung des Königs, das Gesetz vom 5. Juni 1823 sei als an die Stelle dieser Verordnung getreten anzusehen (S. 9), genügte nicht zur Aufhebung.[1]

Es bleibt also bei den früher (S. 7) als Inhalt des geltenden Rechts bezeichneten Bestimmungen. Den auf Beschränkung dieser früher verheißenen Rechte ausgehenden Tendenzen des Königs standen auf Seiten der Liberalen weitergehende Erwartungen und Folgerungen gegenüber. Auch diese dürfen natürlich das Urteil über das, was Rechtens war, nicht beeinflußen. Daß weitergehende Deutungen vorkamen, beweisen die Schriften Benzenbergs. Die schwankenden Verfassungspläne Preußens und die verschiedener Deutung fähigen oder auch nur eindeutigen, aber nicht mit Gesetzeskraft ausgerüsteten Kundgebungen des Königs Friedrich

[1]) Das Allg. Landrecht bestimmt, daß Gesetze so lange in Kraft bestehen, bis sie ausdrücklich aufgehoben sind.

Wilhelms III. (S. 2 ff.) lassen diese Deutungen begreiflich erscheinen.[1]) Aber wir legen hier nur das als Maßstab der Beurteilung des Patents vom 3. Febr. 1847 an, was wir als Inhalt der früheren Gesetze gefunden haben.

Worin, so lautet die Frage, liegen also die Abweichungen der Februargesetzgebung von den früheren Gesetzen? Sie liegen materiell in den Bestimmungen über die Anleihen, in der Verteilung der ständischen Befugnisse auf vier verschiedene Körperschaften: Vereinigter Landtag, Vereinigter Ständischer Ausschuß, Staatsschuldendeputation, Provinziallandtage; in der mit letzterem zusammenhängenden Nichtgewährung der Periodizität an den Verein. Landtag und in der Bestimmung über die Steuern; formell darin, daß pein-

---

[1]) Beispiele hierfür aus d. J. 1847 bieten die Schriften des Breslauer Stadtgerichtsrats a. D. Simon „Annehmen oder Ablehnen?" und des Historikers G. Gervinus „Die preußische Verfassung und das Patent vom 3. Febr. 1847." Sie suchen teils durch mehr oder weniger gewundene Interpretation, teils durch Argumentation mit einem aus der Entwicklung abgeleiteten Recht den beratenden Charakter des Verein. Landtages in einen mitbestimmenden umzudeuten. Gervinus sagt, es sei wahr, daß „beratende Stände in der moralischen Gewalt ihres Vetos eine Macht besitzen, die einer beschließenden nahe kommt, und dies vollends, wenn sie sich einer Regierung von dem Geiste und der Richtung gegenüber befinden, wie die preußische von 1807 bis 1819 war. Auf die Kenntnis dieser Richtung und dieses Geistes kommt es daher an, und nicht auf jenes möglicher Weise ganz absichtslos geschriebene Wort ‚Beratung', um zur richtigen Kenntnis dessen zu gelangen, was damals versprochen und was in der Versprechung gemeint war." (S. 16.) „Was die Männer und die Gesetze und die Zeiten, aus denen dieser Geist spricht, unter Repräsentation, unter Konstitution, unter beratenden Ständen verstanden haben können, das ist jedem halbwegs Verständigen von selber klar." (S. 21). Simon stellt in seiner Schrift (S. 262/3) die Rechte zusammen, die das Volk auf Grund der früheren Gesetze zu fordern habe; dann aber fährt er, der sonst mit der Unerbittlichkeit eines Advokaten sich an das positive Recht klammerte, fort: „Ihnen (den vorgenannten Rechten) sind die Rechte hinzugetreten, welche dreißig Lebensjahre einem zum Bewußtsein seiner Kraft und seines Rechts erwachten Volke geben, dreißig Lebensjahre, erfüllt mit unerreichten Wünschen und Hoffnungen." (S. 264. Ähnlich S. 67/8). Das Volk habe auf Grund von alledem zu fordern „Reichsstände nicht mit beratender sondern mit entscheidender Stimme." (S. 268.)

lich jeder Anklang an die in den früheren Gesetzen gebrauchten Ausdrücke „Reichsstände“, „Repräsentation des Volks“ usw. vermieden wurde und daß die neue ständische Körperschaft nicht, wie es im § 3 der Verordnung vom 22. Mai 1815 verheißen war, gewählt, sondern durch Vereinigung der Provinziallandtage gebildet wurde. Auch die zugesagte schriftliche Verfassungsurkunde erschien nicht. Das hängt innerlich damit zusammen, daß die absolute Gesetzgebungsgewalt des Königs bestehen blieb.

Da die formellen Abweichungen weder vor noch während der Tagung des Verein. Landtags von rheinischer Seite eine nachdrückliche Anfechtung erfuhren, die ja zu einer Inkompetenzerklärung hätte führen müssen, so können sie hier weiterhin unberücksichtigt bleiben. Es kommen also nur die materiellen Abweichungen in Betracht.

1. Bezüglich der Anleihen wurde in der dem Patent beigegebenen „Verordnung über die Bildung des Vereinigten Landtags“ bestimmt, daß die ständische Garantie eintreten solle für Friedensanleihen, für welche das gesamte Vermögen und Eigentum des Staates zur Sicherheit bestellt wird (§ 4). Im Kriegsfalle dagegen soll die ständische Mitwirkung bei aufzunehmenden Anleihen durch Zuziehung der Staatsschuldendeputation ersetzt werden. (§ 6.)

2. Verteilung der ständischen Befugnisse. Die frühere Gesetzgebung kennt als Trägerin derselben nur eine reichsständische Versammlung. Jetzt traten folgende Änderungen ein:

a) Der König kann die ständische Beratung der Gesetze nach Belieben vom Ständischen Ausschuß, vom Vereinigten Landtag oder sogar von den einzelnen Provinziallandtagen vornehmen lassen (§ 3 der Verordnung über die periodische Berufung des Ständischen Ausschusses und dessen Befugnisse).

b) Die Staatsschuldenverwaltung erstattet ihren jährlichen Rechnungsbericht nicht der reichsständischen Versammlung, sondern der neu zu bildenden Staatsschuldendeputation, wenn auch nur zur vorläufigen Prüfung. (§ 4, Abs. 2 der Verordnung über die Bildung einer ständischen Deputation für das Staatsschuldenwesen.) Die endgültige Decharge kann sowohl der Vereinigte Landtag wie der Ständische Ausschuß erteilen. (§ 8 b der Verordnung über den Ständischen Ausschuß.)

3. Periodische Berufung. Die alljährliche Berufung, auf die die reichsständische Versammlung nach Art. XIII des Ges. vom 17. Jan. 1820 ein Recht hat, ist ihr nicht gewährt. Nur der Ständische Ausschuß soll periodisch zusammentreten. Die der reichsständischen Versammlung in dem Gesetz vom Jahre 1820 zugewiesene alljährliche Aufgabe ist der Schuldendeputation übertragen.

4. Die Bestimmung über die Steuern. Den vorgenannten Einschränkungen früher gemachter Zusagen steht eine über die früheren Gesetze hinausgehende Verleihung gegenüber: das Recht der Zustimmung zu neuen Steuern und zur Erhöhung der alten (§§ 9 und 10). Darin liegt ein Zurückgreifen auf einen schon im Jahre 1815 erwogenen Gedanken.

Die beiden wichtigsten Momente in dieser ständischen Gesetzgebung vom 3. Februar 1847 sind offenbar die vorstehend unter 2 und 3 angeführten, von den früheren Bestimmungen abweichenden Anordnungen. Der König hatte alles getan, damit die neue Gesetzgebung nicht die geringste Ähnlichkeit mit einer modernen Konstitution hätte.[1]) Er zeigt deutlich das Bestreben, die Macht der Stände durch Zersplitterung in bescheidenen Grenzen zu halten und alles zu vermeiden, was seine absolute Königsgewalt wesentlich hätte beeinträchtigen können. Über die Grundgedanken seiner gesetzgeberischen Tätigkeit hat er sich selbst in dem mehrfach erwähnten Brief an den Zaren vom 12. Jan. 1845 ausgesprochen. Darin sagte er, so wie die Vereinigten Ausschüsse jetzt seien (1845), hätten sie den Trieb zur Usurpation der den Reichsständen im Gesetz vom 17. Jan. 1820 verheißenen Rechte. Um das unmöglich zu machen, wolle er einem Vereinigten Landtage die betreffenden Rechte übertragen. Die Ausschüsse aber sollten daneben, so wie sie seien, bestehen bleiben. Dadurch mache er die Reichsstände illusorisch. Also: divide et impera.

---

[1]) Auch äußerlich hatte er das zum Ausdruck gebracht, indem er das Patent allein unterzeichnete.

Eine nahe Zukunft sollte dem Könige zeigen, wie sehr er sich geirrt hatte, als er glaubte, die politischen Rechte nach seinem Gutdünken verteilen zu können, und wie falsch er auch die Tragweite seiner eigenen Gesetzgebung beurteilt hatte.

2. Kap. **Die rheinische Bevölkerung und das Patent. Die Presse und das Patent.**

Das Echo, welches die Februargesetzgebung in Preußen weckte, klang nicht angenehm für den königlichen Gesetzgeber. Er selbst hatte durch manche seiner bisherigen Kundgebungen zu viele Hoffnungen geweckt, die Verfassungswünsche des Volkes waren zu sehr mit den Verheißungen der früheren Gesetze verknüpft, und man hatte schon zu lange auf die Einlösung dieser Verheißungen gewartet, als daß man mit den neuen Gesetzen zufrieden gewesen wäre und sie als ein hochherziges Geschenk königlicher Gnade mit Dank angenommen hätte. Auch am Rhein konnten sie diejenigen Kreise nicht befriedigen, die eine lebhaftere Beteiligung des Volkes an den staatlichen Aufgaben wünschten.

Aus früher Gesagtem ist klar geworden, welche Bevölkerungskreise der Frage der Reichsstände Interesse entgegenbrachten. Es war eine Oberschicht des Bürgertums, die führenden kaufmännischen und industriellen Kreise, die durch ihre wirtschaftlichen Interessen lebhaft an der Gestaltung der Dinge in Preußen interessiert waren. Sie empfanden es als eine Zurücksetzung, von der Mitwirkung bei der Lösung der staatlichen Aufgaben ausgeschlossen zu sein; sie wollten statt dessen gleich den Bürgern der ihnen benachbarten konstitutionellen Staaten, besonders Belgiens, mit denen sie ihre wirtschaftliche Tätigkeit in mannigfache Berührung brachte, selbst ein Mitbestimmungsrecht in den sie nahe berührenden Fragen des staatlichen Lebens und in staatlichen Dingen überhaupt haben. Aus diesem Bedürfnis erklärt sich auch zum Teil ihr Zentralisationsstreben, denn den von ihnen gewünschten Einfluß konnten sie nur erlangen, wenn es ein zentrales, für den ganzen Staat bestimmtes, parlamentarisches Organ gab.

Der übrige, weitaus größere Teil des Volkes, nicht nur in den unteren, sondern auch in den den Mittelstand bildenden Schichten, nahm dagegen, wie ebenfalls schon bemerkt wurde, an der Frage der Zentralstände kein Interesse[1]) oder lehnte sie direkt ab, soweit sie die rheinischen Institutionen zu gefährden drohten. Ein hervorragender Träger dieses sich auf die rheinischen Rechtsinstitutionen stützenden Partikularismus war der Advokaten- und Richterstand. Außerdem war im Volke die Abneigung gegen preußisches Wesen, die sich aus politischen wie aus religiösen Gründen erklärte, zu groß, als daß man eine durch Reichsstände herbeigeführte engere Verbindung mit dem Gesamtstaate hätte wünschen können.

Was den religiösen Gegensatz anlangt, so ist es schon bemerkenswert, daß die Hauptträger und -förderer des reichsständischen Gedankens auf dem letzten rheinischen Landtag Protestanten waren (Camphausen, Beckerath, v. d. Heydt, Hansemann). Der Landtag zählte unter seinen 80 Mitgliedern 38 Protestanten.[2]) Bei der Abstimmung über den zweiten Antrag Camphausen, der mit 55 gegen 16 Stimmen angenommen wurde (siehe S. 34), müssen mithin doch auch eine Anzahl katholischer Abgeordneter dafür gestimmt haben. Bei den Ablehnenden, die in der Hauptsache dem katholischen Adel angehörten, wirkten aber religiöse Befürchtungen mit. Man erwog, daß eine reichsständische Versammlung zu mehr als zwei Dritteln aus Protestanten bestehen und deshalb für katholische Angelegenheiten, die das Gebiet der Politik berührten, eine bedenkliche Zusammensetzung aufweisen würde.[3]) So weit dachte man im Volke wohl nicht, aber

---

[1]) Im April brachte die Augsburger „Allgemeine Zeitung" folgende Sätze in einer Kölner Korrespondenz: „Wenn Sie diese Zeilen erhalten, wird in Berlin jene viel besprochene Zusammenkunft stattfinden, auf welche sich das Auge aller europäischen Politiker wendet, während das Volk selbst, wenigstens unsere Rheinländer, mit einer auffallenden Ruhe dem Tage entgegensehen, eine Ruhe, welche noch größer sein würde, wenn nicht die Presse so nachdrücklich auf die Wichtigkeit des Ereignisses hingedeutet hätte." (No. 104 v. 14. April).

[2]) So Kardinal v. Geissel in einem Briefe an König Ludwig v. Bayern. (Pfülf, Geissel I, 305);

[3]) Pfülf, a. a. O. I, 306.

der tatsächlich bestehende konfessionelle Gegensatz war doch nicht ohne Einfluß auf das politische Denken und Fühlen und darum auch auf die Stellung zur reichsständischen Frage.

Neben den religiösen Motiven waren es aber auch nicht minder seine mit den Hallerschen Theorien übereinstimmenden Anschauungen vom Staate, die den katholischen Adel zum Gegner der Zentralisation und zum Hüter der rheinischen Eigentümlichkeiten machten.

Bei dem proletarischen Teil der Bevölkerung war die Gleichgültigkeit gegen Reichsstände vor allem auch darin begründet, daß ihm die ihn bedrückende soziale Not näher lag als Fragen der staatlichen Organisation. In Reichsständen oder in einer Konstitution sahen diese Bevölkerungskreise mit Recht kein Allheilmittel für ihre wirtschaftliche Notlage.

Außer den genannten drei Richtungen: der konstitutionellen — so will ich sie kurz nennen — der rheinisch-partikularistischen und der proletarischen, gab es noch eine vierte, die besonders in den protestantisch-orthodoxen Kreisen des Wuppertales ihre Vertreter hatte und die man als die gouvernementale bezeichnen kann.

Alle diese Richtungen treten auch in den Preßerörterungen über das Februarpatent hervor. Ehe ich mich denselben zuwende, wird sich ein kurzes orientierendes Wort über die damalige rheinische Presse bezw. ihre hauptsächlichsten Organe empfehlen.

* * *

Die Zahl der politischen Tageszeitungen war unter dem Drucke der Zensur nicht groß und ihr Einfluß auf die Öffentlichkeit zwar nicht gering, aber doch beschränkt, weil sie nicht schreiben konnten, wie sie wohl gewollt hätten.

Das bedeutendste politische Blatt der Rheinprovinz wie Preußens überhaupt war die Kölnische Zeitung.[1]) Sie stand schon damals dank der geschäftlichen Tüchtigkeit ihres Ver-

[1]) **Vgl. Salomon, Geschichte des deutschen Zeitungswesens von den ersten Anfängen bis zur Wiederaufrichtung des Deutschen Reiches, Oldenburg und Leipzig 1899 ff, 3 Bde. (III, 356 ff.) — Geschichte der Kölnischen Zeitung. Köln, 1880.**

legers Josef Dumont und der hervorragenden journalistischen und politischen Befähigung ihres Hauptredakteurs Brüggemann (seit 1. November 1845) auf einer beachtenswerten Höhe. Sie war die publizistische Wortführerin derjenigen, die eine stärkere Beteiligung des Volkes am öffentlichen Leben, im besonderen Erfüllung der Verordnung von 1815 wünschten. Entsprechend dieser der Zentralisation geneigten Haltung war sie auch der preußischen Herrschaft wohl gesinnt.

Nach der Kölnischn Zeitung war wohl die Aachener Zeitung[1]) das bedeutendste politische Organ. Auch sie war recht gut redigiert. Sie vertrat noch entschiedener wie die Kölnische Zeitung konstitutionelle Ideen, mit Anlehnung an die belgische Verfassungsform, und schenkte daneben den wirtschaftlichen und sozialen Fragen besondere Aufmerksamkeit. Auch sie war preußenfreundlich.

Ein anderes Programm als diese liberalen Organe vertrat die bei Hergt in Koblenz erscheinende Rhein- und Mosel-Zeitung.[2]) Es ist gekennzeichnet durch die Begriffe „katholisch" und — mit einer gewissen Einschränkung — „rheinisch-partikularistisch". Sie ist durchaus freiheitlich gesinnt und keine Gegnerin verfassungsrechtlicher Reformen, wenn sie die rheinischen Institutionen nicht gefährden. Der am 1. Juni 1847 eintretende Redaktionswechsel (am 1. Juni scheidet Dr. Neurohr aus, und an seine Stelle tritt am 15. Juni der von A. Reichensperger, dem späteren Führer der Katholiken, empfohlene Dr. Rottels[3])) macht sich auch in der Politik der Rhein- und Mosel-Zeitung bemerkbar. An geeigneter Stelle wird darauf hingewiesen werden.

Vertreterin einer dritten Richtung ist die Trierer Zeitung.[4]) Sie dient den Interessen der unteren Volksklassen. Ihre Tendenz läßt sich allgemein so charakterisieren: Sozialistisch, für

---

[1]) Salomon, a. a. O. III, 63, 391.

[2]) Salomon nimmt von ihr in seinem Werke auffallender Weise keine Notiz, obwohl sie erhebliche Beachtung beanspruchen darf. Eine Monographie über das Koblenzer Blatt wird demnächst aus der Feder von Herrn Mönckmeier (Köln) erscheinen.

[3]) Pastor, Aug. Reichensperger, Freiburg 1899, 2 Bde. I, 525.

[4]) Salomon, a. a. O. III, 369.

Herbeiführung der wirtschaftlichen Gleichheit durch Beseitigung der Willkür und durch Organisation der Arbeit auf Grund der Selbsthilfe. Ablehnung staatlichen Eingreifens zwecks Regulierung der wirtschaftlichen Verhältnisse, deshalb Ablehnung des Staatssozialismus. Mißachtung staatlichen Wesens überhaupt, der Gesetzgebung durch Repräsentanten (Konstitution) insbesondere. In kirchlichen und religiösen Fragen radikal verneinend. [1])

Demokratisch, aber nicht sozialistisch war die Düsseldorfer Zeitung. [2]) Sie ist eine Gegnerin des Bourgeois-Liberalismus und vertritt ihm gegenüber die Interessen der unteren Volksklassen, die sie bei der reinen Monarchie für besser aufgehoben hält als bei der Bourgeoisie, solange das arbeitende Volk sich nicht selbst Geltung verschaffen könne. [3])

Die Tendenz der Elberfelder Zeitung [4]) (Redakteur Dr. Rave) ist nicht beständig und einheitlich, anfangs streng gouvernemental, später schwankend. In kirchlicher Beziehung ist sie protestantisch-orthodox. Den rheinischen Partikularismus bekämpft sie.

Seit dem 1. Oktober 1844 erschien in Köln mit einer sehr erheblichen Unterstützung durch den König der „Rheinische Beobachter". [5]) Seine Aufgabe war die Vertretung der Regierungspolitik und Bekämpfung der konstitutionellen Bestrebungen. Dem rheinischen Wesen stand er fremd und verständnislos gegenüber, darum wurde er von freiheitlich gesinnten Blättern der „Unrheinische" genannt. „Das Blatt verfolgte seinen Weg sozusagen unter Ausschluß der Öffentlichkeit. Es wurde fast nur in Beamtenkreisen gelesen, und für seine konservative und protestantisch-orthodoxe Richtung fehlte es in der Bevölkerung an allem Interesse." [6]) Bei diesem

---

[1]) Vgl. zu dieser Charakteristik No. 38 v. 7. 2. 47, 41 v. 10. 2, 44 v. 13. 2, 94 v 4. 4, 143 v. 23. 5 und 206 v. 25. 7.

[2]) Salomon, a. a. O. III, 69.

[3]) Vgl. No. 221 v. 11. 8. 47 (Aus Crefeld), 271 v. 30. 9, 311 v. 9. 11 u. a. m.

[4]) Salomon, a. a. O. III, 367.

[5]) Salomon, a. a. O. III, 369.

[6]) Hansen I, 361. Er brachte es bis 1847 auf 700 Abonnenten. Die Köln. Ztg. hatte damals 9500, die Aachener Ztg. 1200, die Rhein- und Mosel-Ztg. 1000, die Trierer Ztg. 900 Abonnenten. (a. a. O.)

politischen Charakter kann das Blatt, wenn wir uns mit der öffentlichen Meinung am Rhein beschäftigen, unberücksichtigt bleiben.[1])

* * *

Wenn man den Eindruck schildern will, den die neuen ständischen Gesetze gemacht haben, so kommt als Quelle mit in erster Linie die zeitgenössische Presse in Betracht; Versammlungen, in denen die Stimmung des Volkes hätte zum Ausdruck kommen können, waren ja nicht gestattet. Die Presse gewährt in ihrer Gesamtheit ein getreues Abbild der Volksmeinung, weil ihre Äußerungen alle politischen Richtungen wiederspiegeln. Die Preßartikel verdienen auch deshalb Beachtung, weil ihre Kritik richtung- und tonangebend für die späteren Debatten auf dem Vereinigten Landtag gewirkt hat.

An erster Stelle war am Rhein die Kölnische Zeitung berufen, zu den neuen Gesetzen Stellung zu nehmen. Diese Aufgabe wurde ihr auch von der übrigen Presse zugewiesen, und sie hat sich ihr mit Eifer, Sachkenntnis und Geschick unterzogen. Ihrem Urteil wird im Folgenden immer die meiste Aufmerksamkeit zu schenken sein. Sie ist das einzige rheinische Blatt, welches die neuen Gesetze bis ins Einzelne und nach allen Richtungen hin besprochen hat, während die anderen Zeitungen nur die eine oder andere Bestimmung

[1]) Das Entstehen und Fortvegetieren des Rheinischen Beobachters war eine Frucht der mannigfachen Bemühungen der preußischen Regierung, der „schlechten" Oppositionspresse durch eine „gute" d. h. gouvernementale Presse ein Paroli zu bieten. Der Versuch, durch den Rheinischen Beobachter Einfluß zu gewinnen, mußte bei dem antikatholischen und antirheinischen Charakter dieses Blattes ein Schlag ins Wasser bleiben. Deshalb setzten Bestrebungen ein, am Rhein ein gouvernementales und zugleich katholisches Blatt zu gründen. Besonders eifrig wurde dieser Plan im Jahre 1846 betrieben, wo der katholische Geheimrat Brüggemann aus dem Kultusministerium in besonderer Mission an den Rhein kam, um in dieser Angelegenheit zu verhandeln; aber es wurde nichts daraus. Der Plan mußte scheitern, weil die Absichten der Regierung an durchaus irrige Voraussetzungen anknüpften: ein katholisches Blatt, das der preußischen Regierung nie opponieren sollte, war ein innerer Widerspruch.

kritisieren. Aber wenn sie auch nur eines von den Organen der öffentlichen Meinung ist, so kommt in ihr doch die Ansicht des politisch einflußreichsten und in der nächsten Zukunft führenden Teiles des rheinischen Bürgertums zu Wort.

* * *

Das Urteil über die Februargesetzgebung war nicht nur bei Blättern von grundsätzlich von einander abweichenden Richtungen verschieden; auch die liberale Presse war nicht einmütig in ihrem Urteil. Die erste Besprechung in der Kölnischen Zeitung[1]) ist sehr zaghaft und übt nur zurückhaltende Kritik. Sie lautet:

„Wir gehen für heute auf die einzelnen Bestimmungen der neuen ständischen Gesetze nicht ein. Wir halten uns heute nicht auf bei dem Unbedeutenderen, was uns vielleicht mehr unsicher und ängstlich als groß erscheint, noch bei dem, was unter anderen Umständen, nämlich abgesehen von der Bürgschaft gebenden, erprobten Gesinnung unseres jetzt regierenden Königs Majestät, vielleicht sogar bedenklich erscheinen könnte. Wir gedenken für heute allein, mit aufrichtigem Danke, des in dem königlichen Patent sich aussprechenden Vertrauens und dessen, was von diesem Vertrauen uns wirklich Bedeutungsvolles und Entwicklungsfähiges geschenkt ist. Es ist dies wahrlich nichts Geringes. Es gilt nur, daß es gerecht gewürdigt und mit mutigem Vertrauen nach solcher gerechten Würdigung behandelt und entwickelt werde." Was der König verliehen habe, sei nichts Geringes, freilich keine Konstitution, die sie schließlich befriedigen könnte. Eine solche sei nach den Erklärungen des Königs auch nicht zu erwarten gewesen. „Freilich haben mit uns viele dennoch in einigen und nicht unwichtigen Punkten andere Bestimmungen erwartet." Zwei Tage später[2]) wirft sie die Frage auf, wie sich

[1]) K. Z. No. 41, 10. 2. 47. — Ich bediene mich in der Folge nachstehender Abkürzungen zur Bezeichnung der Zeitungen: Köln. Ztg. = K. Z.; Aachener Ztg. = A. Z.; Düsseld. Ztg. = D. Z.; Rhein- u. Mosel-Ztg. = R.-M.-Z.; Trierer Ztg. = T. Z.; Elberfeld. Ztg. = E. Z.

[2]) K. Z. No. 43, 12. 2.

das Patent zu dem bereits bestehenden öffentlichen Recht des preußischen Staates verhalte, und greift zu dem Zwecke auf die Verordnung vom 22. Mai 1815 und die Besitzergreifungspatente zurück. Während des Monats Februar beschäftigt sie sich dann in mehreren Artikeln mit der Verfassungsbewegung in der Zeit der Reformen (1807—1820), prüft Bedeutung und Gültigkeitsumfang der einzelnen Gesetze und kommt zu dem Schlusse, daß bei Auslegung der Verordnung vom 22. Mai 1815 der Streit sich besonders um den Sinn der Wendung „Repräsentation des Volkes" dreht.[1]) Bei Prüfung der Frage, ob man darunter ein Repräsentativ-System verstanden habe, ob die Versammlung mitberatend oder mitbestimmend sein solle, kommt sie zu keinem bestimmten Resultat.[2]) In weiteren Artikeln läßt sie sich angelegen sein, nachzuweisen, daß die ständische Gesetzgebung von 1823 bis 1840 für Preußen nicht segensreich gewirkt habe; auch in Preußen habe bis 1840 der Erfolg der Restaurationspolitik in vollkommenstem Widerspruch mit der Absicht derselben gestanden.[3]) In der Zeit von 1840—47 dagegen seien die Provinzialstände nach langem Winterschlaf in organischer Entwicklung innerlich bereits zu **Reichsständen** erwachsen. Sie erinnert an die spontane Einmütigkeit der Provinziallandtage von 1845 in ihren Forderungen betreffs der Reichsstände.

Im Februar enthält sie sich jedes näheren Eingehens auf die früheren Gesetze, kritisiert nur die durch die letzteren nicht berührten Bestimmungen und ist häufig voll der höchsten Anerkennung und voll Vertrauen gegenüber dem Könige, der „aus freiem eigenem Willen seiner Herrschermacht die Schranken gezogen, die ihm die Erreichung des Staatszwecks zur Zeit am sichersten zu verbürgen schienen" und der seine Selbstsucht bezwungen habe. Pflicht des Volkes sei, das Vertrauen des Monarchen, der unausgesetzt über der Entwicklung des Volkes wache, mit Vertrauen zu erwidern.

Seit Anfang März ist sie dann die Wortführerin in dem

---

[1]) K. Z. No. 45, 14. 2.
[2]) K. Z No. 45, 14. 2.
[3]) K. Z. No. 54, 23 2.

Kampfe um die durch die frühere Gesetzgebung den künftigen Reichsständen verliehenen Rechte.

Noch weniger Kritik als die Kölnische Zeitung enthält das erste Urteil der Aachener Zeitung:[1])

„Es sind oft nicht die Institutionen selbst, auf welche der größere Wert zu legen ist, sondern die Art und Weise, wie sie aufgefaßt werden, wie die Nation sie betrachtet und sich in sie hineinlebt. Im ganzen läßt sich überall annehmen, daß jedes Volk, wenigstens jedes größere, in unserer Zeit diejenigen Einrichtungen erhält, welche dem politischen Standpunkt seiner gebildeten Majorität entsprechen. Wo man über ein zu Wenig klagt, kann man sicher sein, daß die Majorität das Größere nicht verdiene, weil es (?) ihm nicht gewachsen ist und wenig Verlangen danach trägt." Die Hauptbedeutung des Patents erblickt sie mit den „Times" in der Anerkennung des Volkswillens. Die Hauptsache sei, „daß durch die Vereinigung der Vertreter aller Provinzen ein Geist hergestellt werden wird, und daß dieser Geist immer nur der des Fortschritts sein kann, weil diesem Geiste die Zeit gehört." Ähnlich äußert sie sich am 21. Februar, wo sie u. a. sagt: „Der 3. Februar ist ein großer Fortschritt in unserer Geschichte." Am 28. Februar: „Wer das Gebotene nicht benutzt, weil er eine größere Gabe verlangt, verdient das Erhaltene nicht."

An der Erörterung über die durch die früheren Gesetze verliehenen Rechte nimmt das Blatt nur wenig Teil.

Bedeutend kritischere Töne schlägt anfangs die Düsseldorfer Zeitung[2]) an.

„Die Verordnungen stellen eine Anzahl von Beschränkungen fest, welche augenscheinlich ihren Grund in dem Bestreben haben, den Ständen niemals das Oberwasser zu gönnen; die Stände bleiben beratende; sie haben gleichfalls nicht das alte deutsche Recht, sich unter gewissen Umständen auch ohne Einberufung von seiten der Krone zu versammeln; es ist nicht ausgesprochen, daß ihre Beratungen öffentlich sein

---

[1]) A. Z. No. 44, 13. 2.

[2]) D. Z. No 45, 14. 2.

sollen; mit einem Worte: was irgend zu durchgreifenden Rechten führen könnte, was den Ständen, oder besser gesagt, den Vertretern der amtlich angenommenen ‚vier Stände' eigentliche Geltung, politische Macht und Bedeutung geben könnte, wie etwa den Kammern der Verfassungsstaaten ist aufs sorgsamste teils ausdrücklich abgelehnt, teils vorsichtig verklauselt worden." Aber in ihre Kritik fließen auch Sätze der Befriedigung ein: „Dennoch wird das deutsche Volk in und außer Preußen diese Gesetze freudig begrüßen; ein Zoll breit vorwärts in Preußen bedeutet für Deutschland mehr als viele Schritte in den anderen Staaten. Was gegeben ist, soll — (hier hat wohl der Zensurstift eingesetzt) doch dem Geber dankbar anerkannt werden." [1]) „Trotz alledem erscheint uns aber klar, daß Preußen aufgehört hat, eine absolute und bureaukratische Monarchie zu sein; tatsächlich ist es in die Reihe der Verfassungsstaaten eingetreten." [2])

Die katholische Rhein- und Mosel-Zeitung bringt in sehr gemäßigter Form den rheinisch-partikularistischen Standpunkt zur Geltung, ohne ihn indes allein ausschlaggebend sein zu lassen. So hat sie mit den bisher zitierten Äußerungen das Gemisch von Bedenklichkeit und Hoffnung gemein.

„Wir wollen nicht leugnen," so schreibt sie in Nr. 31 vom 9. Februar, „daß wir zu denjenigen gehören, welche diese Vereinigung der einzelnen Provinziallandtage mit wenigstens ebenso viel Furcht als Hoffnung erwartet haben; wir sehen aber von jetzt an nicht weniger als unsere Gegner die Frage als eine entschiedene an, und zwar dies nicht bloß in dem Sinne, daß wir die Tatsache der Einberufung als feststehend ansehen, sondern auch, daß wir die moralische Wichtigkeit des Auftretens des allgemeinen Landtags unbedingt anerkennen, daß wir nicht zweifeln, daß die Rolle der einzelnen Provinziallandtage von jetzt an nur eine sekundäre und untergeordnete sein wird. Man kann u. E. verschiedener Ansicht darüber sein, ob die Wirksamkeit der Vereinigten Landtage, insbesondere für unsere Provinz, eine durchaus wohltätige sein

[1]) D. Z. No. 44, 13. 2.
[2]) D. Z. No. 45, 14. 2.

wird; ob nicht manches, was den Rheinländern besonders am Herzen liegt, dort in den Hintergrund gedrängt und mehr allgemeinen Prinzipien und einem vielleicht übertriebenen Streben nach äußerer Einheit und Gleichförmigkeit geopfert wird; man kann aber nicht verkennen, daß die Stimme, welche in zehnfach verstärktem Tone sich dort in der Nähe des Thrones erheben wird, alle anderen ferner stehenden, mehr vereinzelten übertönen wird. Ob sie Gutes oder Böses bringen wird, die Tatsache ist vorhanden; das Prinzip der Einheit ist ausgesprochen und wird sich geltend machen; es kann sich also bloß noch darum handeln, sich auf dem neuen Standpunkt zurecht zu finden, das neue Element unseres politischen Lebens so aufzunehmen, daß es zu einem wahrhaft fruchttragenden und heilsamen sich gestaltet. Galt es daher bis jetzt, vorzüglich dahin zu wirken, daß unser Provinzial-Landtag die Ansicht der Provinz repräsentiere und ihre Rechte und Vorteile kräftig wahre, so gilt es jetzt noch um soviel mehr, ihre Stimme dort nicht verhallen zu lassen, wo sie mit jenen der anderen Provinzen zu einem Akkorde sich vereinigen soll, auch die anderen Provinzen zu überzeugen, daß das, was die Rheinprovinz stets erstrebt hat, mit ihrem wohlverstandenen Interesse zusammenfällt. War bisher das Verhältnis unserer Provinz zu ihren Abgeordneten das innigste und jeder Beschluß unseres Landtages daher aus dem Herzen des Volkes selbst hervorgegangen, so handelt es sich jetzt darum, zu beweisen, daß dieses Band kein äußeres, durch Umgebung und sonstige Einflüsse vermitteltes, sondern ein inneres, durch eine im ganzen Volke festgewurzelte Überzeugung begründetes ist; es handelt sich für unsere Abgeordneten darum, die Ideen, welche sie hier stets verteidigt haben, auch dort in anderer Umgebung festzuhalten und als die einzig richtige geltend zu machen."

An anderer Stelle [1]) sagt sie, unter welchen Bedingungen sie sich mit dem Verlust der provinziellen Selbständigkeit aussöhnen könne: „Stünde die Versammlung nicht in einzelnen Prinzipien stark wie ein Mann da, so wäre das der

[1]) R.-M.-Z. No. 34, 12. 2.

beste Beweis, daß diejenigen, welche von ihr, ohne wesentlichen Vorteil für das Ganze, nur Unterdrückung der provinziellen Eigentümlichkeiten fürchteten, im Rechte waren. Nur die ungeteilte Kraft, mit welcher sie die in das ganze Volk eingedrungenen Prinzipien ausspricht und geltend macht, kann ihre moralische Berechtigung zur Existenz dartun."

In ihren sonstigen Äußerungen bewegt sie sich ganz in dem liberalen Ideenkreis mit seinen Wünschen nach politischem Fortschritt.

Die Auffassung der Proletarier gibt die Trierer Zeitung wieder:[1])

„Wir hoffen auf andere Ergebnisse als mit denen das Haupt der Liberalen schwanger geht, und wir erwarten von der parlamentarischen Diskussion kein positives Resultat über die Rätsel der Gegenwart; wir werden vielmehr befriedigt sein, wenn sich die in Deutschland noch unerprobte und darum von den Schwachen nicht geglaubte Wahrheit herausstellte, daß die Region des Willens als eines subjektiven, als eines abstimmenden Willens nicht das Feld ist, auf dem sich die Frage der gesellschaftlichen Ordnung zur Lösung bringen läßt." Alle möglichen Wirkungen will sie der neuen Entwicklung zuerkennen. „Aber Erledigung der Grund- und Kardinalfrage, Sicherstellung jedes Arbeiters durch die nicht gegebene, sondern . . . genommene Arbeit — nein, nein, nein!" Und einige Wochen später:[2]) „Die Neuerungen ändern nichts an den wesentlichen Lebensbedingungen der Gesellschaft, an den Grundmängeln, die wir nachgewiesen haben; sie bewegen sich auf einer Oberfläche der Dinge, wo es eigentlich nur darum sich handelt, die möglichst große Regelmäßigkeit und Offenkundigkeit in dasjenige hineinzubringen, was man bisher schon getan, und höchstens die Verantwortlichkeit für dies Getane auf einen größeren Kreis von Personen auszudehnen . . . Es ist nur in Zeiten der enthusiastischen Unbewußtheit, des jugendlichen Suchens und Schwärmens möglich, daß die

---

[1]) T. Z. No. 48/9, 18. 2.
[2]) T. Z. No. 88, 29. 3.

Gesellschaft ihr letztes Ziel in der Form des Staates sucht." Sie erwartet von der Bewegung nur, „daß alle jene Hemmnisse weggeräumt werden, die zur Stunde noch der persönlichen Freiheit, der Freiheit der Mitteilung und der friedlichen Assoziation im Wege stehen. Weiter erstreckt sich unsere Sympathie für die Bewegung nicht."

Diese grundsätzliche Stellung hindert sie aber nicht, sich, wenn auch nur in beschränktem Maße, an der Diskussion über den Inhalt der neuen Gesetze zu beteiligen.

Die konservative Elberfelder Zeitung erkennt in der Februargesetzgebung „die Lösung der Aufgabe, unter Festhaltung an dem Bestehenden in möglichst einfacher Weise die Ausführung des Staatsschuldengesetzes möglich und das Provisorium des ständischen Gesetzes vom 5. Juni 1823 zu einem Definitivum zu machen." Im übrigen mache nicht die Form der Verfassung ein Volk glücklich, sondern der Geist, welcher sie belebe. Darum baut sie ihre Hoffnung nicht auf die Worte des Gesetzes, sondern auf den Sinn des preußischen Volkes für Wahrheit, Gerechtigkeit und Ordnung, und auf das feste Band, das König und Volk umschlinge. [1]) Auch im einzelnen bietet ihr keine Bestimmung der neuen Gesetze Anlaß zur Kritik. Die von anderer Seite gemachten Ausstellungen erledigt sie von oben herab nach der Theorie vom beschränkten Untertanenverstand. „Man sollte meinen, daß so wohlfeile Weisheit nicht ausreichen würde gegenüber der Prüfung, welche im Staatsministerium der Publikation vorangegangen ist"; man sollte sich freuen, „daß der Landtag uns endlich zu vereinigten Preußen macht" und daß das Provinzial-Dicktun aufhöre. Die Abgeordneten hätten keine anderen Befugnisse, als die, die ihnen der König einräume, der als Staatsoberhaupt alle Rechte der Staatsgewalt in sich vereinige. [2])

* * *

Hiermit ist das Urteil der rheinischen Tagespresse über die neuen Gesetze im allgemeinen charakterisiert. Es bleibt

---

[1]) E. Z. No. 40, 9. 2.

[2]) E. Z. No. 50, 19. 2.

noch die Kritik der Presse an den einzelnen Bestimmungen und an ihrer Vereinbarkeit mit den früheren Gesetzen zu untersuchen. Auch von weitergehenden Wünschen und Forderungen, die als Folgen der Februargesetzgebung hervortraten, wird Notiz zu nehmen sein.

1. Die Kritik der Presse, soweit sie sich nicht auf die früheren Gesetze stützte.

Fassen wir zunächst das Urteil der Presse über die ständische Grundlage des Vereinigten Landtages ins Auge. Es wäre denkbar gewesen, daß man gegen sie die Verordnung vom 22. Mai 1815 angerufen hätte, die eine „Repräsentation des Volkes", also nicht eine ständische Interessenvertretung, wie sie jetzt geschaffen wurde, in Aussicht stellte. Doch hätte eine solche Argumentation ihre Schwierigkeiten gehabt, denn die Verordnung bestimmte ja auch, daß die reichsständische Versammlung, wie es jetzt verwirklicht war, aus den Provinzialständen hervorgehen sollte, und diese bestanden mit ihrem altständischen Charakter seit 24 Jahren in unangefochtener Wirksamkeit. Darum ist von den früheren Gesetzen in diesem Zusammenhang wenig die Rede. Die Köln. Ztg. kommt zwar einmal darauf zu sprechen, indem sie schreibt, die Verordnung vom 22. Mai 1815 widerspreche „anscheinend" nicht einer ständischen Gliederung des Volkes.[1]) Diese leise Kritik verwischt sie aber selbst wieder, wenn sie sagt, nur die „Intention des Gesetzgebers" habe sich von 1815 bis 1823 geändert. Allein die nicht ausgesprochene Intention des Gesetzgebers begründe keine Verbindlichkeit. Der zunächst allein verbindliche Wortlaut der früheren Verordnungen lasse vollkommen die Auslegung zu, welche die Gesetzgebung von 1823 und 1847 ihnen gegeben.[2]) Ja, sie geht noch weiter, indem sie erklärt: „Wir hätten von den Gesetzen vom 3. Februar d. J. auch gar keine andere Grundlage der reichsständischen Vertretung gewünscht. Für wie dringend wir auch die Fortentwicklung der ganzen provinzialständischen Grundlage halten, wir halten

[1]) K. Z. No. 61, 2. 3.
[2]) K. Z. No. 64, 5. 3.

doch eine andere Rücksicht für viel wichtiger und dringender als die Verbesserung der Vertretungsverhältnisse, nämlich die Rücksicht, daß eine solche Verbesserung nicht ohne Beirat und Zustimmung der Stände stattfinde. Die Nützlichkeit der ständischen Gliederung des Volkes aber verneint sie, weil es in Preußen keine konsequente Durchführung des ständischen Systems nach Beschäftigung und Lebensweise der Personen gebe, die Wohltaten der ständischen Gliederung also auch von der heutigen preußischen Verfassung nicht erwartet werden könnten. [1])

Die Düsseldorfer Ztg. erklärt ebenfalls, sie habe mehr gewünscht, aber nicht mehr erwartet. Die Festhaltung des spezifisch ständischen Wesens empfehle sich schwerlich auf die Dauer in einer Zeit, in welcher die Stände als solche keine eigentliche Bedeutung mehr anzusprechen hätten. [2])

Die Aachener Ztg. nimmt, ohne an das Gesetz vom 3. Februar anzuknüpfen, Stellung zu der Sache, indem sie gelegentlich den Repräsentativstaat verteidigt, weil er die ständische Gliederung aufhebe und das Gefühl der Gleichberechtigung begründe. [3]) Sie lehnt also die ständische Gliederung grundsätzlich ab, ihre Durchführung in der älteren und neueren preußischen Gesetzgebung aber gibt ihr keinen Anlaß zur Kritik.

Trotz der gemeinsamen Kritik der drei angeführten Organe besteht aber doch ein Unterschied. Während die demokratische Düsseldorfer Ztg. und die Aachener Ztg. die ständische Gliederung ohne Vorbehalt ablehnen, erkennt die Köln. Ztg. doch noch „Wohltaten der ständischen Gliederung" an, wenn sie konsequent durchgeführt wäre. Ihre Kritik richtet sich eben nicht gegen jedes ständische System, sondern nur gegen das in Preußen im Jahre 1823 begründete altständische System, das die sozialen Umwälzungen der voraufgegangenen Jahre nicht berücksichtigte. Brüggemann, ihr leitender Redakteur, hatte ja auch im Jahre 1843 eine Schrift herausgegeben: „Preußens Beruf in der deutschen Staatsentwicklung und die nächsten Bedingungen zu seiner

---

[1]) K. Z. No. 61, 2. 3; 64, 5. 3.

[2]) D. Z. No. 45, 14. 2.

[3]) A. Z. No. 80, 21. 3.

Erfüllung", in der er die Idee einer berufsständischen Verfassung vertrat (S. 126 ff.).

Zu der Bildung des Vereinigten Landtages durch Zusammenlegung der acht Provinziallandtage bemerkt die Köln. Ztg., dieselbe habe ihre Erwartungen im ganzen vollkommen erfüllt.[1] Also auch hier keine Bezugnahme auf die Verordnung von 1815, die bestimmte, daß die reichsständische Versammlung von den Provinzialständen gewählt werden solle. Bedenken hat die Trierer Ztg. Sie fürchtet, der provinzielle Ursprung der einzelnen Teile der Versammlung könne sich besonders bei der Steuerbewilligung als störendes Element zeigen wegen der verschiedenartigen Belastung der einzelnen Provinzen. Es sei die Frage, ob die bloße Versammlung ohne eine organische Änderung in ihrer Entstehung zur wirklichen Repräsentation der Allgemeinheit ausreichen werde.[2]

Zu lebhaften Erörterungen bot die Bestimmung über Bildung und Befugnisse der Herrenkurie[3] Anlaß. Kein einziges Blatt bekämpfte den dieser Institution zugrunde liegenden Gedanken einer Ersten Kammer. Im einzelnen aber hatte man manches auszusetzen. So sagt die Köln. Ztg., sie sei keineswegs Gegnerin eines Zweikammer-Systems, allein die Anfänge eines Zweikammer-Systems seien solcher Art mit dem provinzialständischen Kuriensystem verbunden, wie das nirgendwo anders geschehen sei. Sie tadelt den Mangel an gegenseitiger Selbständigkeit bei dem geplanten System und weist darauf hin, daß man überall, wo man

---

[1] K. Z. No. **64, 5. 3.**

[2] T. Z. No. **48. 9** v. **18. 2.**

[3] Der Verein. Landtag umfaßte zwei Kurien: Die Dreiständekurie (537 Mitglieder), in welcher die Abgeordneten der Ritterschaft, der Städte und der Landgemeinden vereinigt waren, und die Herrenkurie (80 Mitglieder), in der ausschließlich die Mitglieder des „ersten" Standes der acht Provinziallandtage, d. h. die mit Virilstimmen begabten Fürsten, Grafen und Herren sowie die königlichen Prinzen saßen. Beide Kurien berieten getrennt; nur wenn es sich um Steuern und Anleihen handelte, traten sie zu den „Vereinigten Kurien" zusammen. Die Verhandlungen jeder Kurie leitete ein Marschall; den „Vereinigten Kurien" präsidierte der Marschall der Herrenkurie.

ständische Unterschiede der Absonderung (?) der Kammern zum Grunde gelegt habe, die verschiedenen Kurien [sie meint damit wohl Stände] in beide Kammern verteilt habe.[1]) Auch die Macht der Herrenkurie gibt ihr mehrfach Anlaß zur Kritik. Ein Drittel der Stimmen der Herrenkurie genüge, um Petitionen, die von der ganzen Ständekurie beschlossen worden seien, zu Fall zu bringen.[2]) Wenn sie an anderer Stelle sagt, in vielen Fällen habe der Herrenstand geradezu ein Veto,[3]) so ist dieser Tadel, wo sie sich doch als Freundin des Zweikammer-Systems bekennt, nicht recht verständlich, denn das Vetorecht ist doch nichts anderes, als das Recht des einen Faktors der Gesetzgebung, den von einem andern Faktor gefaßten Beschluß durch Ablehnung nicht rechtskräftig werden zu lassen, und dieses Recht gehört zum Wesen des Zweikammer-Systems. Möglich aber auch, daß sie dabei an die unbeschränkte Befugnis der Krone gedacht hat, den Herrenstand nach Belieben zu verstärken. „Wenn auch," schreibt sie an derselben Stelle, „der Regierung bei der Ersten Kammer für die Ergänzung des grundherrlichen Elementes mit geeigneten Vertretern der Intelligenz ein gewisser Spielraum oft gelassen wird und in den geeigneten Grenzen unbedingt gelassen werden kann, immer muß die Zusammensetzung jeder Kammer grundgesetzlich in der Art fest bestimmt sein, daß keine in ihren Beschlüssen von der Regierung abhängig erscheinen kann."[4])

Auch die Aachener Ztg. ist keine Gegnerin einer Ersten Kammer. Sie nimmt zwar nicht zu den Bestimmungen des königlichen Patents Stellung, aber in einer Verteidigung des konstitutionellen Staates erkennt sie den Wert des Grundbesitzes als Stütze des Staates an. Der rechte Repräsentativstaat habe eine stetige, auf großen Besitz festbegründete Pairie eingeführt, damit sie dem Übermut Widerstand leiste

---

[1]) K. Z. No. 78, 19. 3.

[2]) K. Z. Beil. z. No. 43, 12. 2. Wenn eine Petition zustande kommen sollte, mußte sie in beiden Kurien mit Zweidrittel-Mehrheit angenommen worden sein.

[3]) K. Z. No. 78, 19. 3.

[4]) K. Z. No. 78, 19. 3.

und nur erst der Bewegung nachgebe, wenn sie das allgemeine Bewußtsein für sich habe.[1])

Die Trierer Ztg. wirft die Frage auf, ob die Bevorzugung gewisser Stände [durch die Herrenkurie] auch in den Fragen gelten solle, welche sich auf Besteuerung und Staatsanlehen beziehen. Über Steuererhöhung und Einführung neuer Steuern usw. habe in England und Frankreich die zweite Kammer das Recht der alleinigen Beschlußfassung.[2]) Die Antwort auf diese Frage hätte sich das Blatt aus der Gesetzgebung vom 3. Februar selbst holen können, denn dort war bestimmt, daß in den von ihm bezeichneten Fragen die Vereinigten Kurien beschließen sollten.

Der Elberfelder Ztg. erscheint der Herrenstand „in der ihm nach deutscher Gewohnheit gebührenden äußerlich bevorzugten Stellung.“[3])

Die Regelung des Petitionsrechts, sowohl des Landtags wie des Volkes, fand nicht die Zustimmung der liberalen Organe, die sich damit beschäftigten. Die Köln. Ztg. hält zwar die vorgesehene Beschränkung des Petitionsrechts des Vereinigten Landtags auf innere Angelegenheiten nicht für gefährlich, aber nur deshalb, weil sie sich nicht werde durchführen lassen. Aber sie bemängelt, daß die Petitionen zu schwer vor den Thron gelangen können wegen der erforderlichen Zweidrittel-Mehrheit in zwei Versammlungen.[4]) Die Düsseldorfer Ztg. spricht denselben Tadel aus.[5]) Die Elberfelder Ztg. ist wieder mit der Bestimmung einverstanden und hält sie nicht für gefährlich, denn ein Beschluß einer Kammer bleibe doch nicht verheimlicht und habe doch seine Wirkung.[6])

Bezüglich der Beschränkung des Petitionsrechts auf die Mitglieder des Landtags sagt die Köln. Ztg., dadurch würden diejenigen, die dem Landtage

---

[1]) A. Z. No. 88, 29. 3.

[2]) T. Z. No. 56, 25. 2.

[3]) E. Z. No. 40, 9. 2.

[4]) K. Z. No. 73, 14. 3.

[5]) D. Z. No. 59, 28. 2.

[6]) E. Z. No. 58, 27. 2.

Beschwerden einsenden möchten, auf einen Umweg gezwungen, indem sie ihre Beschwerden den einzelnen Landtagsmitgliedern einsenden müßten.[1]) Für die Düsseldorfer Ztg. liegt in der zuletzt bezeichneten Möglichkeit der Grund, warum sie der Bestimmung keinen großen Wert beimißt. Sie meint ferner, die Stände würden doch allen Bedürfnissen und Beschwerden der Nation Worte leihen.[2])

Die Bestimmung, daß den Abgeordneten keine Instruktionen und Aufträge erteilt werden dürfen, findet die Zustimmung nicht nur der Elberfelder, sondern auch der Köln. Ztg., aber aus einer grundsätzlich verschiedenen Auffassung heraus. Während die Elberfelder Zeitung die Bestimmung damit rechtfertigt, daß es [in den Provinzen] keine Körperschaft gebe mit der Befugnis, über allgemeine Landesangelegenheiten zu beraten,[3]) also offenbar in der Erteilung von Instruktionen nichts finden würde, wenn es eine solche Körperschaft gäbe, geht die Köln. Ztg. von dem wohl allgemein akzeptierten staatsrechtlichen Grundsatz aus, daß überhaupt den Abgeordneten von ihren Wählern keine Instruktionen erteilt werden dürfen. Wohl aber hält sie Kundgebungen der öffentlichen Meinung durch Resolutionen größerer Versammlungen für wünschenswert.[4]) Hierin wird man wohl den absichtlichen Versuch erblicken können, aus den neuen Gesetzen weitere Konsequenzen im Sinne des politischen Fortschritts — Versammlungsfreiheit gegenüber dem geltenden Verbot politischer Versammlungen — zu ziehen.

Einen besonderen Stein des Anstoßes mußte für diejenigen, die einen zentralisierten Staat, keine provinzielle Zersplitterung wünschten, die Bestimmung über die „Sonderung in Teile" bilden, d. h. die in dem neuen Gesetze gestattete Abgabe eines besonderen Votums seitens einer Provinz oder eines Standes, der sich in seinen Interessen durch einen von der ganzen Versammlung gefaßten Beschluß geschädigt glaubte. So motiviert denn auch die Köln. Ztg.

---

[1]) K. Z. No. 73, 14. 3.
[2]) D. Z. No. 45, 14. 2.
[3]) E. Z. No. 58, 27. 2.
[4]) K. Z. No. 92, 2. 4.

ihre Gegnerschaft gegen diese Bestimmung mit der daraus der Staatseinheit drohenden Gefahr. Sie will höchstens Separatvoten eines Standes oder einer Provinz mit Suspensiv-Kraft zugeben. Am wenigsten kann sie es gerechtfertigt finden, wenn von seiten der Krone sogar von vornherein über allgemeine Gesetze und dergl. eine Abstimmung nach Ständen oder Provinzen sollte angeordnet werden können.[1]) Die Elberfelder Ztg. benutzt die Bestimmung als Argument, um damit die von der Rhein- und Mosel-Ztg. vorgebrachten rheinisch-provinziellen Bedenken gegen die neuen Einrichtungen zu widerlegen. Die rheinischen Interessen seien durch die Sonderung in Teile geschützt.[2]) Einen solchen Schutz wird die Rhein- und Mosel-Ztg. nicht abgelehnt haben. Sie äußert sich zwar nicht ausdrücklich zu der Bestimmung, aber aus ihrer allgemeinen Haltung kann geschlossen werden, daß sie jede Einheit ablehnte, die das Opfer rheinischer Besonderheiten gefordert hätte.

Bemerkenswert für die moralische Stellung des Verein. Landtags war die Geschäftsordnung, die ihm der König gegeben hatte, mit den ausgedehnten Befugnissen des Landtagsmarschalls, d. i. des Präsidenten, denen gegenüber von einer Selbstregierung nicht die leiseste Spur übrig blieb. Darum gab die Köln. Ztg. der Hoffnung Ausdruck, daß wenigstens die weitere Fortbildung des ersten provisorischen Reglements den Ständen und ihren Erfahrungen übergeben werde und daß „später auch die Kammern selber bei der Wahl ihrer Präsidenten, mindestens durch Präsentation von Kandidaten mitzuwirken haben werde.“[3])

2. Weitergehende Wünsche.

Oben (S. 48) ist schon an einem Beispiel gezeigt worden, wie man geneigt war, aus den durch die Gesetzgebung vom 3. Februar eingeräumten Befugnissen weitergehende Konsequenzen zu ziehen. Besonders bemerkenswert ist das Bestreben, Einfluß auf den Etat und die Steuerverwen-

---

[1]) K. Z. No. 78, 19. 3.
[2]) E. Z. Beil. zu No. 64, 5. 3.
[3]) K. Z No. 78, 19. 3.

dung zu gewinnen. So schreibt die Köln. Ztg.: Schon die Mitgarantie der Stände für Staatsschulden würde notwendig, um wirksam sein zu können, einen Einfluß auf den gesamten Staatshaushalt, auf die Bewahrung des Gleichgewichts von Einnahme und Ausgabe fordern. Namentlich in bezug auf die Steuerverwilligung müsse sie mehr wünschen, weil ihrer Überzeugung nach aus dem im Patent selber angerufenen „Wesen der deutschen Verfassung" das Recht der Mitaufsicht über die Verwendung der Steuern zu allgemeinen Staatszwecken folge.[1]) Die Trierer Ztg. glaubt, daß der Landtag bei der Steuerbewilligung leicht auf die Verwendung der bisherigen Steuern zurückgreifen und eine Verminderung des neuen Steuerquantums durch eine andere Umlage des alten ermöglichen könne, kurz, die zugestandene „Information"[2]) über den Etat könne leicht zur Kritik führen.[3])

Der Wunsch nach Machterweiterung stützte sich aber nicht immer auf eine in den gewährten Rechten liegende logische Notwendigkeit, sondern auch auf die trotz aller Beschränkungen den Ständen schon eingeräumte tatsächliche Macht. So schrieb die Rhein- und Mosel-Zeitung schon in ihrem ersten Artikel vom 9. Februar, in Verbindung mit dem Rechte, die neuen Anlehen und Auflagen zu bewilligen, erscheine das Recht, zu bitten, von der größten Bedeutung. Sie empfiehlt also eine do ut des-Politik.

Es ist überhaupt natürlich, daß jetzt, nachdem die Verfassungsfrage einmal aufgerollt war, die alten, schon oft geäußerten Wünsche wiederholt und neue laut wurden. So ertönte jetzt vor allem wieder der Ruf nach Preßfreiheit.[4]) Die Kölnische Zeitung weiß ein von der offiziösen

---

[1]) K. Z. No. 69, 10. 3.

[2]) Der König hatte versprochen, dem Verein. Landt. jedesmal bei seinem Zusammentritt eine Übersicht über den Etat vorzulegen.

[3]) T. Z. No. 48/9, 18. 6.

[4]) Es ist schon auf die vom Könige im Dezember 1841 herbeigeführte Milderung der Preßzensur hingewiesen worden (S. 17, Anm. 2.) Anläßlich der Februargesetzgebung hatten dann die Berliner Zensoren den dortigen Redaktionen mitgeteilt, der Minister von Bodelschwingh sei durchaus nicht der Ansicht, daß eine bescheidene Opposition zu verhindern sei. Man wisse wohl, daß die ständischen Einrichtungen nicht

Preußischen Allgemeinen Zeitung der preußischen Presse wegen ihrer Haltung gegenüber dem Patent vom 3. Februar geschenktes Lob klug auszubeuten, indem sie aus dieser Anerkennung die Hoffnung schöpft, daß bald Preßfreiheit wenigstens für innere Angelegenheiten gewährt werde.[1]) Demselben Wunsche gibt sie auch später noch Ausdruck.[2]) Die Aachener Zeitung sagt, die Preßfreiheit zwinge die Parteien Farbe zu bekennen. Unter den jetzigen Verhältnissen schwanke die öffentliche Meinung, und der Staat oder die Regierung könne nicht auf eine entschiedene Stütze rechnen.[3])

Daß die Rhein- und Mosel-Zeitung die Preßfreiheit wünscht, kann man aus ihrer Zustimmung zu den von den rheinischen Gemeinden vor dem Zusammentritt des Vereinigten Landtags erhobenen (später zu erwähnenden) Forderungen entnehmen, unter denen sich auch die Preßfreiheit befindet.[4]) Ausdrücklich nimmt sie zu der Frage nicht Stellung; das ist zu bedauern, weil man so nicht erfährt, warum sie die Preßfreiheit wünschte. Die Frage nach ihren Gründen ist wegen ihres katholischen Charakters nicht überflüssig, denn der liberale Standpunkt bezl. der Preßfreiheit ist vom katholischen prinzipiell verschieden.[5])

Als sich auch in der Elberfelder Zeitung eine Berliner Stimme lobend über die Haltung der Presse gegenüber den neuen Gesetzen vernehmen ließ, da korrigierte eine Zuschrift „Vom Rhein" diese Ansicht dahin, daß das gespendete Lob der Zensur gebühre. Die Anerkennung, die der Berliner Korrespondent der Presse ausspreche, sei mit der Anerkennung

---

ohne Mängel seien, und diese zu beleuchten, solle unverwehrt bleiben; nur müßten direkte Angriffe auf das Patent, auf die Herrenkammer oder gar auf die Mitglieder des kgl. Hauses unterbleiben. (Nach R.-M.-Z. No. 41. v. 20. 2. 47.) Ebenso erklärte die offiziöse Preuß. Allgem. Ztg. Mitte Februar, die Regierung wolle gerade in den ständischen Angelegenheiten eine möglichst freie Bewegung gestatten.

[1]) K. Z. No. 56, 25. 2.

[2]) K. Z. No. 85, 26. 3; 182, 1. 7.

[3]) A. Z. No. 51, 20. 2.

[4]) R.-M.-Z. No. 92, 22. 4.

[5]) Die Monographie über die Rhein- und Mosel-Zeitung, auf die oben hingewiesen wurde, wird zweifellos Licht in diese Frage bringen.

zu vergleichen, die man einem Zuchthausgefangenen wegen seiner Häuslichkeit spende![1]) Dies dient zur Vervollständigung des Bildes.

Weit wichtiger noch als das Verlangen nach Preßfreiheit war der Ruf nach Verwandlung der beratenden Mitwirkung der Stände in eine mitbestimmende. Die Kölnische Zeitung befolgt allerdings auch in dieser Frage den Grundsatz, alles vom „Rechtsboden", d. h. vom Boden der früheren Verfassungsgesetze zu beurteilen und auf dem Wege des allmählichen Fortschritts mehr zu erstreben. Deshalb stellt sie fest: mehr als das Recht des Beirates zur Gesetzgebung sei den Ständen in Preußen weder 1815 noch später je versprochen worden, und wünscht nur, daß wenigstens bezgl. der Abänderung der Verfassung hoffentlich in sehr kurzer Frist ständische Zustimmung für erforderlich erklärt werde.[1]) Düsseldorfer Zeitung und Rhein- und Mosel-Zeitung dagegen äußern sich ungeduldiger, weil sie nur die eigenen Wünsche im Auge haben und von allen Rücksichten absehen. So stellt die Düsseldorfer Zeitung unzufrieden fest, daß die Stände beratende bleiben, daß sie nicht das alte deutsche Recht besitzen, sich unter gewissen Umständen auch ohne Einberufung von seiten der Krone zuversammeln,[2]) und die Rhein- und Mosel-Zeitung beklagt ebenfalls, daß das Recht der ständischen Zustimmung auf die Staatsschulden und die Steuererhöhung beschränkt sei, im übrigen aber nur ein einfacher Beirat eingeräumt werde.[3])

3. Weitergehende Ansprüche auf Grund der früheren Gesetzgebung.

Die Kritik an dem Patent vom 3. Februar und den begleitenden Verordnungen, soweit wir sie bisher kennen gelernt haben, tritt an aktueller und politischer Bedeutung zurück vor den Anfechtungen, die die neuen Gesetze in der liberalen Presse wegen ihres Widerspruchs mit den früheren

---

[1]) K. Z. No. 71, 12. 3.

[2]) D. Z. No. 45, 14. 2.

[3]) R.-M.-Z. No. 31, 9. 2.

ständischen Gesetzen erfuhren. Der Kampf um die auf Grund der früheren Gesetzgebung beanspruchten Rechte drückt der ganzen politischen Situation in Preußen während des Jahres 1847 seinen Stempel auf; ein natürliches Ende hat er überhaupt nicht gefunden. Der Kampf um ständische Rechte war in dem Augenblick zu Ende, wo andere, radikalere Ideen als siegreiche Kämpferinnen in die politische Arena traten.

Merkwürdig ist es nun, daß die früher den Reichsständen versprochenen, in der neuen Gesetzgebung aber arg beschnittenen Rechte im Rheinland, von wo aus doch in den folgenden Monaten die entschiedensten, wenn auch maßvollen Vorkämpfer des „Rechtsbodens" nach Berlin zogen, soweit die Presse in Betracht kommt, fast nur von der Kölnischen Zeitung verfochten werden. Zwar wissen wir, daß die Presse fast einstimmig Forderungen erhob, die weit über das Gewährte hinausgingen, aber man klammerte sich meist nicht an das schon rechtlich Begründete, sondern begnügte sich mit der abstrakten Forderung, und erwartete den Erfolg von der Macht der Idee und von der Entwicklung. Ja, die Aachener Zeitung, die vielleicht die eifrigste Anhängerin der Konstitution von allen rheinischen Blättern ist, tadelt gelegentlich sogar die Kölnische Zeitung, weil sie sich abmühe, „die neuen ständischen Gesetze auf die Vergangenheit zurückzuführen, d. h. sie zu einer Erinnerung zu machen, statt sie aus dem Leben der Gegenwart zu begreifen." [1]) Sie liebt das Theoretisieren nicht, sondern verlangt praktische Gegenwartspolitik. Eine der Forderungen, die die Kölnische Zeitung auf Grund der früheren Gesetze erhebt, macht sie allerdings auch zu der ihrigen, aber ohne sie mit dem positiven Recht zu begründen; sie erklärt, die Zusammenkunft des Vereinigten Landtags dürfe keine ephemere sein, sondern müsse ihre Regelmäßigkeit verbürgt erhalten. Das würde ihr als das größte Resultat erscheinen. [2]) Während der Tagung des Vereinigten Landtags ist sie zwar keine energische Vertreterin des oppositionellen Standpunktes, aber sie steht doch mit ihren Sympathien auf Seiten der Opposition.

[1]) A. Z. No 73, 14. 3.
[2]) A. Z. No. 100, 10. 4.

Die Düsseldorfer Zeitung hebt anfangs in zwei Artikeln auch in großen Zügen den Gegensatz zwischen der alten und der neuen Gesetzgebung hervor,[1]) aber sie versinkt bald in eine so vollendete Apathie wie sonst kein einziges rheinisches Blatt.[2])

Die Trierer Zeitung steht, ihrer Tendenz getreu, diesem Kampf der „Bourgeoisie" um die Macht in der Rolle des unbeteiligten Zuschauers gegenüber. Vor dem Zusammentritt des Vereinigten Landtags beteiligt sie sich nur einmal an der Debatte über die dem Landtag zukommenden Rechte, um zu erklären, daß die Frage, ob durch die neuen ständischen Gesetze das Versprechen von 1815 gelöst sei, nach der in dem letzten Landtagsabschiede für die Rheinprovinz ausgesprochenen allerhöchsten Willensmeinung eine Diskussion nicht mehr zulasse.[3])

Die Rhein- und Mosel-Zeitung weiß auch nichts von einem zu verteidigenden „Rechtsboden", aber auch sie berührt einen strittigen Punkt, indem sie es tadelt, daß die ständische Zustimmung nur für Anleihen gefordert wird, „für welche das gesamte Vermögen des Staates zur Sicherheit bestellt wird" und daß schon die „Zuziehung" der Deputation für das Staatsschuldenwesen bei ausgebrochenem oder nur zu erwartendem Krieg genügen soll.[4])

Als Gegnerin des liberalen Standpunktes nimmt auch die Elberfelder Zeitung an der Debatte über den Rechtsboden teil.

Aus der vorstehend gegebenen Charakteristik des Verhältnisses der bedeutenderen rheinischen Preßorgane zum Kampf um den „Rechtsboden" geht hervor, daß es sich im wesentlichen darum handeln wird, die Stellung der Kölnischen Zeitung in diesem Kampfe zu präzisieren.

---

[1]) D. Z. No. 44, 13. 2 u. 46, 15. 2.

[2]) Im folgenden Jahre, nach Aufhebung der Zensur, rechtfertigte sie ihr bisheriges Schweigen über politische Dinge damit, daß leitende Artikel vor Aufhebung der Zensur unnütz gewesen seien, weil der Kern derselben ja doch der unbarmherzigen Zensurschere in der Regel unterlegen habe. (No. 90, 30. 3. 1848).

[3]) T. Z. No. 56, 25. 2.

[4]) R.-M.-Z. No. 33, 11. 2.

Die Frage ist: Sind durch die Gesetzgebung vom 3. Febr. die früheren Zusagen erfüllt? Die liberale Presse, vorab die Kölnische Zeitung, kam, wie noch im einzelnen zu zeigen ist, zu einer verneinenden Antwort. Es bestanden nun zwei Möglichkeiten, deren Beantwortung durch die Kölnische Zeitung ich vorweg nehmen will, weil sie die Voraussetzung für ihre Beurteilung der strittigen Punkte ist: Entweder man stellte sich auf den Standpunkt, daß die Nichterfüllung der früheren Verheißungen zu einer Inkompetenz-Erklärung des Vereinigten Landtags führen müsse, oder man vertrat die Ansicht, daß der Vereinigte Landtag die verheißenen „Reichsstände" darstelle und infolgedessen die diesen versprochenen, aber noch nicht gewährten Rechte verwahren müsse.

Im Osten — in Schlesien und Preußen — war die Stimmung für die Inkompetenz-Erklärung vorwiegend. Der Stadtgerichtsrat Simon in Breslau sprach sich in seiner schon erwähnten Schrift: Annehmen oder Ablehnen?, die im ganzen Lande viel gelesen wurde, entschieden für die Ablehnung aus, allerdings nicht, weil die früheren Versprechungen nicht erfüllt seien, sondern weil die neuen Gesetze seinen aus dem Naturrecht entnommenen verfassungsrechtlichen Theorien nicht entsprachen.[1]) Dieser Standpunkt fand am Rhein keine Anhänger.

---

[1]) Ausgehend von dem Satze, daß jede Verfassung (in einem monarchischen Staate) die Natur eines Vertrages zwischen Fürst und Volk habe, erklärte er, das Patent und die Verordnungen vom 3. Februar seien nur Entwürfe, die, um Gesetzeskraft zu erlangen, erst die Anerkennung des Volkes finden müßten (Siehe S. 16, 17, 19, 22, 23, 39). Der Verein. Landtag habe aber nicht das Recht, als Organ des Volkes aufzutreten. „Die jetzigen Mitglieder der Provinzialstände . . . sind in keiner Weise und in keiner Beziehung legitimiert zu irgend einer bindenden Erklärung über die unter dem 3. Februar d. J. angebotene Verfassung", weil sie nur eine beratende Körperschaft bildeten. Die Erklärung über die „Entwürfe" könne nur eine neugewählte „konstituierende" Versammlung abgeben (S. 50/1.)

Auch von süddeutscher Seite, von Gervinus, wurden die preußischen Stände aufgefordert, sich für inkompetent zu erklären, indessen nicht, weil sie nicht legitimiert seien, eine Erklärung im Namen des Volkes abzugeben, sondern wegen der Nichterfüllung der früheren Verheißungen. (a. a. O. S. 27/8, S. 44/5, besonders S. 124). Gervinus war ebenfalls ein Anhänger der Vertragstheorie. Er folgerte aber daraus nicht, daß die

Kein Organ der Presse war dagegen, daß der Vereinigte Landtag die Möglichkeit, seine Stimme zu erheben und seine Wünsche geltend zu machen, ausnutze. Die Köln. Ztg. lehnte die Simonsche Schrift energisch ab, indem sie schrieb: „Die Schrift des Herrn Simon ‚Annehmen oder Ablehnen?‘ hat in der Rheinprovinz, wo der Verfasser seiner politischen wie schriftstellerischen Leistungen wegen viele und warme Freunde zählt, einen sehr unangenehmen und, wir fügen es unbedenklich hinzu, für den Verfasser nachteiligen Eindruck hervorgebracht. Von dem verdienstvollen Verfasser des ‚Preußischen Staatsrechts‘ hätte man am allerwenigsten die unbedachte Hingabe an jene flachen staatsrechtlichen Auffassungen erwarten sollen, die den eigentlichen Kern der revolutionären Theorien bilden und im Grunde aus der Anwendung privatrechtlicher Sätze auf die Politik hervorgehen. . . Was die Rheinprovinz anbetrifft, so dürfen wir ohne Zaudern versichern, daß sie ihre politischen Lehrjahre hinter sich hat und auf dergleichen Schultheorien nicht den mindesten Wert legt.[1])

Bei der engen Fühlung, die zwischen den rheinischen liberalen Führern und der Presse, besonders der Kölnischen

---

neuen Gesetze einstweilen nur Entwürfe seien, sondern daß durch sie die Verfassung verletzt sei (S. 28/9). Er bleibt sich auch nicht konsequent, denn er gibt zu, daß man die erlassenen Verfassungsgesetze (auch die vom 3. Febr.) aufheben könne „und der Absolutie ihre eigentliche Auslegung und Handhabung geben, die man bisher in Preußen nicht gewohnt war, gegen die man wohl mit einigen Rechten aber nicht mit Einrichtungen und Formen geschützt war" (S. 30).

Unter der Broschürenliteratur, die das Februarpatent im Gefolge hatte (außer den genannten u. a. „Vier Fragen", „Votum eines Süddeutschen", „Die neue Lage Preußens") vertrat den gleichen Standpunkt wie die Köln. Ztg. die Schrift „Vier Fragen, veranlaßt durch die Verordnungen vom 3. Februar 1847 und beantwortet von einem Preußen" (Leipzig 1847). Auch sie wies auf den Widerspruch zwischen der alten und der neuen Gesetzgebung hin, empfahl aber, das Gebotene anzunehmen und die Lösung des Widerspruchs zu versuchen.

[1]) K. Z. No. 84, 25. 3. Ob die Köln. Ztg. sich durch dieses Urteil über die Vertragstheorie nicht mit ihrer eigenen Haltung in Widerspruch setzte, ist eine andere Frage. Hat sie doch selbst diese Theorie vertreten, allerdings

Zeitung, bestand, ist es gut möglich, daß die Politik der letzteren, jedenfalls definitiv, durch die Beschlüsse der rheinischen Führer bei ihrer Zusammenkunft am 14. Februar (siehe weiter unten) bestimmt wurde.

Indem die Köln. Ztg. so, im Sinne auch der anderen Preßorgane, den Radikalismus ablehnte, wandte sie sich um so entschiedener der Geltendmachung der aus der früheren Gesetzgebung gefolgerten Ansprüche zu. Bei den Auseinandersetzungen zwischen der liberalen Opposition und der Regierung handelte es sich um drei Punkte: um die Regelung der Anleihebewilligung, um die Zuteilung der ständischen Befugnisse an mehrere Körperschaften und um die Frage der regelmäßigen Berufung des Vereinigten Landtags.

Die Köln. Ztg. beschäftigt sich in zahlreichen Artikeln mit diesen Abweichungen von den früheren Gesetzen. Folgen wir ihr in den einzelnen Punkten und präzisieren ihren Standpunkt kurz. Damit gewinnen wir zugleich einen Einblick in die ganze Auffassung der rheinischen liberalen Kreise.

Bezüglich der Anleihen stellt sie fest, daß die Beschränkung der Mitgarantie der Stände auf Friedensanleihen und auf solche Anleihen, „für welche das gesamte Vermögen und Eigentum des Staates zur Sicherheit der Gläubiger bestellt wird", der Verordnung vom 17. Jan. 1820 widerstreite.[1]

Dann die Zuteilung der ständischen Befugnisse an verschiedene Körperschaften. Es gab nach der neuen Gesetzgebung, wie wir gesehen haben, neben dem Vereinigten Landtag einen Vereinigten Ständischen Ausschuß und eine Staatsschulden-Deputation, deren Befugnisse oben angegeben worden sind.[2] Ferner blieben die Provinziallandtage bestehen mit ihrem alten Recht, Beirat zu solchen Gesetzen zu geben, die ihnen der König zur Begutachtung vorlegen würde.

---

ohne die letzten Konsequenzen daraus zu ziehen. Sie war opportunistisch, Simon doktrinär.

[1]) K. Z. No. **66**, 7. **3**.

[2]) Siehe S. **28** f.

Den Ständischen Ausschuß charakterisiert die Kölnische Ztg. dahin, daß er nach der Gesetzgebung vom 3. Februar nicht sowohl eine selbständige reichsständische Versammlung neben dem Vereinigten Landtag bilde, als nur einen diesen vertretenden Ausschuß desselben. Dies sei bei der Legitimationsfrage nicht zu übersehen.[1]) Hiermit legt die Köln. Ztg. dem Ständischen Ausschuß einen Charakter bei, wie er ihm nicht durch die Gesetze verliehen war, sondern wie sie ihn selbst gewünscht hätte. An anderer Stelle trägt sie der Wirklichkeit besser Rechnung, wenn sie erklärt, daß die diesem Ausschuß zugewiesenen Geschäfte wesentlich solche seien, welche eine selbständige, reichsständische Versammlung zu ihrer Ausübung verlangen.[2]) Ständischen Beirat ‚mit voller rechtlicher Wirkung‘ könne rücksichtlich allgemeiner Gesetze, nachdem einmal durch das Patent vom 3. Februar die allgemeinen Stände ins Leben gerufen seien, nur noch von diesen erteilt werden. Der Ständische Ausschuß scheine zu diesem Beirat ‚mit voller rechtlicher Wirkung‘ nicht geeignet, weil er nur ein Ausschuß sei. Er könne höchstens Gesetze vorberaten und eilige Gesetze mit provisorischer Wirkung begutachten.[3]) Auch die Übertragung der in den früheren Gesetzen den Reichsständen zugewiesenen alljährlichen Rechnungsprüfung an den Ständischen Ausschuß rügt sie als mit der früheren Gesetzgebung in Widerspruch stehend.[4])

Gegenüber dem auch den Provinzialständen fürderhin noch gewährten Recht des Beirats macht sie geltend: „Die Verordnung vom 5. Juni 1823 hat die Befugnis zu solchem Beirat den Provinzialständen bloß provisorisch . . . übertragen. Das Provisorium ist durch die Gesetzgebung vom 3. Februar d. J. beendigt.“[5])

Bezüglich der Staatsschuldendeputation ist die Köln. Ztg. der Meinung, daß die ihr überwiesenen Geschäfte

---

1) K. Z. No. 61, 5. 3.
2) K. Z. No. 66, 7. 3.
3) K. Z. No. 71, 12. 3.
4) K. Z. No. 66, 7. 3.
5) K. Z. No. 71, 12. 3.

in der Tat ganz gut von einem solchen Ausschuß versehen werden könnten. Aber weil die Bestimmungen des Gesetzes vom 17. Jan. 1820 diese Geschäfte den Reichsständen übertragen, verlangt sie eine Vereinbarung mit dem Vereinigten Landtag wegen dieser entgegenstehenden Bestimmungen.[1])

Mit der Angelegenheit der der Schuldendeputation zugewiesenen Rechnungsprüfung in engem Zusammenhang steht die Frage der regelmäßigen Berufung des Vereinigten Landtags, denn den „Reichsständen" war alljährliche Rechnunglage zugesichert worden. Von periodischer Berufung war aber in dem Februarpatent nicht die Rede. Der Gesetzgeber war um die frühere Bestimmung in weitem Bogen herumgegangen. Alljährlich sollte nur die achtköpfige Schuldendeputation berufen werden, und diese nur zur provisorischen Prüfung der Rechnungen. Alle vier Jahre sollten die Vereinigten Ausschüsse (Ständischer Ausschuß) zusammenkommen, um den Bericht der Schuldendeputation entgegenzunehmen. Diesen Bestimmungen gegenüber stellt nun die Köln. Ztg. grunsätzlich fest, daß der Vereinigte Landtag als das durch die Gesetzgebung vom 3. Febr. 1847 ins Leben gerufene Institut der Reichsstände von 1820 das Recht habe, alljährlich berufen zu werden. Eine Abänderung dieser Bestimmung lehnt sie nicht ab, weil alljährliche Berufung einstweilen noch das Bedürfnis für den Staat überschreiten möchte, aber sie verlangt Vereinbarung.[2]) Auf eine periodische Berufung überhaupt will sie natürlich nicht verzichten; sie verlangt vielmehr, daß zugleich eine diese sichernde Vereinbarung getroffen werde.[3])

Die Köln. Ztg. faßt ihren Standpunkt gegenüber den neuen Gesetzen also zusammen: Wir verwerfen „die Ansicht, daß der Vereinigte Landtag sich von vornherein für inkompetent zu erklären haben würde. Wir meinen, die Stände haben ihrer Berufung in aller Loyalität zu entsprechen, die aus der Verordnung vom 17. Jan. 1820 fließenden Rechte ehrerbietigst zu verwahren und zu einer Verhandlung wegen

---

[1]) K. Z. No. 76, 17. 3.
[2]) K. Z. No. 66, 7. 3.
[3]) K. Z. No. 76, 17. 3.

Verbesserung der in Rede stehenden Bestimmungen der Verordnung vom 17. Jan. 1820 den besten Willen mitzubringen." [1])

Das Echo, welches diese Äußerungen der Opposition im Regierungslager fanden, tönt am Rhein in der Elberfelder Ztg. wieder. Im allgemeinen erklärt sie kategorisch, dem König als dem höchsten Gesetzgeber im Staate stehe es nicht allein zu, die vorhandenen Gesetze authentisch zu interpretieren, sondern auch diejenigen Bestimmungen derselben, welche dem ursprünglichen Zwecke nicht mehr entsprechen, abzuändern. Hinsichtlich der Bestimmungen über die Anleihen sagt sie, der Inhalt der Garantie sei in beiden Gesetzen wesentlich derselbe geblieben und im Gesetz vom 3. Februar nur näher ausgeführt. Die Scheidung zwischen Friedens- und Kriegsanleihen sei gerechtfertigt; sie folge daraus, daß die äußeren Verhältnisse nicht zur Kognition der Stände gehörten. Zur Frage der alljährlichen Berufung meint sie, wegen des Art. XIII der Verordnung vom 17. Januar 1820 werde niemand verlangen, daß der Verein. Landtag jährlich berufen werde. Die Prüfung des Staatsschuldenwesens geschehe überall nicht durch das ganze Parlament, sondern durch eine Deputation. [2])

Die Artikel der Köln. Ztg. fanden auch in den amtlichen Kreisen Aufmerksamkeit. Die Antwort der Regierung und die Verteidigung der neuen Gesetze erfolgte in der offiziösen Allgemeinen Preußischen Zeitung. Zum Schluß einer Artikelserie, die auch die Köln. Ztg. vollständig abdruckte, bezeichnete sie als Hauptfehler der Argumentation der Kölnischen Zeitung die „Buchstabentreue"; die natürliche Hoheit der Staatsfrage werde erniedrigt, wenn sie von der Intuition der politischen Tribüne auf die Gerichtsbank verstoßen werde, um hier von dem feinen Gewebe buchstäblicher Spitzfindigkeiten sofort umsponnen zu werden. Darauf entgegnet die Köln. Ztg., daß sie auch Gründe von mehr politischer Natur vorgebracht habe. [3])

---

[1]) K. Z. No. 66, 7. 3.

[2]) E. Z. No. 93, 3. 4, Beilage.

[3]) K. Z. No. 97, 7. 4.

Das trifft zu.[1]) Aber die Reklamation der früher versprochenen ständischen Rechte konnte die Köln. Ztg. gar nicht ausschließlich mit politischen Gründen durchführen; diese reichten nur hin für einen mehr oder weniger überzeugenden Nachweis, daß die Entwicklung das Volk für gewisse Staatseinrichtungen reif gemacht habe, und daß die Beanspruchung bestimmter Rechte innerlich berechtigt sei. Um aber den erhobenen Forderungen Nachdruck zu verleihen, war eine Begründung vom Boden des positiven Rechts unentbehrlich. In diesem Sinne erklärt auch die Köln. Ztg.: „Wir hätten alles mit politischen und deutsch-staatsrechtlichen Gründen noch weiter motivieren können; da aber die Verordnungen vom 3. Februar d. J. nun einmal publiziert waren, so wurden wir durch diesen Umstand genötigt, uns zugleich nach auch vor der ‚Gerichtsbank' gültigen Rechtsmitteln umzusehen." [2])

* * *

Fassen wir die Preßerörterung über das Patent zusammen.

Kein Preßorgan am Rhein spricht sich gegen die Annahme des in der Februargesetzgebung Gebotenen aus. Die neuen Gesetze finden hier kritische Würdigung, dort gehorsame Hinnahme, wieder anderswo Gleichgültigkeit. Freudige Zustimmung begegnet ihnen nirgendwo. Wenn wir von der Trierer Ztg., die allzu uninteressiert schreibt, absehen, so ist die Kritik zweifacher Art: sie betrifft das Verhältnis der alten zu der neuen Gesetzgebung oder erstrebt Fortbildung der Verfassung, sei es im Anschluß an die neuen Gesetze oder über sie hinausgehend.

Was die Kritik in ersterer Beziehung anlangt, so wird die Forderung, die Verwahrung der früheren Rechte auszusprechen, nur in der Kölnischen Zeitung erhoben, während die übrigen Blätter aus Abneigung gegen theoretische Überlegung (Aachener Ztg.) oder wegen nicht völliger Übereinstimmung mit den politischen Zielen der Liberalen (Rhein- und Mosel-Ztg., Düsseldorfer Ztg.) diese Forderung nicht er-

---

[1]) Vgl. S. 37.

[2]) K. Z. No. 97, 7. 4.

heben oder sie aus grundsätzlicher Gegnerschaft bekämpfen. (Elberfelder Ztg.) Beachtung verdient die maßvolle und keineswegs am Buchstaben haftende Art, in der die Köln. Ztg. die früheren Gesetze zur Kritik der Februargesetzgebung heranzieht.

Die Wünsche, die sich auf Fortbildung der Verfassung richten, haben ihren tiefsten Grund darin, daß die beiden liberalen Organe sowie die Düsseldorfer und die Rhein- und Mosel-Zeitung dem Konstitutionalismus huldigen. Sie bekennen das ausdrücklich. Die Köln. Ztg. schrieb in ihrer ersten Besprechung des Februarpatents: was der König verliehen habe, sei nichts Geringes. Eine Konstitution, die sie schließlich befriedigen könne, sei es freilich nicht. [1]) Bei derselben Gelegenheit schrieb die Düsseldorfer Ztg., Preußen habe freilich noch keine Verfassungsurkunde, aber was ihm not tue, das werde errungen werden; der Weg dazu sei angebahnt worden. [2]) Die Aachener Ztg. vertritt zu wiederholten Malen die konstitutionellen Ideen ohne direkte Beziehung auf die neuen Gesetze. So preist sie einmal als Vorzug des Repräsentativsystems die Beseitigung der Stände und die Heranziehung einer möglichst großen Zahl tüchtiger Bürger zu den Staatsaufgaben, ein anderes Mal die Öffentlichkeit der Finanzverwaltung, oder sie weist Angriffe auf das konstitutionelle System zurück. [3])

Auch die Rhein- und Mosel-Zeitung bekennt sich wiederholt zum Konstitutionalismus. In ihrem ersten Artikel über das Februarpatent heißt es: „Daß dies [die dem Landtag eingeräumten Rechte] noch keine Konstitution im gewöhnlichen Sinne ist, leuchtet ein, und wir zweifeln nicht, daß selbst die sonstigen Gegner einer preußischen Konstitution dem Vereinigten Landtag mit uns weitere Rechte eingeräumt wünschen.“ [4]) „Die Feststellung des Hauptfinanzetats und die Bestimmung über die Verwendung der Staatseinnahmen ist . für ein ausschließliches Recht der Krone erklärt — eine Be-

---

[1]) K. Z. No. 41, 10. 2.

[2]) D. Z. No. 45, 14. 2.

[3]) A. Z. No. 80, 21. 3; 88, 29. 3; 103, 13. 4; 199, 18. 7.

[4]) R.-M.-Z. No. 31, 9. 2.

stimmung, welche schwerlich dem Geiste des heutigen konstitutionellen Lebens entspricht." [1]) Am 21. Mai verteidigt sie gegenüber den „reaktionären Schriftstellern" die konstitutionellen Freiheiten als „eine ernste und geheiligte Sache" [2]) Aus dieser konstitutionsfreundlichen Gesinnung erklärt sich auch, daß sie keinem rücksichtslosen Partikularismus huldigt. Wohl klingt durch ihre Artikel ein besorgter Unterton wegen des Schicksals der rheinischen Institutionen durch. Sie ist bereit, sich mit dem Einheitsstaat auszusöhnen unter der Bedingung, daß die rheinischen Institutionen nicht geopfert, sondern Gemeingut der Nation werden.

Die ständische Gliederung, wie sie jetzt von den provinzialständischen Einrichtungen auf den Vereinigten Landtag übertragen war, wird zwar von keinem liberalen Blatte grundsätzlich gebilligt; man denkt aber nicht daran, sie zu bekämpfen.

3. Kap. **Die Führer des rheinischen Liberalismus und das Patent. Kundgebungen der Gemeindevertretungen.**

Die Führer des rheinischen Liberalismus versammelten sich bald nach dem Erscheinen des Patents zu gemeinsamer Be-

---

[1]) R.-M.-Z. No. 33, 11. 2.

[2]) Es ist zu beachten, daß diese Äußerungen alle vor den 1. Juni fallen. Gerade in dieser grundlegenden Frage: Für oder gegen die Konstitution? macht sich der zu diesem Termin stattfindende Redaktionswechsel bemerkbar. Ich wüßte wenigstens keine Erklärung für die Verschiedenheit der Urteile vor und nach dem bezeichneten Datum. Man vergleiche mit den obigen Äußerungen die nachstehenden. Am 6. Juni nennt sie die Tendenzen der „rheinischen Koryphäen" falsch, verderblich und destruktiv. Sie meint damit „das modern-konstitutionelle Trachten nach dem Prinzip der äußeren Staatseinheit". Am 17. Dezember 1847 spricht sie von dem „pseudo - liberalen Zerrbild" der Freiheit „innerhalb des uniformierten und zentralisierten konstitutionellen Musterstaats". Einige Tage später verurteilt sie den „modernen Konstitutionalismus und die Repräsentativ-Verfassung", weil sie der „andrängenden Tyrannei von oben nur ein neues gleich großes Übel, nämlich die Entfesselung der politischen Leidenschaften von unten, hiermit aber die Anarchie, entgegenstellen" könnten (No. 293, 19. 12.)

ratung in Köln. Schon früher hatten sie gemeinsame Besprechungen abgehalten, in denen die zu erwartende preußische Verfassungsurkunde erörtert worden war. Am 20. Jan. 1847 hatte von der Heydt an Mevissen geschrieben, er erfahre, daß am 24. Januar, dem Tage des Krönungsfestes, die endliche Publikation der Verfassung bevorstehe. Man nahm eine Zusammenkunft für die Tage nach dieser Publikation in Aussicht, verschob sie jedoch, als sich das Gerücht als falsch erwies. Nach dem Erscheinen des Patents wurde dann eine Versammlung auf den 14. Februar nach Köln einberufen, an der zwölf liberale Deputierte teilnahmen.

Die Grundfrage: Annehmen oder Ablehnen? wurde fast einmütig in bejahendem Sinne entschieden. Es traten aber doch Meinungverschiedenheiten hervor. Beckerath empfahl vor allem dankbare Entgegennahme der Gabe des Königs, wenn auch mit dem Ausdruck vertrauensvoller Erwartung fernerer Gewährungen. Hansemann forderte im Gegenteil eine bestimmte Inkompetenzerklärung.[1] Die übrigen aber, deren Führung Camphausen hatte, waren geschlossen für Annahme des Gebotenen, hielten aber zugleich eine bestimmte Verwahrung der durch die ältere Gesetzgebung begründeten, noch unerfüllt gebliebenen Rechte für nötig.[2] Das Resultat der Beratungen wurde von Camphausen in einem Schriftstück zusammengefaßt, in welchem die aus der früheren Gesetzgebung hergeleiteten und auf dem Landtag geltend zu machenden Forderungen formuliert waren. Es lautete:

„Aus den bestehenden Gesetzen ist für die Reichsstände herzuleiten: 1. der Anspruch auf periodische (jährliche) Versammlungen; 2. die Zustimmung auch zu solchen Anleihen, wofür nicht das gesamte Vermögen und Eigentum des Staates zur Sicherheit bestellt wird (eingeschlossen Domänen-Veräußerung über das Gesetz von 1820 hinaus); 3. die Zustimmung zu Anleihen für Kriegszwecke; 4. die Weigerung, ihre Rechte

---

[1]) Nach einer Kölner Korrespondenz in der Indépendance Belge (No. 97 v. 3. April), die Hansen sehr sachverständig nennt (a. a. O. I, 447, Anm.). Kölner Korrespondent des Blattes war de Wolffers; mit ihm stand Mevissen in Verbindung (Hansen II. 276).

[2]) Alles Vorstehende nach Hansen, Mevissen I, 445 ff.

auf eine Deputation von 8 Mitgliedern zu übertragen oder deren Zuziehung als Garantie der Reichsstände anzuerkennen; 5. das Recht der Zuziehung zur Regulierung und Feststellung der Steuern; 6. der Anspruch auf Beirat zu Gesetzen, welche Veränderungen in Personen- und Eigentumsrechten zum Gegenstande haben; 7. das Petitionsrecht für alle, nicht bloß für innere Angelegenheiten; 8. die Weigerung, anzuerkennen, daß der Beirat der Provinzialstände zu allgemeinen Gesetzen den Beirat der Reichsstände ersetzen könne." [1])

Auf einer zweiten Versammlung in Köln am 14. März wurde endgültig beschlossen, das Gebotene anzunehmen. Der Verein. Landtag solle sich als die verheißene reichsständische Versammlung konstituieren und die dieser in den älteren Gesetzen von 1815, 1820 und 1823 zugesprochenen, aber noch vorenthaltenen Rechte, wo möglich in einer Adresse an den König beanspruchen. [2]) Mit diesen Beschlüssen war der Standpunkt der Simonschen Schrift abgelehnt. [3])

Auch die rheinischen Gemeindevertretungen nahmen in Beschlüssen und Denkschriften zu der Frage des Tages Stellung. An den Verein. Landtag direkt durften sie sich nicht wenden; auch durften sie den Abgeordneten keine Instruktionen geben, daher wählten sie den Weg der Mitteilung, indem sie ihren Abgeordneten in der bezeichneten Weise kundgaben, welche Stellung sie gegenüber der politischen Lage einnähmen. Solche Beschlüsse und Denkschriften gingen aus

---

[1]) Bergengrün, David Hansemann, S. 351.

[2]) Bergengrün, a. a. O. 354; Hansen, a a. O. I, 447/8; Indépendance Belge No. 86; Mevissen in der „Gegenwart, eine enzyklopädische Darstellung der neuesten Zeitgeschichte für alle Stände" (Leipz. 1849) II, S. 163. (Abgedruckt bei Hansen, II, 230 ff.)

[3]) Beckerath's Urteil über diese Schrift bei Hansen I, 448, Anm. 3. — Mevissens nach Schluß des Landtages niedergeschriebenes Urteil in seinem oben zitierten Aufsatz in der „Gegenwart" über die Ansicht Simons trifft nicht das Richtige. Simon hat wohl auch mit den „positiven Rechtsbestimmungen der Vergangenheit die Gegenwart bestritten"; aber die Inkompetenzerklärung verlangte er nicht, weil die neue Verfassung den früheren Verheißungen nicht entsprach, sondern weil der Ver. Landt. zu einer bindenden Erklärung zu den Verfassungs-„Entwürfen" der Regierung nicht legitimiert sei.

von den Städten Köln, Düsseldorf, Crefeld, Elberfeld, Koblenz, Trier. Der Inhalt war im großen und ganzen bei allen derselbe, aber der Ton war verschieden. Am maßvollsten äußerten sich die Städte Crefeld und Elberfeld. Diese beschlossen, ihren Abgeordneten den Wunsch auszusprechen, daß sie unterstützten: 1. Ausbildung der reichsständischen Institutionen sowohl auf Grund der früher erlassenen Gesetze als mit Berücksichtigung der Bedürfnisse der Gegenwart; 2. Verwirklichung der schon in der Bundesakte verheißenen Preßfreiheit; 3. gleiche Berechtigung aller Staatsbürger ohne Rücksicht auf das religiöse Bekenntnis; 4. Durchführung des Prinzips der Öffentlichkeit im Staatsleben, sowohl in den Verhandlungen der Gemeinde und Landesvertretung als in der Rechtspflege; 5. nationale, den Interessen der Industrie entsprechende Handelspolitik. [1]) Schärfer formulierten schon die Städte Düsseldorf, Trier und Köln ihre Forderungen. Düsseldorf und Trier verlangten nicht nur „Ausbildung" der reichsständischen Institutionen „auf Grund der früher erlassenen Gesetze", sondern wünschten Verwahrung der durch die frühere Gesetzgebung verliehenen Rechte. [2]) Die Kölner Denkschrift machte sogar Bedenken gegen die Rechtsbeständigkeit der neu getroffenen Bestimmungen geltend. [3]) In der Trierer Denkschrift wurden auch gleich die Konsequenzen bezeichnet, die aus der Verwahrung der früher versprochenen Rechte zu ziehen seien; sie verlangte, daß der Vereinigte Landtag sich jeder Handlung enthalte, welche eine Anerkennung der durch die Gesetze vom 3. Februar geschehenen Beschränkungen involvieren würde (Bewilligung neuer Anleihen, neuer Steuern, Wahlen zum Ständischen Ausschuß oder zur Schuldendeputation). Ferner wünschte sie, daß eine Petition um Einführung einer alle Volksklassen vertretenden Wahlorganisation und um Petitionsfreiheit des Volkes an den König gerichtet werde. In einem einzigen Gemeinderat wurde vorübergehend der Gedanke der Inkompetenzerklärung erwogen, in Koblenz, indem man bestritt, daß die Provinzial-

---

[1]) K. Z. No. 82, 23. 3; 96, 6. 4.
[2]) K. Z. No. 93, 3. 4; 97, 7. 4.
[3]) K. Z. No. 84, 25. 3.

stände das Recht hätten, sich an einer reichsständischen Versammlung zu beteiligen, für welche sie nicht gewählt seien. Schließlich aber kam man zu dem Ergebnis, daß die Krone über die Stimmung des Volkes aufzuklären, die Erfüllung der früheren Verheißungen und ein Grundgesetz zu fordern sei. Weiter wurde auch hier wie anderswo Preßfreiheit, Sicherung der persönlichen Freiheit, gleiches Recht für alle ohne Unterschied des Bekenntnisses verlangt. [1])

Diese Kundgebungen der Gemeinderäte sind als beachtenswerte Symptome der politischen Lage überhaupt und der politischen Stimmung am Rhein anzusehen. Die kommunalen Vertretungen sind gewissermaßen an die Stelle politischer Versammlungen getreten und stellten viele von den Forderungen auf, die in den sturmbewegten Tagen des folgenden Jahres von leidenschaftlich erregten Volksmassen erhoben wurden. Diese Forderungen gehen zwar über das von den rheinischen liberalen Führern aufgestellte Programm hinaus, aber sie schließen es ein, so daß also hinsichtlich der von den rheinischen Abgeordneten auf dem Landtage in der Frage der früher verheißenen Rechte zu beobachtenden Haltung zwischen den rheinischen liberalen Führern und den Vertretungen der größten Stadtgemeinden Übereinstimmung besteht.

[1] K. Z. No. 103, 13. 4.

Zweiter Abschnitt.

Der erste Vereinigte Landtag.

Einleitung.

Achtzig Abgeordnete zogen Anfang April 1847 als Vertreter des Rheinlandes nach Berlin; 5 von ihnen gehörten dem Herrenstande, je 25 dem Stande der Ritter, der Städte und der Landgemeinden an. Die Zusammensetzung des Rheinischen Provinziallandtages, als dessen Mitglieder sie zum Vereinigten Landtag berufen wurden, hatte sich seit dem Jahre 1845 zum Teil geändert. Die Hälfte der städtischen und ländlichen Mandate, also etwa 25, war bei den Neuwahlen vom Jahre 1846 an andere Inhaber übertragen worden mit dem Resultate, daß die liberale Partei eine Verstärkung erfuhr. Der Oberpräsident der Rheinprovinz berichtete nach Berlin, die Oppositionspartei sei diesmal besonders eifrig gewesen und viele dem Gouvernement ergebene Personen seien leider nicht wiedergewählt worden. Unverkennbar habe die Bevölkerung diesen Wahlen die größte Wichtigkeit beigelegt.[1])

Die Frage, was es für Männer waren, denen die Vertretung der Rheinprovinz anvertraut war, ist hiermit schon z. T. beantwortet. Die politische Scheidung in ihren Reihen vollzog sich nach der Stellung zur Frage der Zentralstände. Auf der einen Seite standen die Freunde der letzteren, fast alle Abgeordnete der Stadt- und Landgemeinden und einen Teil der Ritterschaft umfassend, auf der anderen Seite ihre Gegner, zu denen der andere Teil der Ritterschaft gehörte.

---

[1]) Geh. St. A. (Min. d. Inn.) Rep. 77, Tit. 523 h. No. 37, Bericht d. Oberpräs. v. 12. 10. 1846.

Für die politische Gruppierung innerhalb der Ritterschaft waren besonders die im Jahre 1843 vollzogenen Neuwahlen von Bedeutung gewesen. Wahlorte der Ritterschaft waren Coblenz und Düsseldorf. Während in Coblenz die „Autonomen", d. h. die Gegner aller staatlichen Zentralisation, also auch der Reichsstände, durchdrangen, siegten in Düsseldorf ihre Gegner. Acht von den ritterschaftlichen Abgeordneten, die hier gewählt wurden, gehörten auch dem Vereinigten Landtag an: Frhr. v. Nyvenheim, Graf Nesselrode, Graf Hompesch, v. Hymmen, v. Diergardt, v. Rynsch, v. Hilgers, Herbertz.[1])

Bei den Wahlen des Jahres 1846 waren 12 ritterschaftliche Abgeordnete neu zu wählen. In Koblenz drangen wieder die Kandidaten der Autonomen durch. Unter den Stellvertreter-Abgeordneten, die in Koblenz gewählt wurden, befand sich Frhr. von Mylius, der später dem Verein. Landtag angehörte. Die vier in Düsseldorf gewählten Abgeordneten bezeichnete die Köln. Zeitung als Vertrauensleute der nicht-autonomen Rittergutsbesitzer. Das trifft indes bei dem ebenfalls gewählten Landrat v. Gudenau nicht zu. Er war kein Gegner der Autonomen. Daß er von einer anti-autonomen Mehrheit gewählt wurde, erklärt sich daraus, daß der Fürst Salm-Reifferscheidt seinen Einfluß zu seinen Gunsten geltend machte.[2])

Es standen sich hiernach innerhalb der rheinischen Ritterschaft etwa 12 Autonome und 13 nicht-autonome Abgeordnete gegenüber. Von politischer Bedeutung war es, daß Frhr. Max von Loë (Allner), der Vertreter der katholischen und der

[1]) Zu diesen Wahlen schrieb die Köln. Ztg. (No. 29 v. 29. Jan. 1843): „Die Autonomen, die zu Koblenz . . . einen so vollständigen Sieg errungen haben, sind bei uns (d. h. in Düsseldorf) gänzlich unterlegen."

[2]) Geh. St. A. a. a. O. — von Gudenau's Wahl konnte nur durch königl. Dispens von dem gesetzlich geforderten 10 jährigen Grundbesitz Gültigkeit erlangen. Dasselbe gilt von der Wahl des Direktors der Düsseldorfer Akademie, v. Schadow. Gegen die Bestätigung des letzteren wurden in der u. a. aus dem Prinzen von Preußen und mehreren Ministern bestehenden Immediatkommission für ständ. Angelegenheiten auch konfessionelle Bedenken geltend gemacht. v. Schadow war zum Katholizismus übergetreten.

autonomen Interessen auf den früheren rheinischen Landtagen, durch Krankheit verhindert war, an den Verhandlungen des Vereinigten Landtages teilzunehmen. Der Landtag ging so eines ausgeprägten politischen Charakters und eines hervorragenden parlamentarischen Talentes verlustig. An seine Stelle trat der Frhr. von Mylius, der in politischer Beziehung durchaus von ihm verschieden war.

Später wird festzustellen sein, welche Rolle die Ritter auf dem Verein. Landtag gespielt und wie sie sich politisch geschieden haben.

Der Konfession nach waren von den 75 Abgeordneten der drei Stände (Ritter, Städte, Landgemeinden 44 katholisch und 31 protestantisch. Die Katholiken überwogen stark im Stande der Ritter (17 : 8) und der Landgemeinden (18 : 7), während die Protestanten im Stande der Städte auffallend stark vertreten waren (16 : 9). Juden konnten dem Landtage nicht angehören, weil sie keine ständischen Rechte besaßen.

Was die Abgeordneten der Stadt- und Landgemeinden anlangt, die Träger der reichsständischen Bewegung auf dem letzten rheinischen Landtag, so haben wir ihre Führer schon näher kennen gelernt. Auch von den übrigen Abgeordneten nahmen manche im wirtschaftlichen Leben, in welchem sie fast ausnahmlos standen, angesehene Stellungen ein.[1])

* * *

Der erste Vereinigte Landtag,[2]) dessen Dauer der König auf acht Wochen festgesetzt hatte, erstreckte sich, nachdem seine Tagung vom Könige zweimal verlängert worden war, über ungefähr elf Wochen. Während dieser Zeit erledigte er nicht nur die ihm vom Könige vorgelegten Propositionen, sondern zog auch weite Gebiete des staatlichen Lebens in den Kreis seiner Beratungen, um innerhalb der ihm gezogenen Schranken viele der Lösung harrende Fragen nach Kräften zu fördern. Außer den rein politischen waren es besonders wirtschaftliche Dinge, mit denen er sich beschäftigte, so mit

[1]) Siehe d. Verzeichnis. Anhang I.

[2]) Über Zusammensetzung und innere Organisation ist früher schon einiges gesagt worden. (Siehe S. 45, Anm. 3; S. 46, Anm. 2, 48 ff.).

verschiedenen Anträgen betreffend den damals herrschenden Notstand, mit der Frage des Ausfuhrverbotes von Kartoffeln und Getreide, mit den Handelsverhältnissen zwischen Preußen und dem Auslande, mit der Errichtung eines Handelsministeriums, mit der Reform der Patrimonialgerichtsbarkeit, mit Anträgen betr. Salzmonopol und Salzsteuer; ferner mit Fragen der hohen Politik, wie den Beziehungen Preußens zu Spanien oder der Erhaltung der Selbständigkeit von Schleswig-Holstein.

Das hier zu behandelnde Thema erfordert nur ein Eingehen auf die Debatten, bei denen der Landtag im allgemeinen und die rheinischen Mitglieder im besonderen ihre Stellung zur Verfassungsfrage darlegten, und zwar im weitesten Sinne, soweit es sich überhaupt um Staatsverfassung und Stellung der Bürger handelt. Diese Debatten sind es ja, die dem ersten Vereinigten Landtag sein Gepräge geben. Im Sinne des Königs sollte er nur der mit dem Bestehenden zufriedene Ratgeber des Königs sein und die Weiterentwicklung der Verfassung der allerhöchsten Weisheit überlassen. Aber der Landtag, einmal versammelt, machte sich zum Interpreten der in weiten Kreisen lebenden Ideen von Mitwirkung bei der Staatsverwaltung.

Für die Untersuchung der Frage, welche Stellung die Rheinländer auf dem Landtag zur Verfassungsfrage eingenommen haben, ergibt sich folgende Unterscheidung: 1. Welches ist ihre Stellung, soweit die frühere, nach ihrer Voraussetzung noch in Kraft bestehende Gesetzgebung in Frage kommt? 2. Welche theoretischen Anschauungen haben sie über Staatsverfassung überhaupt? Die erste Frage läßt sich unter dem Gesichtswinkel des Kampfes um den „Rechtsboden" behandeln. Dieser Kampf zieht sich durch die ganzen Verhandlungen hin; er beginnt mit dem ersten Tage, wo der Landtag versammelt war, und füllt auch noch die letzten Stunden aus. Daher empfängt der erste Vereinigte Landtag von diesem Kampfe sein Gepräge. Ihm wenden wir uns zunächst zu.

I. Der Kampf um den Rechtsboden.

1. Kap. Vorverhandlungen. Thronrede.

Die Eröffnung des Landtages war auf den 11. April festgesetzt. Schon in den ersten Tagen des Monats fanden sich manche Abgeordnete in Berlin ein, zuerst die Preußen, u. a. der Marschall des preußischen Provinziallandtags, von Brünneck und der Führer der preußischen Liberalen, von Auerswald; wenige Tage später auch Camphausen, Mevissen, von Beckerath und von der Heydt. Hansemann war schon vor Ende März nach Berlin gereist.

Am Abend des 7. April fanden auf Anregung des preußischen Deputierten Abegg (Danzig) Vorbesprechungen zwischen den Rheinländern [1]) und Preußen bei Herrn von Brünneck statt. Die Preußen hatten bei ihren unter sich gepflogenen Beratungen gegenüber den neuen Gesetzen einen durchaus ablehnenden Standpunkt eingenommen und waren nach Berlin gekommen in der Absicht, sich zur Übernahme der dem Vereinigten Landtag zugewiesenen Funktionen für inkompetent zu erklären. Bei der Besprechung vom 7. April kam es zu einem lebhaften Gefecht zwischen den Vertretern des rheinischen und des preußischen Standpunktes, das mit entscheidend geworden ist für die spätere Entwicklung und für die führende Stellung der Rheinländer auf dem Landtage. „Preußen wollte die Inkompetenz, die Rheinländer Kompetenz mit aller Machtfülle. Preußen wollte protestieren und weigern, die Rheinländer konstituieren und handeln." [2]) Wortführer der Preußen war von Auerswald, [3]) für die Rhein-

---

[1]) Hier und in der ganzen weiteren Darstellung, wo nicht aus dem Zusammenhang etwas anderes folgt, ist unter den „Rheinländern" die rheinische Opposition zu verstehen. Die nicht zu ihr gehörige Hälfte der Ritterschaft tritt in der Öffentlichkeit ganz zurück.

[2]) „Gegenwart". Eine enzyklopädische Darstellung der neuesten Zeitgeschichte für alle Stände, Leipzig 1849. 2. Bd. (S. 165 ff.)

[3]) Alfred von Auerswald (geb. 13. Dezember 1797 als Sohn des Oberpräsidenten der Provinz Preußen) war der Urheber des Antrages auf Einführung von Reichsständen auf dem preußischen Huldigungslandtag von 1840.

länder sprach, da Camphausen bei Beginn der Beratungen abwesend war, der jüngste aus ihren Reihen, Mevissen. Der Ausgang der Debatte schien sich, obwohl sich Herr von Brünneck für den rheinischen Standpunkt erklärte, zugunsten der anderen Seite wenden zu wollen, als Camphausen erschien und der Debatte durch sein Auftreten eine andere Wendung gab. Der Bericht eines Teilnehmers an dieser Sitzung[1]) gibt eine dramatische Schilderung ihres Verlaufs. Als gegen den Vorschlag der Rheinländer, eine Adresse an den König zu richten, von preußischer Seite eingewandt wurde, daß der königliche Kommissar eine solche nicht gestatten und der Marschall nötigenfalls die Sitzung schließen werde, „da erhob sich Camphausen, wie ein Löwe donnernd: ‚Dann erwählen wir einen neuen Marschall aus unserer Mitte, dann erklären wir die Sitzung für permanent, dann weichen 537 Volksvertreter nur der Macht der Bajonette'." Der Verfasser des Aufsatzes in der „Gegenwart" und Bergengrün[2]) sehen in dieser Reminiszenz an Mirabeau nur ein Mittel, mit dem er den Widerstand der Preußen habe überwinden und den gefährdeten „Rechtsboden" retten wollen, während er gegebenenfalls wohl nicht nach seinen Worten gehandelt hätte. Man kann sich den maßvollen und kühl abwägenden Camphausen in der Tat nur mit Mühe als den leidenschaftlichen Volkstribun vorstellen, als der er hier geschildert wird. Das Ergebnis der Sitzung war ein Sieg der Opportunitätspolitik der Rheinländer, zu der auch Hansemann, der sich der Ansicht der übrigen Rheinländer nun ganz angeschlossen hatte, neben Camphausen und Mevissen am meisten beigetragen hat. „Die Preußen gingen mit echt deutscher Begeisterung, mit Herz und Seele zu den Rheinländern über. Auch die liberalen Deputierten anderer Provinzen, die für Inkompetenz gewesen waren, schlossen sich den beiden führenden Provinzen an." [3])

---

[1]) Abgedruckt in der „Gegenwart", 2. Bd. S. 165 ff. Vgl. auch Indépendance Belge vom 15. April.

[2]) Bergengrün, David Hansemann, Berlin 1901. S. 359.

[3]) „Gegenwart", a. a. O.

Am 11. April wurde im königlichen Schlosse zu Berlin der Vereinigte Landtag, die erste Vertretung Gesamtpreußens, vom Könige mit einer Thronrede eröffnet, die nach ihrer rein menschlichen Seite Zeugnis ablegt für das edle Herz des Königs. Man merkt, daß er das Bedürfnis hat, sein Herz zu erleichtern; für sein Volk findet er Worte von warmer Innigkeit, für die Stände Worte herzlicher Freundschaft. Rednerisch war sie eine Glanzleistung, voll Temperament und hohem Schwunge. Aber — ihre grundsätzlichen Gedanken zeigten ihn in offenem Widerstreit mit den Ideen des nach politischer Fortentwicklung strebenden, größeren Teiles der Deputierten. Er warnt die Stände vor ungenügsamer Neuerungssucht, erklärt, er habe der „ständischen Versammlung" alle aus dem Gesetz vom 17. Jan. 1820 fließenden Rechte, und weit darüber hinausgehend auch das Steuerbewilligungsrecht zuerkannt. Gegen die konstitutionellen Ideen wendet er sich mit den Worten, er werde es nun und nimmermehr zugeben, „daß sich zwischen unsern Herr Gott im Himmel und dieses Land ein beschriebenes Blatt, gleichsam als eine zweite Vorsehung eindränge, um uns mit seinen Paragraphen zu regieren und durch sie die alte heilige Treue zu ersetzen." Heftige Anklagen richtet er gegen den Teil der Presse, in dem der finstere Geist des Verderbens, der Auflockerung zum Umsturz und frechster Lüge herrsche. Die meiste Bedeutung hat die Stelle der Thronrede, die das Verhältnis von Krone und Ständen nach der neuen Gesetzgebung berührt.

„Noch ein Wort über eine Lebensfrage, ja über d i e Lebensfrage zwischen Thron und Ständen: Der hochselige König hat das ständische Wesen nach reiflichster Überlegung im geschichtlich-deutschen Sinne fortgebaut. Durchdringen Sie sich, ich beschwöre Sie, mit dem Geiste dieser uralten Einrichtungen. Sie, meine Herren, sind deutsche Stände im althergebrachten Wortsinne, d. h. vor allem und wesentlich Vertreter und Wahrer der eigenen Rechte, der Rechte der Stände, deren Vertrauen den bei weitem größten Teil dieser Versammlung entsendet. Nächstdem aber haben Sie die Rechte zu üben, welche Ihnen die Krone zuerkannt hat. Sie haben ferner der Krone den Rat gewissenhaft zu erteilen, den dieselbe von Ihnen fordert; endlich steht es Ihnen frei, Bitten und Beschwerden, Ihrem Wirkungskreise, Ihrem Gesichtskreise entnommen, aber nach reiflicher Prüfung an den Thron zu bringen.

„Das sind die Rechte, das die Pflichten germanischer Stände, das Ihr herrlicher Beruf. Das aber ist Ihr Beruf nicht: ‚Meinungen zu repräsentieren', Zeit- und Schulmeinungen zur Geltung bringen zu sollen. Das ist vollkommen undeutsch und obenein vollkommen unpraktisch für das Wohl des Ganzen, denn es führt notwendig zu unlösbaren Konflikten mit der Krone, welche nach dem Gesetze Gottes und des Landes und nach eigener freier Bestimmung herrschen soll, aber nicht nach dem Willen von Majoritäten regieren kann und darf, wenn ‚Preußen' nicht bald ein leerer Klang in Europa werden soll."

Er gibt den Ständen sein königliches Wort, daß er sie nicht hierher gerufen haben würde, wenn er den geringsten Zweifel hegte, daß sie ihren Beruf anders deuten würden und ein Gelüst hätten nach der Rolle sog. Volksrepräsentanten.

Die schroffe Absage der Thronrede an die Ideen, denen ein großer Teil der Stände huldigte, machte auf diese einen niederbeugenden Eindruck. Noch am Abend des 11. April versammelten sich einige hundert Abgeordnete aus allen Provinzen im Mielentz'schen Saale. Die Mehrzahl der preußischen und schlesischen Abgeordneten wollte auf der Stelle Berlin verlassen. Wiederum gelang es den Rheinländern, sie zurückzuhalten, indem sie ihnen vorstellten, daß ruhiges Ausharren und Aufnahme des Kampfes weiter führe und selbst tapferer sei als ein Verlassen des Schlachtfeldes vor der Schlacht. Es wurde beschlossen, daß Graf Schwerin (von der pommerschen Ritterschaft) in der nächsten Sitzung einen Antrag auf Abfassung einer Adresse an den König einbringen solle. [1]) Dabei sprachen sich besonders die Rheinländer dafür aus, daß man sich einer zergliedernden und abwägenden Besprechung der Einzelheiten der Thronrede enthalte. [2])

---

[1]) Biedermann, a. a. O. S. 30.

[2]) K. Z. Beil. zu No. 107 v. 17. 4.

In rheinischen politischen Kreisen rief die Thronrede ähnliche Eindrücke hervor wie bei den Abgeordneten in Berlin. Tagelang sprach man „am häuslichen Herde wie in öffentlichen Gesellschaften" nur von ihr.[1]) In der Besprechung der Köln. Ztg.[2]) macht sich eine gleiche Zurückhaltung bemerkbar, wie sie die Vorschläge der rheinischen Deputierten charakterisiert. Aus ihrem konstitutionellen Empfinden heraus erklärt sie, ein Eingehen auf den Inhalt der Thronrede, dieser Aussprache der persönlichen Ansichten und Gefühle des Königs, vermeiden und diese Ansichten nicht unnötig in den Kampf hineinziehen zu wollen.[3])

Die Rhein- und Mosel-Zeitung spendet der Rede, in der der König seinem Volke seine Liebe und die Zusicherung seiner Fürsorge für Mehrung alles dessen, was zu des Landes Wohlfahrt not tue, aus der Fülle seines Herzens darlege, überschwängliches Lob; aber auch sie will um so weniger darauf eingehen, als sie überzeugt ist, daß sie von ihm selbst verfaßt ist. An anderer Stelle aber spricht sie die Erwartung aus, daß die Abgeordneten dem Könige unverblendet, offen und unerschrocken entgegenkommen. Die geringste Verschweigung der Wahrheit wäre ein Verbrechen an der Offenheit des Königs und an dem Vertrauen des Volkes.[4])

* * *

[1]) Allgemeine Zeitung (Augsburg) No. 113 vom 23. 4.

[2]) Bezl. der Berichterstattung der Presse über den Vereinigten Landtag sei folgendes bemerkt. Die Verhandlungen des Landtages waren nicht öffentlich, jedoch erschienen die stenographischen Berichte mit den Namen der Redner in der Preuß. Allgem. Zeitung, allerdings erst acht Tage nach der jeweiligen Sitzung. Da die übrige Presse auf den Abdruck aus dem offiziösen Organ angewiesen war, so verzögerte sich die Veröffentlichung in den Provinzblättern entsprechend. Aber alle Tagesblätter genügten dem lebhaften Interesse, das die Öffentlichkeit an den Verhandlungen des Landtags nahm, durch wörtlichen Abdruck der Verhandlungsberichte. Bekannt ist, daß die Köln. Ztg. sich die in Minden von Berlin mit der Eisenbahn ankommenden Zeitungen durch besondere Stafetten überbringen ließ und infolgedessen den Landtagsbericht einen Tag früher veröffentlichen konnte als die übrigen rheinischen Zeitungen.

[3]) Köln. Ztg. No. 106, 16. 4; 110, 20. 4.

[4]) R. M. Z. No. 90 20. 4.

In den Beratungen des 11. April wurde beschlossen, bei der Forderung der versagten Rechte in der Adresse, die Gesetze vom 22. Mai 1815 und 5. Juni 1823 soweit als möglich außer acht zu lassen; ersteres wegen der Erklärung des Königs vom Jahre 1843 an die posenschen Stände, daß das Gesetz vom 5. Juni 1823 als an Stelle der Verordnung vom 22. Mai 1815 getreten anzusehen sei und er die letztere nicht mehr als für sich verbindlich erachte; letzteres, weil es nur interimistische Gültigkeit bis zum Zusammentritt der reichsständischen Versammlung habe. Hauptsächlich wollte man auf dem Gesetz vom 17. Jan. 1820 fußen und die beiden anderen, wozu für die Rheinlande noch das Besitzergreifungs-Patent vom 5. April 1815 käme, mehr als Belege zu benutzen. Zwei Punkte seien besonders ins Auge zu fassen: 1. Art. XIII des Gesetzes vom 17. Jan. 1820 (Zusage der jährlichen Rechnungslage an die Reichsstände), sodaß also um Periodizität nicht zu bitten, sondern daran zu mahnen sei; 2. der Umstand, daß in dem Artikel nur von der reichsständischen Versammlung, nirgends von einem Surrogat derselben (Ausschüsse, Schuldendeputation) die Rede sei. Besonders hierin beschloß man nicht im geringsten nachzugeben.[1])

Seit diesem 11. April, an dem die Taktik der Rheinlän-

---

[1]) K. Z. Nr. 104, 14. 4. Bei Treitschke (Deutsche Geschichte im 19. Jahrhundert 1879/94, 5 Bände; V, 624) findet sich folgendes Urteil: „Sobald der Landtag nunmehr in die Geschäfte eintrat, fühlte er sich auf jeden Schritt durch juristische Bedenken gehemmt, da er nicht wußte, ob er sich selbst als die verheißenen Landesrepräsentanten ansehen sollte.“ Solche Bedenken bestanden in Wahrheit nirgendwo. Für die nicht zur Opposition zählenden Abgeordneten deshalb nicht, weil sie keine anderen Befugnisse als ihnen zukommend beanspruchten wie die ihnen in dem Patent und den begleitenden Verordnungen verliehenen; die Opposition aber hatte jedes Bedenken ein für allemal beseitigt in dem Augenblick, wo sie als Resultat der Verhandlungen des 11. April im Sinne des Programms der Rheinländer erklärte: „Wir sind die verheißenen Reichsstände“ und dementsprechend ihre Beschlüsse faßte. Man kann also nicht von einem Bedenken des Landtages, sondern nur von einem Streit zwischen seinen beiden großen Gruppen über die Frage: Sind wir die verheißenen Reichsstände oder nicht? sprechen.

der von der ganzen Opposition akzeptiert wurde, war ihr Vorrang unter den übrigen liberalen Deputierten unbestritten. Das bestätigt auch der Leipziger Professor und liberale Politiker Biedermann, der den Beratungen der Opposition in Berlin beiwohnte, indem er schreibt: „Die Rheinländer hatten seit jenem ersten Tage, wo sie die Preußen und Schlesier vom vorschnellen Fortgehen zurückhielten, eine Art von Vorrang und Leitung unter der Opposition eingenommen. Sie verdankten dies ihrer unleugbar größeren Gewandtheit und praktischen Sicherheit in der Behandlung politischer Fragen, ihrer numerischen Stärke, sowie der Einigkeit und der vollkommenen Organisation, womit sie gemeinschaftlich handelnd auftraten. Dies Übergewicht ward ihnen auch von den übrigen Provinzen ohne Widerrede zuerkannt; dagegen fehlte es nicht an einiger Beargwöhnung der Entschiedenheit ihrer Gesinnungen, namentlich von Seiten der Ostpreußen, die sich selbst für die Entschiedensten unter allen hielten. Indes blieben diese kleinen gegenseitigen Eifersüchteleien glücklicherweise ohne Einfluß auf das gemeinsame Zusammenwirken." [1]) Ähnlich äußert sich ein Bericht des Hamburgischen Correspondenten.

2. Kap. **Die Adreßdebatte.**

Am folgenden Tage, den 12. April, wurde der Antrag des Garfen Schwerin, [2]) eine Adresse an den König zu richten, in der ihm für die Bildung eines allgemeinen ständischen Organs zu danken, zugleich aber auch die Bedenken zu äußern seien, die sich aus früheren Gesetzen, besonders

---

[1]) Biedermann, a. a. O. S. 40.

[2]) Graf Maxim. von Schwerin (geb. 30. Dez. 1804) war Landrat des Kreises Anklam. Wie in politischer, so vertrat er auch in religiöser Hinsicht einen liberalen Standpunkt. Diesem religiösen Liberalismus hatte er auch auf der Generalsynode des Jahres 1846, deren Mitglied er war, deutlichen Ausdruck verliehen. Er war der Schwiegersohn Schleiermachers, dessen Religionsphilosophie wohl ihren Einfluß auf ihn ausgeübt haben mag. Mit dem politisch gleichgesinnten Alfred von Auerswald verband ihn auch persönliche Freundschaft.

dem vom 17. Jan. 1820, ergäben, angenommen und eine Abteilung[1]) von 19 Mitgliedern mit der Abfassung dieser Adresse betraut. Den Vorsitz führte Graf Solms-Baruth (Pommern, Herrenkurie); von den Rheinländern gehörten ihr an Frhr. von Gudenau aus dem Stande der Ritterschaft und der Abgeordnete für Krefeld, von Beckerath.[2]) Die Abteilung begann ihre Arbeit am 12. April und legte den von Beckerath ausgearbeiteten Entwurf am 15. April dem Vereinigten Landtag vor. In der Abteilung war er mit 13 gegen 5 Stimmen angenommen worden (auch v. Gudenau war unter den Zustimmenden).[3]) In dem Entwurfe waren die Bestimmungen des Gesetzes vom 17. Jan. 1820 im Sinne der Liberalen interpretiert. Es sei darin periodische Einberufung der reichsständischen Versammlung, die ständische Garantie für sämtliche Anleihen — aus der sich die Notwendigkeit einer genauen Kenntnis der staatlichen Finanzlage ergebe — verheißen; ferner könnten, entsprechend der Bestimmung des Gesetzes vom 5. Juni 1823, jetzt, nach Begründung der allgemeinen ständischen Versammlung, allgemeine Gesetze den Provinzialständen und den Vereinigten Ausschüssen nicht mehr vorgelegt werden; auch könne durch Zuziehung anderer ständischer Körperschaften der Verein. Landtag nicht in den ihm als reichsständischer Versammlung zustehenden Funktionen vertreten und seine Mitgarantie für Anleihen nicht durch sie ersetzt werden. Die Stände fühlten sich daher gedrungen, zur Wahrung der ständischen Rechte die gegenwärtige ehrfurchtsvolle Erklärung am Throne niederzulegen.

---

[1]) Zur Vorberatung der aus dem Schoße des Landtags hervorgehenden Anträge, sowie der königlichen Propositionen bestellte das Plenum besondere Abteilungen. Sie waren mithin identisch mit der heutigen parlamentarischen Einrichtung der Kommissionen. Letztere Bezeichnung ist uns zwar heute geläufiger, doch möchte ich den vom Ver. Landt. selbst gewählten Ausdruck beibehalten.

[2]) „Der Erste Vereinigte Landtag in Berlin 1847, herausgegeben unter Aufsicht des Vorstehers des Zentralbureaus im Ministerium des Innern und des Bureaus des Vereinigten Landtags, Kgl. Kanzleirat Ed. Bleich", I, S. 769.

[3]) K. Z. No. 114 v. 24. 4.

Nach Verlesung der Adresse durch den Berichterstatter von Beckerath nahm der königl. Landtags-Kommissar, Ministerpräsident von Bodelschwingh,[1]) das Wort zu einer Rede, in welcher er mit großem Geschick die Rechtsverwahrung der Adresse als unberechtigt nachzuweisen suchte.[2]) Er suchte den Beweis zu erbringen, daß keine Rechtsverletzung vorliege; wo es ihm angebracht erschien, berief er sich auch auf die Zweckmäßigkeit der getroffenen Regelung. Seine Argumente waren in Kürze folgende. Bezüglich der Bestimmung über die Anleihen-Garantie führte er aus, für Garantierung von Kriegsanleihen könne nicht erst eine sechshundertköpfige Versammlung einberufen werden. Zur Verteilung der ständischen Befugnisse sagte er: Der König hätte das Recht gehabt, eine aus den Gesamtständen hervorgehende kleinere Versammlung für die reichsständische zu erklären und sie in den Vollgenuß derjenigen Rechte zu setzen, welche der großen Versammlung beigelegt seien. „Konnte aber der kleineren Versammlung [dem Ausschuß] das Ganze gegeben werden, so kann in der konkurrierenden Verleihung eines Teiles dieser Rechte keine Rechtsverletzung liegen. Es handelt sich hier nur von einer Nützlichkeitsfrage, von keiner Frage des Rechts." Die Frage der Periodizität erledige sich dahin, daß eine Zentralversammlung vorhanden sei, welche in regelmäßig wiederkehrenden Perioden die durch das Gesetz vom Jahre 1820 vorgeschriebene Rechnungslegung abzunehmen habe. Weiter verlange das Gesetz nichts, und in Beziehung auf den Rechtspunkt sei dieses daher erfüllt. Ob diese Art der Erfüllung die beste sei, davon handele es sich hier nicht, denn die Frage der Nützlichkeit liege nicht vor. Auch die Bestimmung, daß auch die Provinziallandtage noch fernerhin allgemeine Gesetze begutachten können, stehe nicht mit dem Gesetz von 1823 in Widerspruch.

So hatten die beiden Gegner — die Opposition auf der

---

[1]) Ernst von Bodelschwingh (geb. 26. Nov. 1794 zu Velmede bei Hamm) war von 1834–1842 Oberpräsident der Rheinprovinz, wurde 1842 Finanz-, und 1844 Kabinettsminister. 1845 übernahm er auch das Ministerium des Innern.

[2]) Die Adreßdebatte bei Bleich II, 9–73.

einen, die Regierung und der mit ihr gehende Teil der Stände auf der anderen Seite — ihre Stellung eingenommen.

Am 15. und 16. April wogte die Debatte über die Rechtsverwahrung zwischen den beiden Parteien hin und her. Fast alle Führer des rheinischen Liberalismus, nur von der Heydt ausgenommen, griffen in die Debatte ein.

Ein charakteristisches Merkmal der Debatte, soweit die Rheinländer in Frage kommen, ist, daß sich ausschließlich Städtevertreter an ihr beteiligen. Kein einziger Abgeordneter der Ritterschaft nahm das Wort, und wenn man von den ungeschickten, vom Zettel abgelesenen kurzen Bemerkungen des Abg. Conze (Langenberg) absieht, so erfolgten sie alle im Sinne der Opposition. Indem sie sich alle für den Beckerathschen Entwurf erklärten, machten sie sich auch die darin niedergelegten Anschauungen über den Rechtsstandpunkt zu eigen. In dieser Beziehung, in der Interpretation der früheren Gesetze, bestand zwischen ihnen keine wesentliche Meinungsverschiedenheit.

Um mit den Anleihen zu beginnen, so waren weder Beckerath noch Mevissen, die sich zu den darauf bezüglichen Bestimmungen äußerten, für eine Hinnahme derselben. Doch wollte Beckerath eine etwa notwendige Änderung der früheren Bestimmungen bezüglich der Kriegsanleihen auf dem Wege der Vereinbarung zugeben; aber die ständische Versammlung müsse das Recht des Landes solange wahren, bis es dem neuen Gesetz gegenüber durch die Gesetzgebung wieder hergestellt sei. Mevissen dagegen verlangte auch im Kriege eine Garantierung der Anleihen durch die Stände der nicht okkupierten Provinzen.

Einmütig war man in dem Festhalten an der Einheit der reichsständischen Versammlung. Die dem ständischen Ausschuß und den Provinziallandtagen zugewiesene Funktion der rechtskräftigen Ratserteilung über allgemeine Gesetze soll nur dem Vereinigten Landtag zustehen. Das Recht der Krone, die allgemeine ständische Versammlung in der ihr angemessen erscheinenden Weise aus den Provinzialständen hervorgehen zu lassen, wurde nicht bestritten; aber der Zulässigkeit der Einteilung der reichsständischen Versammlung in drei verschiedene Körperschaften wurde widersprochen (Beckerath). Einmal sei der Begriff einer reichsständischen Versammlung ein einheitlicher, unteilbarer; zum andern aber habe es nicht in der Absicht des Gesetzgebers gelegen, eine solche Teilung zu bewirken. Wohl will Beckerath eine Vertretung des Vereinigten Landtags in seinen Funktionen durch andere ständische Korporationen auf Grund eigenen Beschlusses des Vereinigten Landtags oder — gleich Mevissen — eine Zuziehung der Provinziallandtage zur provisorischen Ratserteilung neben dem Beirat der allgemeinen Stände gestatten. Camphausen aber hält eine fernere Zuziehung der Provinziallandtage nicht für richtig.

Den größten Nachdruck legten alle Redner der rheinischen Opposition auf die Forderung, daß der Landtag periodisch einberufen werde. Sie folgerten die periodische Einberufung als ein Recht aus Art. XIII des Gesetzes vom 17. Jan. 1820, wo einfach und klar gesagt sei, daß der reichsständischen Versammlung alljährlich Rechnung zu legen sei, und bekämpften die noch bestehende Willkür in der Einberufung wegen der Unsicherheit des Rechtszustandes und wegen der Unmöglichkeit der Fortentwicklung der Verfassung. Gegenüber dem Minister, der die Forderung der Periodizität für den Vereinigten Landtag als unbegründet nachzuweisen suchte, weil zwar die Staatsschuldenverwaltung die Pflicht habe, der reichsständischen Versammlung alljährlich Rechnung zu legen, darum aber die Versammlung die Rechnung nicht auch alljährlich abzunehmen habe, machte Camphausen geltend, daß man einer Versammlung nur Rechnung legen könne, wenn sie versammelt sei. Zwischen Beckerath und Mevissen besteht auch hier wieder ein — man könnte sagen — Temperamentsunterschied, indem ersterer über die Dauer der Zwischenperiode mit sich reden lassen will, während Mevissen an der jährlichen Einberufung festhält.

Zu dem Beckerathschen Entwurf wurden im Laufe der Debatte zwei Amendements eingebracht, eins vom Grafen Arnim (Herrenkurie), welches darauf hinauslief, die Rechtsverwahrung aus der Adresse zu beseitigen und statt ihrer den bloßen Hinweis aufzunehmen, „daß viele unter uns die volle Übereinstimmung mit den älteren Gesetzen vermissen.“

Indem es die Tatsächlichkeit der Abweichungen in Frage stellt, gibt es dem Könige vertrauensvoll anheim, wenn der Landtag, wenn der König selbst sich von dem Vorhandensein solcher Abweichungen zwischen den älteren und den gegenwärtigen Gesetzen überzeuge, die Wege zu ihrer Ausgleichung zu wählen.

Die Unterstützung, die das Amendement fand, — nach dem stenographischen Bericht war die Mehrheit der Versammlung dafür — war so bedeutend, daß der Marschall von seiner Befugnis, die Debatte zu schließen, Gebrauch machen und sofort zur Abstimmung schreiten wollte. Nur dem Eingreifen Hansemanns war es zu verdanken, daß die Versammlung vor einer Überrumpelung bewahrt wurde. Hansemann bat den Marschall, einen so wichtigen Vorschlag nicht ohne Diskussion zur Abstimmung zu bringen und ein Amendement durch Akklamation und Überraschung zu einem Beschluß zu erheben; es scheine ihm vor allem wichtig, das Amendement zu drucken, zu verteilen und in der nächsten Sitzung zu beraten. So wurde die Debatte fortgesetzt, und Hansemann erhielt Gelegenheit, das Amendement abzulehnen. Er wies auf den wesentlichen Unterschied zwischen den beiden vorgeschlagenen Entwürfen hin: „Der Kommissionsentwurf stellt sich klar und bestimmt auf den vorhandenen Rechtsboden und sagt: wir haben Rechte; das Amendement setzt dies noch in Zweifel."

Das zweite Amendement, eingebracht von dem Führer der preußischen Liberalen von Auerswald, akzeptierte die Sätze des Arnimschen Amendements, übernahm aber aus dem Beckerathschen Entwurf die beiden Sätze, in deren erstem dem Verein. Landtag als der durch das Gesetz vom 3. Februar begründeten reichsständischen Versammlung die in den früheren Gesetzen verheißenen Rechte zugesprochen, und in deren letztem gesagt wird, daß die Versammlung „zur Wahrung der ständischen Rechte" die gegenwärtige Erklärung abgibt. Zwischen beiden Sätzen steht das Arnimsche Amendement. In dem so umgestalteten Entwurf fiel also die Aufzählung der einzelnen divergierenden Punkte fort; die Rechtsverwahrung blieb zwar bestehen, aber der Ausdruck derselben war infolge der Beibehaltung des Arnimschen

Amendements nur noch ein bedingter. Die Adresse in dieser Form wahrte die Rechte, die der Vereinigte Landtag vielleicht hatte.

Der einzige rheinische Redner, der nach Einbringung dieses Amendements noch sprach, von Beckerath, nahm merkwürdigerweise keine Stellung zu demselben, sondern empfahl nur den Abteilungsentwurf.

Es ist noch eine aus den Reihen der Opposition hervorgegangene Anregung zu erwähnen, die die Rechtsverwahrung in anderer Form als durch eine Adresse aussprechen wollte. Frhr. von Vincke (Westf. Ritterschaft)[1]) beantragte nämlich in der Debatte, statt einer Adresse einfach eine Erklärung mit der Rechtsverwahrung zu Protokoll zu geben. Dieser Antrag, der augenblicklich keine große Zustimmung fand, wurde von seinem Urheber kurz nach der Adreßdebatte wieder aufgegriffen.

Bei der Abstimmung über die vorliegenden Adreßentwürfe wurde zunächst das Arnimsche Amendement mit 303 gegen 290 Stimmen abgelehnt, darauf das Auerswaldsche mit 484 gegen 107 Stimmen angenommen. Damit war der Kommissionsentwurf gefallen.

Die Abstimmung der Rheinländer ist, da nicht namentlich abgestimmt wurde, nicht authentisch festzustellen. Unter den Abgeordneten, die für das Amendement Arnim stimmten, werden sich außer den fünf rheinischen „Herren" wohl nur wenige aus dem Rheinland befunden haben. Das Amendement Auerswald wurde nach übereinstimmenden Berichten der Köln. Ztg. und der über die Verhandlungen des Vereinigten Landtages regelmäßig berichtenden Indépendance Belge von etwa der Hälfte der Rheinländer verworfen.[2]) Dafür hat der größte Teil der Ritterschaft ge-

---

[1]) Frhr. Georg v. Vincke (geb. 1810) war Landrat von Hagen. Auf dem Westfälischen Provinziallandtage war er der beredte Vorkämpfer der reichsständischen Bewegung gewesen. Das Jahr 1847 eröffnete ihm den Zutritt zu einer bedeutenderen politischen Tribüne, auf der er eine so hervorragende Rolle spielen sollte als der oratorisch glänzendste Führer der Opposition.

[2]) K. Z. No. 115, 25. 4, 1. Beil. Nach der Ind. Belge waren unter den 107 Opponenten 41 Rheinländer, 40 Westfalen und Schlesier und

stimmt. Graf Hoensbroech hat die Auerswaldsche Fassung nur deshalb abgelehnt, weil sie ihm noch zu weit ging. Die Abstimmung der Städtevertreter, von denen neun zustimmten — die Richtigkeit der Darstellung der Indépendance immer vorausgesetzt — zeigt, daß außer dem Abg. Conze, der immer auf der Regierungsseite stand, noch eine Anzahl anderen Abgeordneter da war, die einer milderen Tonart zuneigten. Das wären also u. a. die bergischen Abgeordneten Budde, v. Eynern und Kyllmann. Die Landgemeindevertreter lehnen beide Amendements geschlossen ab.

Will man die Grundlinien der Argumentation der Rheinländer in der Adreßdebatte zeichnen, so ist zu sagen, daß sie die Waffen für die Verteidigung ihres Standpunktes hauptsächlich dem positiven Recht, den früheren Gesetzen entnahmen. Mevissen berief sich auch auf das „Volksbewußtsein", auf die im Gegensatz zu früher allgemein gewordene Intelligenz und auf die staatsrechtlichen Verhältnisse der anderen Staaten. Mevissens Rede kann überhaupt als die am weitesten gehende gelten. Wenn auch alle seine Gesinnungsgenossen letzten Endes mehr wünschten als gegeben worden war, so hat außer ihm dies doch keiner so deutlich bei der Adreßdebatte ausgesprochen. Seine Rede richtete sich sachlich am schärfsten gegen die Ansichten des Königs über die Stellung der Stände.

Aus Hansemanns Rede, die ebenfalls auf eine sehr entschiedene Tonart gestimmt war, sprach im Gegensatz zu derjenigen von Mevissen nicht der Mann der abstrakten Überlegung und der staatsrechtlichen Theorien, sondern der praktischen Erfahrung und konkreten Tatsachen. Ein charakteristisches Merkmal der Argumentation der rheinischen Redner war ihre wiederholte Vertretung des Grundsatzes,

---

26 „Ultras" verschiedener Provinzen. Die 41 Rheinländer sind nach diesem Blatt: 4 Ritter: Herbertz, Graf Hoensbroech, v. Mylius, v. Nyvenheim; 16 Städtevertreter: Camphausen, Hansemann, Beckerath, Mevissen, v. d. Heydt, Baum, Brust, Dahmen, Flemming, Hüffer, Kaspers, Merkens, Mohr, Müller, Reichardt, Schöller; 21 Landgemeindevertreter: Aldenhoven, Beemelmanns, Fasbinder, Graach, Häger, Jörrissen, Jungbluth, Kayser, König, Lang, Lensing, van der Loë, Minderjahn, Raffauf, Rech, Reinhardt, Rombei, Schult, Stedmann, Üllenberg, Zunderer.

daß Abänderungen dessen, was in den früheren ständischen Gesetzen bestimmt worden war, zwischen König und Ständen zu vereinbaren seien. (Vgl. die Reden von Hansemann und Beckerath.) Es zeigt sich hier die auch in den Erörterungen der Presse hervorgetretene Neigung, den Forderungen der Opposition eine staatsgrundgesetzliche Unterlage zu geben, die ihnen doch in Wirklichkeit abging. Der König war noch immer alleiniger Gesetzgeber, und was der Opposition das Recht zur Forderung der Erfüllung der früheren Verheißungen gab, war nicht der behauptete staatsgrundgesetzliche Charakter der alten Gesetze, sondern der Umstand, daß sie, weil nicht außer Kraft gesetzt, noch Geltung hatten.

Noch ein Wort über die Stellung der Rheinländer unter den übrigen Deputierten bei der Adreßdebatte. In diesem ersten Abschnitt des Kampfes um den Rechtsboden hatten sie unbestritten die Führung der Opposition. Sie waren die unermüdlichsten und zugleich die entschiedensten Verfechter der von ihnen beanspruchten Rechte. Die führende Rolle der Rheinländer kommt schon äußerlich zum Ausdruck in dem Umstande, daß einer der Ihrigen die Abfassung des Adreßentwurfs übernahm, sowie darin, daß sie in der Debatte verhältnismäßig die meisten Redner stellten.[1]) Diesem äußeren Hervortreten entsprach der innere Gehalt ihrer Reden und das Geschick, mit dem sie ihren Standpunkt vertraten. Keine andere Provinz hatte so viele rhetorisch begabte Abgeordnete aufzuweisen wie die Rheinprovinz. Neben ihren Reden haben Bedeutung nur diejenigen des Ministers von Bodelschwingh, des Grafen Arnim, der Herren v. Auerswald und von Vincke. Alle anderen Reden verdienen keine besondere Erwähnung, weil sie zu deutlich das mangelnde tiefere Verständnis verraten. Hr. von Bodelschwingh, der Minister des Innern, dem die schwierige und undankbare Aufgabe zugefallen war, das gesetzgeberische Werk des Königs gegen die Angriffe der Opposition zu verteidigen, unterzog

---

[1]) Vier, gegenüber einem Preussen (v. Auerswald), einem Westfalen (v. Vincke), einem Posener, zwei Sachsen und drei Schlesiern.

sich dieser Pflicht mit einer Sicherheit und Gewandtheit, als wäre er ein an öffentliches Auftreten im Parlament gewöhnter konstitutioneller Minister gewesen, und dazu mit großem dialektischem Geschick. Das gilt, wenn auch nicht in demselben Maße, auch von dem Grafen Arnim [1]) von der Herrenkurie. Diese beiden Männer waren aber auch die einzigen bedeutsamen Vertreter des Regierungsstandpunktes. Wenn das Übergewicht in der Debatte auf seiten der Opposition war, so lag das gewiß zunächst an der sehr angreifbaren Stellung, die ihre Gegner zu verteidigen hatten; aber daß die günstigere Lage der Opposition auch nachdrücklich ausgenutzt wurde, ist das Hauptverdienst der rheinischen Redner.

* *
*

Wie stellte man sich nun am Rhein zu den Vorgängen in Berlin?

Man folgte hier, besonders in den Kreisen, die bisher schon an der Fortbildung der Verfassung das meiste Interesse bekundet hatten, den Verhandlungen mit großer Aufmerksamkeit. In Köln hatte sich Ende März ein besonderes Komitee von vierzig Mitgliedern gebildet, das für regen Meinungsaustausch und für schnelle und sichere Veröffentlichung der Landtagsverhandlungen sorgen sollte, falls die offiziellen Veröffentlichungen, wie man befürchtete, unzureichend ausfallen würden. Diese Befürchtung erwies sich als grundlos, da die Preußische Allgemeine Zeitung die Verhandlungen ausführlich mitteilte. Außerdem wurde die Verbindung zwischen Berliner Deputierten, besonders Mevissen, und der Köln. Ztg. gepflegt. In letzterer erschienen von Mevissens Hand manche Notizen. Derselbe Deputierte unterhielt auch

[1]) Graf Arnim hatte sich als Minister des Innern (1842/5) vergeblich bemüht, den König zum Erlaß einer mit den früheren Verheißungen übereinstimmenden ständischen Gesetzgebung, besonders zur Verleihung der Periodizität zu bewegen. Der Mißerfolg seiner Bemühungen hatte seinen Rücktritt zur Folge. (Vgl. Treitschke V, 618, 620). Jetzt fühlte er sich gleichwohl verpflichtet, für den König und seine Gesetzgebung einzutreten.

lebhafte Beziehungen zur Bremer Zeitung und zur Indépendance Belge bezw. ihren Berliner Vertretern.[1])

Die Adreßdebatte wird in fast allen Tagesblättern besprochen. Im großen und ganzen ergibt sich Übereinstimmung zwischen den einzelnen Richtungen im Parlament und in der Presse. Die Köln. Ztg. bespricht die Debatte in einer Reihe von Artikeln. Darin polemisiert sie gegen das Amendement Arnim, das offenbar auf nichts Geringeres ausgegangen sei, als auf eine Beseitigung jeder Rechtsverwahrung; es habe die Versammlung auf den Weg der Bitte leiten wollen. Auch mit dem Amendement Auerswald ist sie nicht zufrieden. Trotz der Absicht, den ursprünglichen Entwurf aufrecht zu erhalten, sei in der vorgeschlagenen Fassung der Weg der Petition dennoch adoptiert. In der Schlußrede Beckeraths vermißt sie eine bestimmtere Erklärung gegen den Vermittelungsvorschlag von Auerswald. Merkwürdig matt ist ihre Schlußbemerkung, sie habe kein anderes Resultat erhofft, und auch der eingeschlagene Weg der Petition scheine ihr zum guten Ziele führen zu müssen.[2]) Der Eindruck, den die Kölnische Zeitung von der Adreßdebatte empfangen, herrschte überhaupt in weiteren Kreisen der politisch interessierten Bevölkerung. In einer Korrespondenz der Allg. Ztg. hieß es, viele hätten es schmerzlich empfunden, daß der Adreßentwurf soviel von jener deutlichen Farbe verloren, die die Verfasser desselben ihm ursprünglich gegeben. (No. 128 v. 8. Mai.) Eine unzufriedene Stimme aus Köln läßt sich auch in der Rhein- und Mosel-Ztg. vernehmen. Sie verwirft überhaupt den Gedanken einer Adresse; man könne sich nicht, wie es geschehen sei, gleichzeitig bedanken und beschweren. Sie hätte es lieber gesehen, wenn man dem Vorschlage Vinckes gemäß einfach eine Erklärung zu Protokoll gegeben hätte.[3]) Die Aachener Ztg. bewahrt ihre schon früher bemerkte, aller Entschiedenheit in der Forderung und aller Berücksichtigung des historischen Rechts abholde Haltung. Zu der Hauptfrage, der Verwahrung früher gewähr-

---

[1]) Vorstehendes nach Hansen II, 276.

[2]) K. Z. No. 116—123 (26. April bis 2. Mai).

[3]) R. M. Z. No. 95, 25. 4.

leisteter Rechte, äußert sie sich nicht. Sie lobt das hohe Niveau der Debatte und hebt die bedeutende Rolle der Rheinländer, besonders des Aachener Abgeordneten Hansemann, hervor. Wenn auch, wie gesagt, nicht in der Begründung mit dem positiv geltenden Recht, so stimmt sie doch tatsächlich mit den rheinischen Abgeordneten in deren Hauptforderung, Gewährung der Periodizität und Schaffung eines sicheren Rechtsbodens, überein; diese Dinge hält sie auch für unbedingt notwendig.[1]) Auf dem Boden des Amendements Arnim steht die Elberfelder Ztg. In diesem meisterhaften Antrag habe die Mäßigung gesiegt. Sie ist aber nicht zufrieden, weil die welthistorische Bedeutung des 3. Februar und 11. April nicht in der Adresse zu lesen sei. Daß der Kommissionsentwurf nicht angenommen wurde, freut sie.[2])

Die Trierer Ztg. nimmt während der ganzen Zeit der Landtagsverhandlungen eine Sonderstellung ein. Sie ist innerlich ziemlich unbeteiligt an den Fragen, die den Landtag beschäftigen. So hält die Redaktion mit ihrem eigenen Urteil fast bis zum Schluß der Verhandlungen zurück. Am 16. Mai erklärt sie, die Kritik noch eine Weile aussetzen zu wollen, „um die Strahlen, die nach allen Himmelsgegenden auseinanderblitzen, erst in unserm Spiegel gehörig aufzufangen." Die Beratungsweise des Landtags sei nicht methodisch. Am 18. Juni erst gibt sie ihr Urteil über die Hauptereignisse ab. Über die Adreßdebatte schreibt sie, Hr. von Auerswald habe mit seinem Amendement wenigstens einige assertorische Sätze des Herrn von Beckerath zwischen die Arnimschen Wenns und Abers hineingestreut. „Diese Mischung gefiel, wurde votiert, und das heißt in der Geschichte des Jahres 1847 die Adresse der preußischen Stände."

* * *

Am 22. April erfolgte die Antwort des Königs auf die Adresse der Stände. Sie war in wohlwollendem Tone gehalten und vermied, im Gegensatz zur Thronrede, alle Schär-

---

1) A. Z. No. 122, 2. 5.

2) E. Z. No. 115, 26. 4. Beil.

fen. Auf die in der Adresse niedergelegte Wahrung der ständischen Rechte will der König im Interesse der „nie zu trübenden Wahrheit und Offenheit" eine unzweideutige Erwiderung geben. Er wiederholt, daß die ständischen Verheißungen seines Vaters von ihm nicht nur erfüllt, sondern daß er seinen getreuen Ständen auch noch darüber hinausgehende wesentliche Rechte verliehen habe; soweit jene Verheißungen einer Ergänzung und Auslegung bedurften, habe er sie in dem Sinne gegeben, wie er sie mit den Institutionen und der Wohlfahrt des Vaterlandes allein für vereinbar gehalten habe. Für den Vereinigten Landtag bestehe daher kein anderer Rechtsboden als der in der Gesetzgebung vom 3. Februar 1847 gelegte. Diese Gesetzgebung sei in ihren Grundlagen unantastbar, aber er betrachte sie nicht als abgeschlossen, sondern als bildungsfähig. Er verweist die Stände für die Äußerung ihrer Wünsche auf den ihnen offen stehenden Weg der Petition. Zum Schluß verheißt er die Wiedereinberufung des Vereinigten Landtags innerhalb vier Jahren, um die Früchte besserer Erfahrung (hinsichtlich der Ausbildung der ständischen Gesetzgebung) nicht ungenutzt zu lassen.

3. Kap. **Die „Deklaration."**

Die königliche Antwort fand bei den Deputierten eine verschiedene Aufnahme. In den Kreisen der rheinischen Abgeordneten hatte man auf Gewährung der Periodizität gehofft, womit ein fester Rechtsboden gesichert und das jetzt mögliche erreicht wäre. Über das, was nun zu tun sei, gingen die Ansichten auseinander. Unter den Rheinländern bestanden drei Auffassungen. Die erste, deren einziger Vertreter Camphausen war, ging dahin, die Antwort ganz unerwidert zu lassen und sich in der Folge auf den Weg der Petition zu beschränken. Beckerath, Hansemann und Mevissen wollten eine Gegenerklärung und spezielle Rechtsverwahrung in möglichst schonenden Formen. Sachlich dasselbe, nur in schärferer Form wollten die meisten anderen Rheinländer, die im Sinne Vinckes eine scharfe Erklärung, eine bill of rights, durch Beschluß der Kammer zu Protokoll geben wollten. Am 25. und 26. April hielt die Opposition Beratungen ab. Mevissen, v. Auerswald und v. Vincke wurden beauftragt, eine Erklärung zur Ergänzung der Adresse auszuarbeiten. Da sie sich über die Form dieser Deklaration nicht verständigen konnten, so wurde das Komitee auf 12 Personen verstärkt. Hier vertraten Mevissen und Beckerath im Gegensatz zu Vincke die Forderung, an die Erklärung der Rechte direkt eine Bitte um Anerkennung derselben anzuschließen und dadurch auch die wiederholte Verhandlung der beanspruchten Rechte zu erzwingen. Sie blieben aber in der Minderheit; die Mehrheit des Komitees und der liberalen Deputierten sprach sich für die Vinckesche Erklärung aus. Diese wurde von 138 Deputierten, darunter 35 Rheinländern [1]) unterzeichnet. Auch Hansemann und Mevissen waren nun auf den Boden der Vinckeschen „Deklaration" getreten. Camphausen, Beckerath und von der Heydt unterzeichneten nicht, weil sie nach wie vor die Form einer Verwahrung, die nicht direkt an die Krone gerichtet wäre, und weder Petition noch Beschwerde sein sollte, für unzweckmäßig und unstatthaft hielten. Mit dem Inhalt waren auch sie einverstanden. [2]) Die „Deklaranten" gaben eine ins einzelne gehende Darlegung der zwischen den alten und den neuen Gesetzen bestehenden Differenzen durch Gegenüberstellung der betreffenden Paragraphen und erklärten zum Schluß als ihre Überzeugung, „daß die mehr erwähnten älteren Gesetze in den hervorgehobenen Punkten noch zu Recht bestehen."

Es bestand die Absicht, diese Deklaration zu einem Beschluß der Dreistände-Kurie zu machen, aber der Marschall

---

[1]) 2 Ritter: Frhr. v. Nyvenheim, Frhr. von Rynsch; 14 Städtevertreter: Baum, Biesing, Brust, Dahmen, Flemming, Funk, Hansemann, Hüffer, Kaspers, Mevissen, Mohr, Müller, Reichardt, Scheidt. 19 Landgemeindevertreter: Aldenhoven, Beemelmanns, Fasbinder, de Galhan, Graach, Jungbluth, Kaiser, König, Lensing, van der Loë, Minderjahn, Raffauf, Reinhard, Rombei, Seulen, Schult, Stedmann, Üllenberg, Zunderer (Bleich II, **718**.)

[2]) Alles Vorstehende nach Hansen II, **244**, **245**, 275, **278**; Biedermann, S. 106/7. Genaue Einzelheiten teilt auch der Abg. Stedmann mit in seiner Schrift „Beitrag zum Staatsrecht der Herzogtümer am Rhein" (1847), S. 4.

hielt eine Beratung der Kurie über diesen Gegenstand nicht für zulässig, weil sie bestimmt sei, die von den Vereinigten Kurien geführten Debatten fortzusetzen, und wollte sie deshalb dem Marschall der Vereinigten Kurien überweisen. Es entspann sich über diese Sache am 4. Mai eine ausgedehnte Debatte, an der sich auch alle rheinischen Führer beteiligten. Es waren zwei Fragen zu beantworten: 1. Ist die Form der Deklaration geschäftsordnungsmäßig zulässig? 2. Wenn ja, gehört sie vor die Ständekurie oder vor die Vereinigten Kurien? Die erste Frage ist zu verneinen, weil dem Verein. Landtag in der Geschäftsordnung nur das Recht der Bitte und Beschwerde und der Begutachtung königlicher Propositionen verliehen war. Indem der Marschall entgegenkommend nicht die Form angriff, sondern nur die Zuständigkeit der Vereinigten Kurien behauptete, lenkte er die Debatte hauptsächlich auf diese Frage. So kam es, daß die Zuständigkeit der Ständekurie nicht nur von den Unterzeichnern Hansemann und Mevissen, sondern auch von Beckerath und Camphausen bejaht wurde. Aber während Beckerath auch noch die Zulässigkeit der gewählten Form verteidigte, obwohl er gerade aus formellen Gründen die Deklaration nicht unterschrieben hatte, geht aus Camphausens Ausführungen hervor, daß er der Ständekurie nicht die Entscheidung darüber vorbehalten wollte, ob sie eine Deklaration abgeben solle — das schien ihm ihr unbestreitbares Recht zu sein —, sondern darüber, ob sie eine solche in der gewählten Form für zulässig halte. Er unterschied ausdrücklich zwischen den beiden Fragen, ob man eine Kundgebung veranstalten und welcher Art dieselbe sein solle. [1])

Daß auch Beckerath die Form der Deklaration nicht für zulässig hielt, beweist seine Haltung bei den Vorberatungen, wo er eine andere Form vorschlug, und der Umstand, daß er die Deklaration selbst nicht unterschrieb. Wenn er nun trotzdem auch die Form verteidigte, so beging er diese Inkonsequenz wohl in der Hoffnung auf einen möglichen Erfolg. Auch Mevissen gab — nicht in öffentlicher Rede, sondern in einem Privatbrief — die Form preis, indem er ein

[1]) Bleich II, 270 ff.

Zurückgreifen auf seinen und Beckeraths früheren Vorschlag (Bitte um Anerkennung der Rechte) für nötig erklärte. Auch das Verhalten des Marschalls erkannte er als geschäftsordnungsmäßig richtig an.[1])

Übereinstimmung herrschte also zwischen Camphausen, Beckerath und Mevissen darüber, daß in der Folge nur noch der Weg der Petition in der Verfassungsfrage als der allein zulässige zu betreten sei.[2]) Zu der gleichen Ansicht bekannte sich später (am 31. Mai in der Verfassungsdebatte) auch der Abgeordnete von der Heydt, indem er erklärte, daß er den Inhalt der Deklaration, in welcher die Rechte des Vereinigten Landtags „mit überzeugender Klarheit" ausgesprochen seien, voll und ganz unterschreibe und nur an der Zulässigkeit der Form und der Art des Vorgehens zweifele.

Die Übereinstimmung zwischen Camphausen und den übrigen Führern war aber doch keine vollständige. Er lehnte nicht nur die schroffe Form ab, in der Vincke vorgehen wollte, er war nicht nur schon nach der Antwort des Königs auf die Adresse bereit, den Weg der Petition zu betreten (siehe S. 90), er wollte auch, wie wir sehen werden, diese Petition ohne eine die Rechtsverwahrung enthaltende Form aussprechen; die übrigen rheinischen Abgeordneten dachten nicht daran, soweit nachzugeben.

Das weitere Schicksal der Deklaration war, daß zunächst die Herrenkurie am 8. Mai einstimmig die Erklärung abgab, daß sie gesetzlich an der Beratung der Deklaration nicht teilnehmen könne und der Ständekurie das Recht bestritt, einen Beschluß zu fassen, der Teile des Gesetzes für nicht zu Recht bestehend erkläre, die beiden Kurien als untrennbarem Ganzen zur Grundlage dienten. Am 11. Mai wurde Herrn von Vincke sein Antrag von dem Marschall der Ständekurie zurückgestellt. Auch eine Rede Vinckes vom 17. Mai konnte seine Aktion nicht retten. Ohne Diskussion scheiterte sie an ihrer formellen Unzulässigkeit. Einen moralischen Erfolg hatten Vincke und seine Mitdeklaranten insofern, als Vincke die Deklaration in der Debatte verlas und

---

[1]) Hansen II, 279.

[2]) So berichtetet auch Biedermann, S. 106/7.

sie dadurch mit den Namen der Unterzeichner in den stenographischen Bericht und zur Kenntnis des Landes brachte. Auch insofern war die ganze Episode bedeutsam, als sich hier zum ersten Male im öffentlichen Leben Preußens politisch Gleichgesinnte über die provinziellen und ständischen Schranken hinweg die Hand reichten zur Vertretung eines politischen Programms. Die Deklaranten bildeten auch weiterhin den Kern der liberalen Opposition auf dem Vereinigten Landtag. Ihr politisches Solidaritätsgefühl führte, wie zu zeigen sein wird, sogleich zu gemeinsamem Vorgehen auch in anderen wichtigen Fragen.

* * *

Am Rhein hatte man den Verhandlungen über die Deklaration mit Spannung entgegen gesehen. Es wurden indes von vornherein Zweifel laut, ob die Erklärung genügende Unterstützung finden werde, um bis zum Throne des Königs zu dringen. [1]) Der Verlauf der Dinge hatte diesen Skeptikern gegeben. Auch die Köln. Ztg. gehört zu ihnen. Sie steht auf dem Standpunkt Beckeraths und Camphausens. Sie sagt, beide hätten nicht unterschrieben in der Voraussicht, daß der eingeschlagene Weg bei dem einmal bestehenden Geschäftsgang nicht zum Ziele führen werde, eine Vorhersage, deren Rechtfertigung nicht lange auf sich warten lassen möchte. Es könne nach ihrer Ansicht mit allem Grunde erwartet werden, daß für den Ausdruck einer von allen geteilten Überzeugung eine passende und mit dem Geschäftsreglement in Einklang stehende Form gefunden werde. [2]) Die übrige liberale rheinische Presse hat weniger Bedenken. Sie steht auf dem Boden der Deklaration. Sogar die Aachener Ztg. findet auf einmal trotz der früher kundgegebenen Mißachtung historischer Betrachtungsweise Worte der Verteidigung für die Deklaranten gegenüber den Witzeleien des Rheinischen Beobachters. Sie betonte, schon bei der Annahme der Adresse sei erklärt

---

[1]) Allg. Ztg. No. 128, 8. 5.

[2]) K. Z., 2. Beil. z. No. 130, 10. 5.

worden, daß dadurch nichts präjudiziert werde und daß es später immer unbenommen bleibe, auf die etwaigen gesetzlichen Ansprüche zurückzukommen.[1]) Die Rhein- und Mosel-Ztg. (Korrespondenz aus Aachen), die, wie wir gesehen haben, schon bei Besprechung der Adreßdebatte einer Deklaration im Sinne Vinckes vor einer Adresse den Vorzug gab, bespricht die der Deklaration widerfahrene Behandlung und hofft, daß die Entscheidung des Marschalls der Herrenkurie rückgängig gemacht und die Deklaration an eine Abteilung der Ständekurie verwiesen werde.[2]) Die Trierer Ztg. bekundet ihre halb ernste, halb ironische Betrachtungsweise, indem sie u. a. meint, die Deklaration sei ein Zeichen der Reue und des nachträglichen Protestes.[3]) Die Elberfelder Ztg. ist natürlich mit der ablehnenden Haltung des Marschalls einverstanden.[4])

4. Kap. **Die Debatte über die ständische Garantie für Errichtung von Landrentenbanken.**

Der Kampf um den Rechtsboden war mit der Adreßdebatte und der Deklaration nicht beendigt. Diese hatten nur den Anlaß geboten zu programmatischen Kundgebungen und Erklärungen über die Auffassung des bestehenden Rechtszustandes seitens der dabei beteiligten Parteien. Es war noch nichts geschehen, was die Opposition zu einer Aufgabe oder Veränderung der Stellung hätte bewegen können, die sie zuerst in den Vorberatungen am 7. April und dann nach der Thronrede eingenommen hatte. Einerseits hatte der König — wie selbstverständlich — an dem Patent vom 3. Februar als alleiniger Grundlage der ständischen Tätigkeit, andererseits aber die Opposition auch an dem Anspruch auf die in den früheren Gesetzen verheißenen Rechte festgehalten. Die Zukunft mußte lehren, ob die Opposition entschlossen war, der Verwahrung mit Worten auch die Verwahrung durch die Tat folgen zu lassen.

---

1) A. Z. No. 136, 16. 5.
2) R. M. Z. No. 119, 13. 5.
3) T. Z. No. 169, 18. 6.
4) E. Z. No. 131, 13. 5.

Die Gelegenheit, die umstrittenen Rechtsfragen wieder anzuschneiden, bot sich bei der Beratung der königl. Proposition betr. „die Übernahme der Garantie des Staates für die zur Ablösung der Reallasten von bäuerlichen Grundstücken zu errichtenden Rentenbanken." Die Regierung hielt die Übernahme der staatlichen Garantie für Verzinsung und Amortisierung der von diesen Banken auszugebenden Rentenbriefe für unerläßlich, weil diese Papiere sonst beim Publikum kein Vertrauen genießen würden. Die Bedeutung der Frage für den Vereinigten Landtag ist in folgenden Worten der Denkschrift ausgesprochen: „Da die Übernahme einer solchen Garantie die Verpflichtung zu einer möglicherweise aus der Staatskasse zu leistenden Deckung von Kapital und Zinsen begründet, so erscheint es angemessener, sich dazu der Zustimmung des Vereinigten Landtags zu versichern, bevor auf weitere Verhandlungen mit den Provinzialständen über den Erlaß des beantragten Gesetzes eingegangen wird." [1])

Fast allgemein wurde in den Debatten am 14. und 15. Mai [2]) die Nützlichkeit der Landrentenbanken anerkannt, so auch von den Rheinländern. Doch teilten sie mit Rednern aus anderen Provinzen die Bedenken gegen eine Staatsgarantie, deren Umfang sich nicht übersehen lasse. Auf den Zusammenhang der Vorlage mit der politischen Frage wies zuerst Frhr. von Vincke hin. Einer der Gründe, warum er der Staatsgarantie nicht zustimmte, war der, daß es nach dem Patent vom 3. Februar dem Könige möglich sei, Staatsschulden zu kontrahieren, zu denen der Verein. Landtag seine Zustimmung nicht gegeben habe, und ferner, daß es ungewiß sei, ob die dem Verein. Landtag zustehende beschränkte Zustimmung ihm bei der bestehenden absoluten Gesetzgebungsgewalt des Königs verbleiben werde. Mit dieser Erklärung hatte Vincke den Standpunkt der von ihm geführten Deklaranten dargelegt. Diese hatten am Vorabend der Verhandlungen über die Rentenbank-Garantie eine Versammlung abgehalten und beschlossen, die in der von ihnen

---

[1]) Bleich I. 82 ff.

[2]) Bleich II, 610—684

unterzeichneten Deklaration liegenden Konsequenzen zu ziehen, d. h. in staatlichen Geldfragen die positive Mitwirkung zu versagen.[1])

Die Rheinländer nahmen bei der Debatte über die Rentenbank-Garantie nicht die führende Stellung in den politischen Fragen ein wie bei der Adreßdebatte. Camphausen übte große Zurückhaltung. Seine Rede galt dem Nachweis, daß die Regierung Rentenbanken gründen könne ohne Garantie von Staat oder Provinz. Zur Frage der ständischen Mitgarantie äußert er sich mit keinem Worte. Hansemann, der als erster Rheinländer die Frage aufgriff, und Beckerath, gingen mit einem Satze, der zwar die Ablehnung aus politischen Gründen erkennen ließ, aber doch unter ihren übrigen Ausführungen verschwand, über die Sache hinweg und begründeten die einstweilige Ablehnung mit der erst notwendigen weiteren Aufklärung über die materiellen Voraussetzungen einer stattlichen Garantie.[2]) Nur Mevissen sprach entschieden aus, daß er in dieser Session die Garantie aus politischen Gründen nicht übernehmen könne. Er tue es mit dem tiefen Bedauern eines Mannes, der ein hohes Gut, das ihm geboten wird, ablehnen muß, weil er in Verhältnisse sich gestellt findet, die ihm die Annahme nicht erlauben. Unter diesen Verhältnissen versteht er eine „gegen frühere Gesetze und Verfassungen eingeengte Rechtssphäre, welche dieser Versammlung angewiesen ist“. Außer Mevissen lehnten auch einige rheinische Abgeordnete, die sonst nicht in der ersten Reihe stehen, die Vorlage aus politischen Gründen ab. Lensing (Emmerich) gab wie Vincke als Grund seiner Ablehnung die Möglichkeit einer Schuldenübernahme seitens des Staates ohne ständische Zustimmung an. Die Regierung müsse, um dieses Hindernis zu beseitigen, erst anerkennen, daß das Gesetz von 1820 jede Schuldenkontrahie-

[1]) Allg. Ztg. No. 138 v. 18. 5.

[2]) Beckerath spricht indes in einem Privatbriefe aus, daß auch politische Gründe für ihn und seine Freunde bei der Ablehnung maßgebend waren. Er sagt nämlich, die Garantie sei abgelehnt worden, erstens wegen der oberflächlichen Vorbereitung der Proposition und zweitens wegen der „Ungewißheit über die Lage des Landtags in Bezug auf seine Verfassungsrechte“. (Kopstadt, Hermann von Beckerath, Braunschweig 1875, S. 35.)

rung ohne Genehmigung der Reichsstände verbiete. Ebenso stellte Aldenhoven (Zons) unter Hinweis auf das Gesetz vom 3. Februar, auf die Thronrede und die königliche Botschaft vom 22. April ein ablehnendes Votum in Aussicht; aus demselben möge die Regierung ersehen, daß die Versammlung nicht gewillt sei, auf frühere Rechte zu verzichten.

Zu dem Abteilungsgutachten, welches die Annahme des Regierungsvorschlages, d. h. Zustimmung zur Übernahme der Garantie, empfahl, wurden im Laufe der Debatte mehrere Amendements eingebracht. Graf Arnim wollte die Provinzen zu Garantinnen für die Rentenbriefe machen und eine subsidiäre Staatsgarantie nur für die Zinsen gewähren. Graf Helldorf (Sächs. Ritterschaft) verlangte, um die mangelnden Unterlagen für eine Staatsgarantie zu schaffen, eine annähernde Feststellung des Betrages der auszustellenden Rentenbriefe und daraufhin eine Gesetzesvorlage mit näheren Bestimmungen über die Staatsgarantie an den Vereinigten Landtag. Für dieses Amendement plädierten auch Mevissen und Beckerath.

Bei der Abstimmung wurde der Antrag der Abteilung, der Proposition zuzustimmen, mit 448 gegen 101 Stimmen abgelehnt.[1]) Namentliche Abstimmung fand nicht statt. Das Amendement Arnim wurde ebenfalls mit 366 gegen 179 Stimmen abgelehnt, ebenso das Amendement Helldorf, aber nur mit 268 gegen 267 Stimmen. Diesem Amendement wird wohl die ganze rheinische Opposition mit Ausnahme derer, die überhaupt keine Rentenbanken wollten, zugestimmt haben. Es ist möglich, daß es unter den Landgemeindevertretern den einen oder anderen Deputierten gab, der mit dem Abg. Brust[2]) die Rentenbanken ablehnte, weil die

---

[1]) Um die Mehrheit, die sich gegen die Proposition aussprach nicht zu überschätzen, ist zu berücksichtigen, daß sich unter den Ablehnenden auch eine beträchtliche Anzahl Ritter und „Herren" befand, die die Interessen der Berechtigten, d. h. der Rentenempfänger, durch die Rentenbanken geschädigt glaubten; diesen Grund für die Ablehnung hob Otto von Bismarck-Schönhausen, der Mitglied der sächsischen Ritterschaft war, den Liberalen gegenüber ausdrücklich hervor.

[2]) Der Abg. Brust war 1845 von der Regierung wegen angeblicher Bescholtenheit vom Rhein. Provinziallandtage ausgeschlossen worden. Er

Rheinländer doch keinen Nutzen von der ganzen agrarischen Maßnahme hätten; es gebe ja bei ihnen fast keine abzulösenden Reallasten. Ob dieser Standpunkt aber tatsächlich mehr als diesen einen Vertreter gefunden hat, ist nicht festzustellen.

Da sowohl der Abteilungsantrag wie sämtliche Amendements verworfen wurden, so wäre es überhaupt zu keinem Beschlusse gekommen, wenn nicht Frhr. von Vincke einen Antrag eingebracht hätte, der die Zustimmung zur Errichtung von Landrentenbanken ausspricht und den König bittet, den nächsten Vereinigten Landtag über die Staatsgarantie beschließen zu lassen. Gegen diesen Antrag stimmten nur wenige Abgeordnete.

Die Debatte über die Rentenbanken-Garantie hatte der Opposition die erste Gelegenheit geboten, zu zeigen, daß sie an den beanspruchten Rechten festzuhalten entschlossen war. Die Mitglieder der rheinischen Opposition hatten, wie bemerkt, keine führende Stellung; wahrscheinlich ist, daß weitaus die meisten rheinischen Abgeordneten die Übernahme der Garantie abgelehnt haben. Ob einzelne rheinische De-

---

war wegen Wuchers in Anklagezustand versetzt, aber frei gesprochen worden. Auch nach seiner i. J. 1846 erfolgten Wiederwahl zögerte die Regierung mit der Bestätigung. Es entspann sich ein Notenwechsel zwischen der Koblenzer Regierung und dem Ministerium, wobei der Oberpräsident Eichmann die Bestätigung befürwortete. Diese erfolgte denn auch schließlich. — Ein ähnlicher Fall knüpfte an die Person des rheinischen Städte-Abgeordneten Reichardt (Neuwied) an, gegen den bei Einberufung des Verein. Landtags ein Verfahren wegen Steuerdefraudation schwebte. Auch hier befürwortete Eichmann indes die Bestätigung. Die interessante Begründung lautet: „Der q. Reichardt besitzt ein großes Vermögen, seine Persönlichkeit ist aber nicht bedeutend; er ist ein Anhänger der liberalen Partei . und wird daher auch seinerseits von dieser Partei so lange als möglich gehalten werden. Man wird den q. Reichardt um so mehr zu halten suchen, weil sein Stellvertreter, der Oberkammerrat Münch in Wetzlar, von der liberalen Partei nicht geliebt wohl aber gefürchtet wird." (Geh. St. A. Rep. 77, Tit. 523 h, No. 37). Die Entscheidung über seine Bescholtenheit oder Unbescholtenheit wurde auf Vorschlag Bodelschwingh's vom Könige in die Hände seiner Mitstände, d. h. d. rhein. Städte-Abgeordneten, gelegt, die ihn am 10. April einstimmig für unbescholten erklärten.

putierte hier wie bei der Adreßdebatte einen weniger entschieden oppositionellen Standpunkt eingenommen haben, und ob Camphausen bei seinen uns bekannten taktischen Anschauungen die Ablehnung unbedingt für richtig gehalten hat, diese Fragen lassen sich nicht beantworten.

* * *

Die öffentliche Meinung am Rhein billigte das Votum der Ablehnenden, abgesehen von der Elberfelder Ztg., die die Bedeutung der Debatte, deren Ausgang ihr unangenehm ist, zu schmälern sucht, indem sie sich mit dem Nachweis plagt, daß die Ablehnung aus sachlichen Gründen erfolgt sei und keinerlei politische Bedeutung habe.[1]) Die Kölnische Zeitung ist anderer Meinung. Da für die Ablehnung der Garantie von den Rednern der Opposition mannigfache Gründe angeführt wurden — Unkenntnis des Etats, ungenügende Vorbereitung der Proposition und die Gesetzgebung vom 3. Februar —, so ist es bemerkenswert, daß sie gerade die durch die Februargesetze geschaffenen Verhältnisse als Grund der Ablehnung anführt. Sie meint, eine Verständigung zwischen Regierung und Opposition sei gegeben, sobald ein einziger Punkt, „die periodische Zusammenberufung des Vereinigten Landtages in so kurzen Fristen, daß neben ihm weder die ständische Deputation für das Staatsschuldenwesen noch die Vereinigten ständischen Ausschüsse zu Einfluß oder Tätigkeit gelangen können" bewilligt sei. Mit diesem Zugeständnis dürften alle Bedenken der Stände schwinden.[2]) Auch die Aachener Ztg. interpretiert die Debatte in dem Sinne, daß der Vereinigte Landtag offenbar auf ein klareres System, auf Kammern hinarbeite, welche den Vertretern der Nation eine gewichtigere Stimme sicherten als bisher. Sie sieht in der Debatte den Beweis, daß man nur die F o r m der Deklaration verworfen habe, der Sache aber beistimme.[3]) Die Trierer Ztg. verhält sich

[1]) E. Z. No. 144, 27. 5.
[2]) K. Z. No. 143, 23. 5.
[3]) A. Z. No. 145, 24. 5.

mehr referierend, läßt aber doch die Anerkennung der geschickten Taktik der Opposition durchblicken.[1])

5. Kap. **Die Verfassungsdebatte.**

Folgen wir der Entwicklung der politischen Frage weiter. Die nächste Etappe bildete die große Verfassungsdebatte. Sie war schon in den Verhandlungen über die Rentenbank-Garantie von verschiedenen Rednern „mit einer gewissen Feierlichkeit angekündigt worden", wie Camphausen gelegentlich feststellte. Auch der Minister von Bodelschwingh hatte auf sie hingewiesen, zunächst als er gleich nach der ersten Aufrollung der politischen Fragen durch Herrn von Vincke in der Rentenbanken-Angelegenheit erklärte, er behalte sich die Erwiderung auf die Einwendungen des letzteren „auf eine Zeit vor, wo diese Sache notwendig von Grund aus hier besprochen werden muß". Nach dem ablehnenden Votum des Landtags erhob sich der Minister dann, um die ausdrückliche Bitte an die Marschälle und besonders an den Marschall der Ständekurie zu richten, daß alle der hohen Versammlung vorliegenden Fragen, welche zu der von den Abgeordneten ebenso wie von der Regierung gewünschten Verständigung führen können, „also, um mich kurz auszusprechen, die politischen Fragen sobald wie möglich zur Diskussion in der hohen Versammlung gebracht werden mögen."

Die Diskussion über die Verfassungsfragen, die den Höhepunkt der ganzen Tagung des Vereinigten Landtags darstellt, dauerte vom 29. Mai bis 5. Juni. Die Opposition hatte sich am Abend des 28. Mai wieder in gemeinsamer Versammlung über die zu befolgende Taktik schlüssig gemacht.[2]) Grundlage der Verhandlungen im Plenum war ein umfangreiches Gutachten der mit der Vorbereitung der eingelaufenen Anträge betrauten Abteilung von 11 Mitgliedern, darunter zwei Rheinländern: von Gudenau und Röchling. Am häufigsten kehrte unter den zum Teil von umfang-

[1]) T. Z. No. 169, 18. 6.

[2]) Allg. Ztg. No. 153, 2. 1.

reichen rechtlichen Deduktionen begleiteten Petitionen diejenige um periodische Einberufung des Vereinigten Landtags wieder. Schon seit einigen Wochen lag auch eine Petition Camphausen auf „regelmäßige Berufung des Vereinigten Landtages von zwei zu zwei Jahren" im Druck vor. Von den Rheinländern petitionierte außerdem der Abg. Flemming (Geilenkirchen) allgemein um Erweiterung der ständischen Rechte.

Auch in diesen großen Debatten fiel den Rheinländern keine führende Rolle zu. Sie waren entschiedene und beredte Verteidiger der von der Opposition beanspruchten Rechte, aber in den entscheidenden Momenten waren es Abgeordnete aus anderen Provinzen, die den Gang der Debatte bestimmten. Die Führung lag unbedingt in den Händen des Frhrn. von Vincke, dessen Anträge an dem Rechtsstandpunkt unverrückt festhielten und die Debatte bestimmten und förderten. Jetzt hatte er, im Gegensatz zu früher in der Angelegenheit der Deklaration, auch die Form gewahrt, indem er die geschäftsordnungsmäßig allein zulässige Form der Petition wählte. Es kam hierbei darauf an, die bestehenden Gegensätze: auf der einen Seite die von der Geschäftsordnung geforderte Form der Bitte, auf der anderen Seite den von der Opposition behaupteten Besitz der infolgedessen nicht mehr zu erbittenden Rechte, zu versöhnen. Die typische Formel der von Vincke gestellten Anträge ist: Der König möge gebeten werden, die auf Grund der früheren Gesetzgebung den Ständen zustehenden Rechte anerkennen zu wollen.

Bemerkenswert ist, daß keiner von den rheinischen Führern einen derartigen Antrag eingebracht hat. Waren es doch Mevissen und Beckerath, die schon bei der Vorbereitung der Deklaration auf diese geschäftsordnungsmäßige Form für die Geltendmachung der beanspruchten Rechte hingewiesen hatten, aber mit ihrer Ansicht nicht durchgedrungen waren.[1]) Die Erklärung hierfür wird wohl darin liegen, daß die von Vincke vertretene schroffe Tonart nicht die einmütige Zustimmung der rheinischen Führer fand. Es ist schon bemerkt worden, daß Camphausen eine ganz andere Taktik befolgen

---

[1]) Siehe S. 91.

wollte als Vincke.[1]) Wie die übrigen rheinischen Abgeordneten hielt auch er an den früher verheißenen Rechten fest, aber er wollte aus dieser grundsätzlichen Rechtsverwahrung keine so weit gehenden Folgerungen ziehen wie Vincke. Er war bereit, den König einfach um Gewährung der vorenthaltenen Rechte zu bitten ohne Berufung auf die früheren Gesetze. Seine Auffassung hat er in der Begründung niedergelegt, die er seiner Petition um zweijährige Berufung des Vereinigten Landtags beigegeben hat.[2]) Darin sucht er zunächst die Befürchtung als grundlos nachzuweisen, daß durch die Bitte um Gewährung eines Rechtes, welches man zu besitzen glaube, das Recht selbst verloren gehe. „Unmöglich kann durch die Form der Nachsuchung eines Rechtes das Recht selbst verloren gehen, wenn diese Form die einzig zulässige ist.“ Indem es dem Landtag vorbehalten bleibe, inwiefern er einer Bitte „die bereits gewahrten rechtlichen und gesetzlichen Ansprüche nochmals zugrunde legen“ wolle, könne es der Sache nur dienlich sein, wenn ihre Begründung auch ohne Anrufung des Rechtsverhältnisses gegeben, wenn sie als eine natürliche und notwendige Entwicklung unserer staatlichen Zustände dargestellt werde. „Der Unterzeichnete hat es völlig unbedenklich erachtet, daß der Landtag einem Antrag auf periodische Versammlungen auch ohne rechtliche Deduktionen zustimme und daß er sich für die längste Zeitfrist ausspreche, welche zwischen zwei Versammlungen ohne zu große Gefährdung ihres Zweckes zulässig erscheint. Er hält dadurch den in dem Gesetz beruhenden Anspruch auf jährliche Versammlungen in keiner Weise bedroht.“

Was die übrigen Wortführer der Rheinländer anlangt, so fehlt es an Anhaltspunkten für eine sichere Feststellung ihrer Ansichten. Wenn man an Beckeraths zur größten Nachgiebigkeit geneigte Haltung bei den Kölner Beratungen im Februar denkt, so wird man nicht behaupten wollen, daß er mit der Vinckeschen Form der Petition unbedingt ein-

---

[1]) Siehe S. 90 und 93.

[2]) Bleich II, 621/9.

verstanden gewesen wäre. Hat doch selbst Mevissen sie nicht rückhaltlos gebilligt,[1]) wenn er auch sicher nicht soweit gehen wollte wie Camphausen. Hansemann hat der Vinckeschen Formulierung wohl zugestimmt, weil er überhaupt ein scharfes Vorgehen liebte, wenn er sich Erfolg davon versprach; ebenso die Mehrzahl der übrigen rheinischen Abgeordneten der Städte und Landgemeinden.

Die Debatte[2]) begann mit der gleichzeitigen Verhandlung über die innerlich zusammenhängenden Fragen der Periodizität und der Beseitigung des Ständischen Ausschusses. Die Abteilung schlug vor, den König „mit Bezug auf die frühere Gesetzgebung, insbesondere auch aus Nützlichkeits- und inneren Notwendigkeitsgründen" zu bitten, die Einberufung des Vereinigten Landtags alle zwei Jahre und den Wegfall der Ausschüsse in der ihnen durch die Verordnung vom 3. Februar gegebenen Form auszusprechen. Entsprechend der zweifachen Art der Gründe, auf die man sich hier stützte, drehte sich auch die Debatte um die Frage: Soll die Petition mit der früheren Gesetzgebung oder nur mit der Nützlichkeit und inneren Notwendigkeit der Petita begründet werden?

Fast einstimmig sprachen sich die Redner für Gewährung der Periodizität und Wegfall der Ausschüsse aus — auch diejenigen, die einen rechtlichen Anspruch darauf in Abrede stellten. In der Versammlung selbst gab es keinen geschickten Vertreter des die rechtliche Basis leugnenden Standpunktes. Aber am Regierungstisch saß neben Herrn von Bodelschwingh der Justizminister von Savigny, der „Jurist von europäischem Rufe", wie Graf Schwerin ihn nannte. Er eröffnete die Debatte mit einer Rede, in der er scharfsinnig den Nachweis zu erbringen suchte, daß aus den früheren Gesetzen keine Rechtsansprüche hergeleitet werden könnten, die nicht erfüllt seien. Die hauptsächlichsten von ihm aufgestellten Thesen sind: die frühere Gesetzgebung ist nicht nach dem Buchstaben, sondern nach ihrem Geiste zu beurteilen. — Die früheren Gesetze begründen nicht ein Recht

[1]) Siehe S. 114.

[2]) Bleich II, 1085—1102, 1118—1156, 1243—1282, 1288—1315 1353—1388, 1393—1426.

in dem von der Opposition behaupteten Sinne, sondern höchstens eine Erwartung. — Das Gesetz vom 17. Jan. 1820, welches die Verpflichtung zur jährlichen Rechnungslegung ausspricht, enthält eine Verpflichtung nur gegenüber den Staatsgläubigern, nicht gegenüber den Ständen. — Bei Erlaß des Gesetzes vom 17. Jan. 1820 hat man zwar nur an eine Versammlung gedacht, aber die Möglichkeit der Berufung mehrerer Versammlungen ist nicht verneint worden.

Die rheinischen Redner aus dem Stande der Stadt- und der Landgemeinden standen in der Debatte ausnahmslos auf Seiten derer, die die Periodizität des Verein. Landtags und die Beseitigung der Ausschüsse als ein Recht beanspruchten. Der Grundsatz des Justizministers, daß bei Erklärung der früheren Gesetze der Sinn mehr als der Buchstabe zu berücksichtigen sei, wurde von den rheinischen Rednern — als erster sprach v. d. Heydt, dann Beckerath und Mevissen — gebilligt und zur Verteidigung des eigenen Standpunktes verwandt. So sagte v. d. Heydt: wenn das Gesetz von 1820 überhaupt einen Sinn habe, so müsse die Periodizität feststehen. Folgerichtig widersprach er auch der Behauptung, daß das frühere Gesetz nur eine Erwartung begründe. Beckerath leitete das Recht auf periodische Berufung außerdem aus dem den Ständen früher verheißenen Recht der Bitte und Beschwerde ab. Schon zur Ausübung dieses Rechtes sei regelmäßige Einberufung des Vereinigten Landtags erforderlich. Am energischsten sprach Hansemann. Seitdem die Versammlung beisammen sei, sei ein neuer Geist in das Volk eingezogen. Fortan werde jedes Gesetz, welches erlassen werde, nicht nur auf seine Nützlichkeit, sondern auch auf seine Verfassungsmäßigkeit geprüft werden. Daraus gehe schon die Notwendigkeit der Periodizität hervor. „Wenn die reichsständische Versammlung nicht zusammen ist, wenn die Administration weiß, daß sie nicht in kurzen Zeiträumen wiederkehrt, so liegt es in der menschlichen Natur, daß mehr oder weniger, wenn auch nicht vollständiger Schlaf, doch ein Einschläfern seitens der Verwaltung eintritt. Wir, die parlamentarische Vertretung, sind nun berufen, die Regierungsorgane wachzuhalten."

Beckerath, Camphausen und Lensing lehnten die Deutung des Gesetzes im Sinne einer bloßen Verpflichtung gegenüber den Staatsgläubigern ob. Camphausen hielt dem Minister entgegen: „Warum hat denn der Gesetzgeber den Gläubigern des Staates gerade diese Sicherstellung gegeben? Warum hat er ihnen gesagt, es solle jährlich der Versammlung Rechnung gelegt werden? Die naheliegende Antwort ist: Weil die Absicht, die reichsständische Versammlung alljährlich zu berufen, entschieden feststand. Ich halte also dafür, daß dies keineswegs zu den unbestimmten, sondern zu den bestimmten Punkten gehört."

Gegen die Deutung, die der Minister der früheren Gesetzgebung betreffs der Zulässigkeit des Ständischen Ausschusses gab, wandten sich Beckerath und Mevissen. Beide hielten ihm seinen eigenen Ausspruch entgegen, daß die Gesetze nach ihrem Sinne zu interpretieren seien. Beckerath erklärte, die Reichsstände könnten ihr wichtigstes Recht, das des Beirates und der regelmäßigen Berufung, nicht an einen Ausschuß abtreten. Mevissen sieht das Wesen einer reichsständischen Versammlung darin, „daß sie die Interessen des gesamten Landes in sich repräsentiert und daß sie die gesamten Volksrechte gegenüber den Rechten und Prärogativen der Krone vertritt." Eine solche Versammlung aber könne bei e i n e m Volke nur e i n m a l vorhanden sein.

Den Hauptnachdruck legten die Rheinländer bei der Verfechtung ihrer Ansprüche ebenso wie in der Adreßdebatte darauf, daß dieselben in den früheren Gesetzen rechtlich begründet seien. Das war ja überhaupt der Zweck der ganzen Debatte. Daneben aber wiesen sie auch auf die Nützlichkeit und Notwendigkeit des Geforderten hin. In Hansemanns Rede nimmt der Nachweis der Notwendigkeit und Nützlichkeit den größten Raum ein. Camphausen betonte gegenüber Vincke, der die Vertretung des Rechts nicht durch andere Momente beeinträchtigt wissen wollte: ein Recht werde nicht dadurch verdünnt und verquickt, daß es gleichzeitig als eine innere Notwendigkeit dargestellt werden könne. Das Recht sei kein Gut, weil es ein Recht sei; das werde es erst, wenn sein Gegenstand von hoher Bedeutung sei.

* * *

Soviel über den allgemeinen Inhalt der Debatte. Zum äußeren Verlauf folgendes.

Sämtliche rheinische Abgeordnete der Stadt- und Landgemeinden — außer den Führern sprachen die Abgeordneten Mohr, Aldenhoven, Lensing und Hüffer — stimmten dem Amendement Vincke zur Frage der Periodizität zu, welches den König bitten wollte, das auf Grund des Gesetzes vom 17. Jan. 1820 bestehende Recht des Verein. Landtags auf alljährliche Berufung anzuerkennen, und falls hiergegen Bedenken beständen, dem Verein. Landtage eine entsprechende Proposition zu machen.

Die Vertreter der rheinischen Ritterschaft äußerten sich in verschiedenem Sinne. von Haw, der den „Autonomen" nahestand, sprach sich für eine Bitte um Periodizität und Beseitigung der Ausschüsse aus, aber ohne r e c h t l i c h e Begründung; von Mylius und von Wüllenweber, die der nicht-autonomen Gruppe der rhein. Ritterschaft angehörten, stimmten dagegen dem Amendement Vincke zu. v. Gudenau nahm eine Mittelstellung ein; er wollte die Bitte mit rechtlichen und politischen Motiven begründen.

Die Erklärungen auf der Rednertribüne wurden bestätigt durch die nachfolgende Abstimmung. Außer dem am weitesten gehenden Antrag Vincke lag ein Antrag Schwerin und der Antrag der Abteilung vor. Der Antrag Schwerin, mit dem auch Vincke sich einverstanden erklärte, berief sich außer auf die Rechtsgründe für jährliche Einberufung auch auf die innere Notwendigkeit und Nützlichkeit. Der Antrag der Abteilung endlich (s. o. S. 104) hatte eine abgeschwächte Fassung, indem er nicht eine Anerkennung eines Rechtsanspruchs erbat, sondern nur die Bitte um Periodizität „mit Bezug auf die frühere Gesetzgebung" aussprach und sich „insbesondere auch" auf die Gründe der Notwendigkeit und Nützlichkeit bezog.

Oben ist gesagt worden, daß die Rheinländer in der Debatte entschiedene und beredte Verfechter des Rechtsstandpunktes waren, daß sie aber auf ihren Verlauf nicht bestimmend einwirkten. Bei der Abstimmung zeigte sich, daß die Rheinprovinz in ihrer Gesamtheit an der Spitze der Opposition marschierte, daß in keiner Provinz eine solche Geschlossenheit in der Vertretung des Rechtsbodens bestand wie in der Rheinprovinz. Sämtliche Abgeordnete der Stadt- und Landgemeinden, mit einziger Ausnahme des Abg. Conze, stimmten für das Amendement Vincke und nach dessen Ablehnung für das Amendement Schwerin. Nach der Rheinprovinz stellten Posen und Preußen die meisten Stimmen für diese Anträge. Geringere Mehrheiten wiesen die Städte von Schlesien und Sachsen auf, dagegen standen die schlesischen Landgemeinden wieder mit an der Spitze der Opposition. Der Stand der Ritterschaft stellte die meisten Opponenten in Posen und Preußen, wo sich überwältigende Mehrheiten für Vincke und Schwerin aussprachen (Vincke 16:3 bezw. 28:10; Schwerin 17:1 bezw. 32:6), während die meisten rheinischen Ritter in entgegengesetztem Sinne votierten (Vincke 9:15; Schwerin 11:13).

Das Gesamtergebnis der Abstimmung über den Antrag Vincke war: 260 dafür, 247 dagegen; (von den Rheinländern 57 dafür, 16 dagegen). Er war also abgelehnt, da die Zweidrittelmehrheit fehlte.

Die Abstimmung über das Amendement Schwerin zeigt in sämtlichen Provinzen in allen Ständen eine starke Verschiebung zugunsten dieses Antrags. Nur fünf Stimmen fehlten an der erforderlichen Zweidrittel-Mehrheit; 327 dafür, 171 dagegen.

Bevor der Abteilungsantrag zur Abstimmung kam, schlug Hansemann vor, die Wendung „insbesondere auch" (s. o.) durch „sowie auch" zu ersetzen, „damit diejenigen, welche den Nachdruck auf den Rechtspunkt legen, nicht abgehalten werden, beizustimmen." Da indes gegen die Zulässigkeit einer Antragstellung während der Abstimmung Einspruch erhoben wurde, so wurde über den Antrag der Abteilung abgestimmt, der indes auch mit 287 Stimmen dafür und 205 dagegen abgelehnt wurde. Diese Abstimmung brachte wie in allen Provinzen so auch in der Rheinprovinz unter sonst Gleichgesinnten eine Spaltung hervor, indem die einen dafür, die andern dagegen stimmten. Die Führer mit Ausnahme von Hansemann stimmten dafür. Außer Hansemann stimmten noch acht andere Städtevertreter dagegen; von den Landgemeinden waren 11 dafür, 12 dagegen.

Da der Marschall darauf aufmerksam gemacht worden war, daß das Amendement Hansemann schon vor der Abstimmung von Puttkamer (Stettin) eingebracht worden war, so kam der entsprechend abgeänderte Abteilungsantrag doch noch zur — nicht namentlichen — Abstimmung und wurde mit entschiedener Majorität angenommen.

* * *

Nachdem so die wichtigste Frage, die der Periodizität erledigt war, wurden die übrigen Petitionen, die sich auf die Abweichungen der Februargesetzgebung von den früheren Gesetzen bezogen, in kürzerer Frist erledigt. Die Debatte über die Beseitigung der Ausschüsse hatte schon gleichzeitig mit der Periodizitätsdebatte stattgefunden. Auch zu dieser Frage lag ein Amendement Vincke vor, welches wiederum den König um Anerkennung des alleinigen Rechtes des Vereinigten Landtages zum Beirat zu allen allgemeinen Gesetzen, welche die Personen- und Eigentumsrechte betreffen, und dem entsprechend wie auch aus Nützlichkeits- und Notwendigkeitsgründen um Beseitigung der Ausschüsse bat. Für die rheinische Opposition stimmten Hansemann und v. d. Heydt dem Antrage zu.

Bei der Abstimmung ergab sich ein ähnliches Bild wie früher. Sämtliche Abgeordnete der rheinischen Stadt- und Landgemeinden, Conze ausgenommen, stimmten für den Antrag Vincke; von den Rittern 9 dafür, 14 dagegen. Der Antrag wurde wieder abgelehnt (285 Stimmen dafür, 220 dagegen), darauf eine genau wie die angenommene Periodizitäts-Petition formulierte Bitte um Wegfall der Ausschüsse mit überwiegender Majorität beschlossen.

An dritter Stelle stand die Frage nach der künftigen Aufgabe der Provinziallandtage. Die Abteilung schlug vor, mit Bezug auf die frühere Gesetzgebung sowie aus Gründen der inneren Notwendigkeit und Nützlichkeit zu bitten, daß der König anerkenne, der Beirat des Vereinigten Landtages sei nicht ausgeschlossen durch die Verhandlungen mit den Provinziallandtagen. Der Ministerpräsident gab eine sehr entgegenkommende Erklärung bezüglich der fraglichen Bestimmung der Gesetzgebung vom 3. Februar ab. Der König werde keinen Gebrauch von dieser Art ständischen Beirats machen, wenn die Versammlung glaube, daß es nicht wünschenswert sei. Hansemann empfahl gleichwohl eine entsprechende Bitte. Er würde, so sagte er, von einem Antrage abstehen, wenn immer derselbe Minister an der Spitze stände und wenn es sich nicht um eine Sache handelte, die eine gewisse Festigkeit in ihren Bestimmungen haben müsse. Auch Beckerath sprach sich für den Antrag der Abteilung aus, der dann angenommen wurde.

Die vierte Petition betraf die Staatsschuldendeputation, die nach den Verordnungen vom 3. Februar befugt sein sollte, den Vereinigten Landtag im Kriegsfalle in der Bewilligung von Anleihen zu ersetzen. Die Abteilung schlug ein Zweifaches vor: 1. Bitte an den König, die Verordnung vom 3. Februar dahin zu ändern, daß die Deputation den Verein. Landtag in der Bewilligung von Anleihen nicht ersetzen könne; 2. der König solle das „unbestrittene Recht" behalten, wenn Berufung ständischer Organe nicht möglich sei, ohne sie Anleihen zu kontrahieren. Daneben wurde im Plenum, wie es auch in der Abteilung geschehen war, die Frage erörtert, ob man um vollständige Aufhebung oder nur um Veränderung der Einrichtung der Schuldendeputation bitten solle. v. d. Heydt und Hansemann sprachen sich für völlige Aufhebung aus, weil sie ein vom Vereinigten Landtag nicht beauftragtes Organ zu irgendwelchen selbständigen Funktionen nicht befugt hielten. Wie die meisten anderen Redner so lehnten die Rheinländer insbesondere den Vorschlag sub 2 ab. Beckerath hob auch hier wieder den Gesichtspunkt hervor, daß es sich nicht um einen Vertrauensakt gegenüber dem Könige sondern um eine staatsrechtliche Bestimmung handle, bei welcher auf Zeiten und Personen keine Rücksicht genommen werden könne. Der Fall eines Krieges und augenblicklich drohender Gefahr liege außerhalb des Gebietes des Staatsrechts. Zum Schlusse wurde ein Amendement Vincke angenommen, den König zu bitten, anzuerkennen, daß nur mit Zustimmung des Vereinigten Landtags Landesschulden rechtsgültig kontrahiert werden können. Wenn der unbedingten Anwendung dieses Grundsatzes erhebliche Bedenken entgegenstehen möchten, möge er eine Proposition vorlegen.

Es folgte die Erörterung der Bestimmung über die Staatsschulden. Hier richtete sich der Widerspruch gegen den Satz der Verordnung, welcher die Zustimmung der Stände zu denjenigen Anleihen verlangt, „für welche das gesamte Vermögen und Eigentum des Staats zur Sicherheit bestellt wird." Die Abteilung machte einen Vorschlag im Sinne der Beseitigung dieses Widerspruchs gegen die frühere Gesetzgebung. Die Diskussion im Plenum drehte sich hauptsächlich um ein Amendement Hansemann, welches den König bitten wollte: 1. anzuerkennen, daß nach dem Gesetz vom 17. Jan. 1820 überhaupt keine Staatsschuldendokumente, weder verzinsliche noch unverzinsliche, ohne Mitgarantie des Verein. Landtags ausgestellt werden können; 2. wenn nötig, eine abändernde Proposition zu machen; 3. einen Gesetzentwurf vorzulegen, durch den die seit 1820 etwa im Widerspruch mit dem Gesetz gemachten Finanzoperationen regularisiert und dem Verein. Landtag untergeordnet würden. Der Widerspruch, der sich gegen letztere Forderung erhob — auch Vincke sprach dagegen —, bewog ihn, sie fallen zu lassen. Der erste Punkt wurde dann mit Zweidrittel-Mehrheit angenommen.

Auch an die Bestimmung des Gesetzes vom 3. Februar über die Steuerbewilligung wurde von rheinischer Seite eine Rechtsdebatte geknüpft, die sich um die Frage drehte: Hat der Vereinigte Landtag aus der früheren Gesetzgebung ein Recht auf die Bewilligung aller Steuern, auch der von der neuesten Gesetzgebung ausgenommenen Eingangs-, Ausgangs- und Durchgangszölle usw.? Ich habe mich früher (S. 4/5, 7, 29) in dem Sinne geäußert, daß der König mit der Übertragung des Steuerbewilligungsrechtes an die Stände über die früheren Zusagen hinausgegangen sei, indem die früheren Gesetze nur von einem Recht des Beirats, nicht von der Bewilligung neuer Steuern sprechen. Gleichwohl hatten in der Abteilung 8 von 16 Stimmen die obige Frage bejaht, und im Plenum behauptete der Abg. Flemming, dessen Antrag auch in der Abteilung den Anlaß zur Debatte gegeben hatte, ein Recht des Vereinigten Landtags auf Steuerbewilligung, gestützt auf Erklärungen der preußischen Gesandten beim Wiener Kongreß und auf die Besitzergreifungspatente vom Jahre 1815. Sein Amendement aber stellte inkonsequenterweise keinen Rechtsanspruch fest, sondern bat den König um Gewährung des uneingeschränkten Steuerbewilligungs- und sogar des Steuerverminderungsrechtes. In der Debatte äußerte sich v. d. Heydt zu diesem wichtigen Gegenstande wie folgt: In der Abteilung habe er die gestellte Frage bejaht. Aus dem Besitzergreifungspatent an die Rheinländer, welches diesen zusage, daß die Steuern mit ihrer Zuziehung reguliert und festgestellt werden sollen, könne ein Rechtsanspruch gefolgert werden. Gleichwohl halte er in diesem Augenblick eine Bitte an den König nicht für angemessen, mit Rücksicht auf die Berufung des Vereinigten Landtags, auf eine dem Landtage vorliegende Petition um Feststellung und der daraus folgenden Kontrolle des Etats und auf die schon bezüglich der Steuern eingeräumten Rechte. Einen Verzicht auf das volle Steuerbewilligungsrecht will er aber durchaus nicht aussprechen.[1] Graf Schwerin sprach sich entschieden gegen die vorgeschlagene Petition Flemming aus. Aus den Gesetzen sei keineswegs ein Recht der Steuerbewilligung herzuleiten. Ob die in den Besitzergreifungspatenten verheißene „Zuziehung" ein Recht der Bewilligung in sich schließe, könne dahingestellt sein. Die Angelegenheit fand ihre Erledigung damit, daß Flemming „mit Rücksicht auf den Ausspruch der Abteilung" sein Amendement zurückzog und daß infolgedessen kein Beschluß gefaßt wurde. Hansemann billigte diesen Ausgang; die Meinungen könnten geteilt sein.[2]

---

[1]) Auch Mevissen hatte bereits in der Adreßdebatte auf Grund des Besitzergreifungspatentes ein Recht des Verein. Landtags auf die Steuerbewilligung behauptet. Wenn auch Zweifel an der Deutung des Patents obwalten könnten, so teile er sie doch nicht.

[2]) In dieser Debatte wurden ferner Petitionen um eine Deklaration der die Domänen und das Recht des ständischen Beirats auch zum Erlaß der von der Bewilligung ausgenommenen Steuern betreffenden Bestimmungen und um Einholung der Zustimmung der Stände zu Verfassungsänderungen beschlossen.

Damit waren alle Punkte, in denen die Opposition einen Widerspruch zwischen der älteren und der neueren Gesetzgebung erblickte, erledigt. Ein Ausfluß des rechtsverwahrenden Standpunktes der Opposition war ein Antrag Schwerin, der von der Abteilung zur Annahme empfohlen wurde, den König zu bitten, „mit Rücksicht auf die bereits formierten Anträge und namentlich auf die zugesicherte Wiederberufung des Vereinigten Landtags binnen vier Jahren die Wahlen zu den Vereinigten Ausschüssen und zu der Deputation für das Staatsschuldenwesen für jetzt aussetzen zu lassen." Dieser Petition trat das Plenum ohne Debatte bei.

* * *

So schloß am 5. Juni die bedeutsame Debatte der Ständekurie über die Verfassungsfragen. Sie hatte den Landtag, und nicht an letzter Stelle die Rheinländer, auf einer hohen Stufe parlamentarischen Könnens gezeigt.

Einleitend habe ich festgestellt, daß die Meinungen der Rheinländer über den einzuschlagenden Weg verschieden waren.[1]) Gleichwohl sehen wir sie geschlossen für die Anträge Vincke-Schwerin stimmen. Auch Camphausen hatte in der Debatte ausdrücklich seine Zustimmung erklärt. Für den Entschluß, abweichende Ansichten zurückzustellen, mag der Gedanke an die Wirkung, die man von einem geschlossenen und entschiedenen Auftreten an höchster Stelle erhoffte, maßgebend gewesen sein. Aber später stimmten sie ja auch, mit Ausnahme von Hansemann, für den bedeutend milderen Antrag der Abteilung. Die dabei hervortretende Spaltung im Stande der Städte und Landgemeinden zeigt indes, daß eine kräftige Betonung der beanspruchten Rechte bei den Rheinländern zahlreiche Freunde hatte. Die zuletzt zum Beschluß erhobene Form der Petitionen stellt einen Mittelweg dar zwischen der Bitte um Anerkennung und der Bitte um Gewährung der Rechte, der zwar den Entschiedenen, auch

[1]) Siehe S. 102 ff.

unter den Rheinländern, nicht genügte, aber immerhin den Rechtsstandpunkt noch berücksichtigte. Auch die Führer traten ihr bei. Abgesehen von Hansemann (der allerdings auch dafür stimmte), sind sie wohl damit zufrieden gewesen. Dafür spricht eine Äußerung Mevissens in einem Schreiben vom 3. Juni, also nach Erledigung der Periodizitätsfrage, wo er sagt, er halte die Erfolglosigkeit des Schwerinschen Amendements diesmal für ein Glück, weil durch einen solchen Beschluß dem Könige eine schwierige Position bereitet worden wäre, die er im Interesse der Krone nicht wünsche. Mit dem schließlichen Resultat der Debatte ist er sehr zufrieden; er hofft, daß dadurch der Weg zu einer friedlichen und organischen Lösung der Differenzen angebahnt sein werde. [1])

* * *

Aber es mußte noch die Zustimmung der Herrenkurie zu den von der Ständekurie beschlossenen Petitionen eingeholt werden, und erst nachdem sie ihr Votum abgegeben hatte, war ein abschließendes Urteil möglich.

Schon die Zusammensetzung dieser Kurie aus königlichen Prinzen und Standesherren und die in diesen Kreisen herrschende Auffassung des eigenen Verhältnisses zum Träger der Krone ließen anders geartete Beschlüsse erwarten als sie von der Ständekurie gefaßt worden waren. Die Herrenkurie kam zu Resultaten, die gegenüber den Vorschlägen ihrer Abteilung in manchen Punkten noch eine Abschwächung bedeuteten. Der wesentlichste Unterschied der in den Debatten des 18. und 19. Juni beschlossenen Petitionen von denen der Ständekurie besteht darin, daß jede Bezugnahme auf frühere Gesetze — also das, was der Mehrheit der anderen Kurie wesentlich und unerläßlich erschienen war — fortfiel. Man beschränkte sich auf eine reine Bitte. Nur zwei Petitionen, bei denen keine Rechtsverwahrung in Betracht kam, [2]) wurden unverändert angenommen, zwei — die bezüglich der Provinziallandtage und der Verfassungsände-

---

[1]) Hansen, II, 301 f.

[2]) Siehe S. 112. Anm. 2.

rungen — wurden ganz abgelehnt, die anderen mit der oben bezeichneten wesentlichen Änderung und anderen Abschwächungen angenommen.

Aus der Debatte sei hier angeführt, was der Fürst zu Wied, der einzige rheinische Standesherr, der das Wort ergriff, zur Frage der Periodizität sagte. In warmen Worten, die seine Sympathie für die Petitionen der Ständekurie verrieten, empfahl er sie der Herrenkurie zur Annahme: „Es haben 500 Männer, die von allen Teilen des Landes zusammenberufen sind, um das Interesse des Vaterlandes zu vertreten, mit ungeheurer Majorität den Beschluß gefaßt, und ich frage, mit welchem Recht wollen wir dieser imposanten Majorität entgegentreten und sagen: Ihr habt Unrecht. Ich glaube, man würde ein trauriges Beispiel einer Aristokratie in uns erblicken, welche die geheiligten Interessen des Vaterlandes nicht kennt und nicht achtet, die den Thron nicht stützt, sondern untergräbt, weil sie nicht in dem Volke wurzelt." Er befürwortete die Petition weiter mit dem Hinweis auf die deutschen Bundesstaaten und auf den Zusammenhalt von Preußen und Deutschland.[1])

Bei der namentlichen Abstimmung wurde die Frage: Soll der König gebeten werden, die periodische Einberufung des Vereinigten Landtags in einer von ihm zu bestimmenden Frist auszusprechen?, von 41 Mitgliedern bejaht, von 26 verneint; unter letzteren waren die beiden rheinischen Fürsten Solms. Die Petition fand erst die Zweidrittel-Mehrheit, nachdem ein Satz hinzugefügt worden war, wonach die Herrenkurie die Angelegenheit „mit unbedingtem Vertrauen" dem Könige übergibt.

Trotz der Ablehnung jeder Rechtsverwahrung zeigen die Abstimmungen und der Beschluß der Herrenkurie, daß die Notwendigkeit der periodischen Einberufung des Vereinigten Landtags und damit der Änderung und Vereinfachung der komplizierten ständischen Gesetzgebung des Königs auch in dieser hochkonservativen Körperschaft vorurteilsfrei und klar erkannt wurde.

* * *

---

[1]) Bleich II, 2155. Die Verhandlungen der Herrenkurie: II, 2146 bis 2227.

Die Ständekurie hatte nun wieder zu den Beschlüssen der Herrenkurie Stellung zu nehmen — es handelte sich nur mehr um vier Petitionen.

Vor den Debatten im Plenum fanden im Hause Camphausens Beratungen statt, bei denen man lange und lebhaft diskutierte. „Auf der einen Seite vergegenwärtigte man sich alle die Gefahren und bedenklichen Folgen, welche eine zu weit getriebene Nachgiebigkeit gegen die Herrenkurie haben möchte, das Aufgeben von Rechtsansprüchen der wichtigsten Art, statt deren man jetzt überall das Ermessen der Krone eintreten lassen sollte, die gefährliche Konsequenz, die in einem solchen Zurückgehen von früheren, mit großer Majorität gefaßten Beschlüssen liege, das Mißtrauen, welches man dadurch leicht im Volke gegen die Entschiedenheit der Ständekurie in Wahrung seiner Rechte erwecken könnte. Auf der anderen Seite sagte man sich, daß bei strengem Festhalten an den ursprünglichen Anträgen der Kurie gar keine Bitte an den Thron gelangen werde, daß dann mit allen Verhandlungen und Bemühungen gar nichts erreicht sei als höchstens der moralische Eindruck im Volke, daß man dann beim nächsten Landtage gerade da wieder anfangen müsse, wo man jetzt angefangen habe, während, wenn man jetzt der Herrenkurie nachgebe, wenigstens in einigen Hauptpunkten durch den gemeinsamen Beschluß beider Kurien und durch die dann mit Sicherheit zu erwartende beifällige Entscheidung der Krone eine Fortbildung und Befestigung der Verfassung angebahnt . . . werde.“

Für die letztere Alternative sprachen sich neben Auerswald und Vincke von den Rheinländern Camphausen und Hansemann aus. Sie hatten die Mehrheit auf ihrer Seite. Beckerath widerstand lange, gab aber endlich nach. Mevissen und einige andere jüngere Mitglieder blieben fest dabei stehen, alle abändernden Beschlüsse der anderen Kurie verwerfen zu wollen. In der Ablehnung der der Petition betr. die Kriegsanleihen von der Herrenkurie gegebenen Form [1]) waren alle einig. [2])

---

[1]) Siehe S. 119 f.

[2]) Vorstehendes nach Biedermann S. 422 f.

Die zweite Beratung der Ständekurie fand in der Morgensitzung des 23. Juni, zwei Tage vor Schluß des Landtages, statt. Sie war von der ersten grundverschieden. Kein entschiedenes Auftreten auf dem Boden des Rechts — ein vorsichtig abwägender, opportunistischer Zug geht durch die meisten Reden. Entsprechend den in den Vorberatungen gefaßten Beschlüssen verzichteten die Redner der Opposition auf jede Rechtsverwahrung. Frhr. v. Vincke erklärte es für nötig, bis an die äußerste Grenze der Nachgiebigkeit zu gehen, wo es sich um eine so wichtige Frage handele, soweit es mit den Prinzipien des Rechts, die sie alle leiteten, wenn sie auch der eine so, der andere anders auslege, vereinbar sei. So war also auch dieser trotzige westfälische Ritter zuletzt auf dem Standpunkt seines Antipoden Camphausen angekommen.

Obwohl die plötzliche Schwenkung in einer so wichtigen Frage, das Aufgeben eines bis dahin mit größter Unerbittlichkeit verfochtenen Standpunktes keinen erhebenden Eindruck macht, so muß doch anerkannt werden, daß in der unsicheren Lage, in der man sich befand, der einzuschlagende Weg keineswegs klar vorgezeichnet war. Man konnte sich so oder so entschließen. Die Alternative war: Entweder Festhalten am Rechtsboden und damit Verzicht auf jede Petition oder Aufgabe des Rechtsbodens in der Form und Petition. Im ersteren Falle war der König nicht genötigt, eine Entscheidung zu treffen, und würde auch wohl kaum aus freien Stücken einer widerspenstigen Opposition einen Gefallen getan haben, aber man war sich konsequent geblieben; im letzteren Falle brachte man zwar das Opfer seines bisherigen Standpunktes, aber der König war zu einer Entscheidung gezwungen, und es bestand die Möglichkeit, daß sie in günstigem Sinne ausfiel. Die Entscheidung der Opposition mußte sich danach richten, ob man dieser königlichen Entschließung mit Hoffnung oder mit Mißtrauen entgegensah. Wurde wenigstens der Hauptwunsch der Stände erfüllt, d. h. die Periodizität gewährt, so war dieser Erfolg mit einer Aufgabe des bisherigen Standpunktes nicht zu teuer erkauft. Das Ziel war schließlich die Hauptsache, der Weg Nebensache. Und die Hoffnung auf diesen Erfolg grenzte, wie Biedermann bezeugt (s. o.), in den Kreisen der Opposition an Gewißheit.[1]) Wer diese Hoffnung nicht teilte, mußte sich natürlich anders entscheiden.

Welche Entscheidung die rheinischen Führer getroffen hatten, wissen wir aus dem Verlauf der Vorberatung. Sie hatten wiederum Stellung zu nehmen zu der Frage der Periodizität, der Ausschüsse, der Staatsanleihen, der Staatsschuldendeputation und der Ausschußwahlen.

Zu dem ersten Gegenstande sprachen Stedmann und Mevissen, beide unter dem Eindruck des Umschwungs, der sich vollzogen hatte und der ihrem Standpunkt nicht günstigen Stimmung der Mehrheit. Sie waren die einzigen Redner der Opposition und wurden von der Versammlung nur widerwillig angehört. Stedmann kündigte ein ablehnendes Votum an. „Ich habe von meinen Kommittenten nicht die Vollmacht bekommen, irgend ein Recht des Landes aufzugeben." Ebenso Mevissen. Er erinnerte an die früheren Debatten der Ständekurie und erklärte: „Dieser Teilung und Zersplitterung der Grundlage einer wohlgegliederten Verfassung, wie sie durch den Beschluß der Herrenkurie an unseren früheren Beschlüssen herbeigeführt worden ist, vermag ich nicht beizutreten." Wenn jetzt auch keine Bitte an den Thron gelange, so habe er doch die Überzeugung, daß die Krone die Verhandlungen in der Ständekurie ihrem ganzen Gehalt nach würdigen, daß sie das, was das Volk als sein unveräußerliches Recht durch das Organ seiner Vertreter reklamiert habe, zu der Zeit gewähren werde, wenn es ihr angemessen erscheine. Weil er die Krone nicht drängen, keine teilweise Lösung der Verfassungsfrage herbeiführen wolle, stimme er gegen den Antrag der Herrenkurie.

Die meisten Rheinländer aber dachten nicht so entschieden. Das zeigte die Abstimmung, in der die Petition um die Periodizität in der ihr von der Herrenkurie gegebenen Form, also ohne jede Rechtsverwahrung, mit 418 gegen 31 Stimmen angenommen wurde. Unter den 31 Unentwegten befanden sich allerdings 19 Rheinländer (12 Städte- und 7

[1]) So erklärt sich die aufallende Tatsache, daß Hansemann, der bei der ersten Beratung den Antrag der Abteilung als nicht entschieden genug ablehnte (Siehe S. 108), jetzt einer der ersten war, der die noch weniger entschiedene Petition der Herrenkurie anzunehmen bereit war.

Landgemeindevertreter), so daß die Rheinprovinz allein schon mehr als die Hälfte der Opponenten stellte. Aber von den Häuptern der rheinischen Opposition stimmten die meisten zu: Beckerath, Camphausen und sogar Hansemann. Mevissen lehnte ab.[1]) Die übrigen 12 Opponenten verteilten sich auf mehrere Provinzen. Sämtliche 22 rheinische Ritter, die sich an der Abstimmung beteiligten, gaben ein bejahendes Votum ab, — ein Zeichen, daß es keinen Gegner einer zentralständischen Institution mehr unter ihnen gab.

Wie sehr die nachgiebige Stimmung in der Petitionsfrage auch unter den Rheinländern Platz gegriffen hatte, zeigte Hansemanns Rede zu der Angelegenheit der Vereinigten Ausschüsse. Er sagte: „Wenn dem Ausschuß die Funktionen beigelegt werden, die nach dem Patent vom 3. Februar ihm zustehen sollen, würde ich mich für verpflichtet halten, an der Wahl eines solchen Ausschusses nicht teilzunehmen.

Wenn ein Ausschuß durch königliches Dekret gebildet wird, welcher nicht diese, sondern die Funktionen erhält, wie sie von der Herrenkurie beantragt und der Abteilung interpretiert worden sind, werde ich keinen Anstand nehmen, denselben mitzuwählen." Er erklärte dann, der Petition der Herrenkurie, die zwar Beibehaltung des Ständischen Ausschusses aber Aufhebung seiner Gleichberechtigung mit dem Vereinigten Landtage wollte, beizutreten.[2]) Diese wurde ebenfalls mit großer Majorität — in nicht namentlicher Abstimmung aber wohl mit demselben Stimmenverhältnis wie oben angenommen.

Anders war das Ergebnis in der Frage der Kriegsanleihen. Hier lehnte die Ständekurie den Beitritt zu der Petition der Herrenkurie ab. In der Angelegenheit der Periodizität und der Ausschüsse bestand insofern Übereinstimmung zwischen beiden Kurien, als beide sich in dem Wunsche nach Gewährung der Periodizität und nach Beseitigung der Ausschüsse begegneten, wenn auch in der Begründung bezw. der Form der Petition Meinungsverschiedenheiten obwalte-

---

[1]) v. d. Heydt mußte wegen Krankheit den letzten Sitzungen des Landtags fernbleiben.

[2]) Bleich II, 2384.

ten. Wegen dieser Übereinstimmung in der Sache gab die Opposition der Ständekurie in der Form nach. Bei der die Anleihen betreffenden Petition lag die Sache anders. Hier bestanden nicht nur Differenzen in der Form, sondern auch in der Sache. Die Herrenkurie wollte nämlich, über die Verordnung vom 3. Februar hinausgehend, auf das Anleihebewilligungsrecht der Stände im Kriege, das ja nach dieser Verordnung der Schuldendeputation zustehen sollte, zugunsten des Königs gänzlich verzichten. Hier vertrat die Opposition, an ihrer Spitze Frhr. von Vincke, dessen Ausführungen Hansemann in wenigen Worten sich anschloß, den Standpunkt: Lieber keine Petition, als eine solche, durch welche der bestehende Rechtszustand verschlechtert werden soll, indem wir auf ein im Patent uns gewährtes Recht ausdrücklich verzichten. Da die Kurie mit 300 gegen 146 Stimmen die Petition der Herrenkurie ablehnte, so kam überhaupt keine Petition in der Frage der Staatsschulden und der Staatsschuldendeputation an den König. Von den 62 abstimmenden Rheinländern waren 55 dagegen, 7 dafür. Sämtliche Vertreter der Stadt- und Landgemeinden, Conze ausgenommen, stimmten dagegen. Auch bei dieser Abstimmung stand die Rheinprovinz wieder an der Spitze der Opposition, denn keine andere Provinz trat in solcher Geschlossenheit auf.

An letzter Stelle wurde ohne Debatte die Petition um Aussetzung der Ausschußwahlen mit dem Zusatz der Herrenkurie „bis zur allerhöchsten Entscheidung über jene [die obigen] Anträge" angenommen.

Es waren also vom Vereinigten Landtage in betreff solcher Punkte, in denen die Opposition die Übereinstimmung zwischen der älteren und der neueren Gesetzgebung vermißte, folgende Petitionen beschlossen worden: um Gewährung der Periodizität, um Änderung des Charakters der Ausschüsse in vorbereitende und vorberatende Organe und um Aussetzung der Wahlen zu dem Ständischen Ausschuß und der Staatsschuldendeputation. Nicht zum Beschluß des Vereinigten Landtags ist die von der Ständekurie beschlossene Petition betr. die Befugnisse der Provinziallandtage und betr. die Staatsschulden erhoben worden.

* *

Resümieren wir die Verfassungsdebatte. Ihr allgemeines Charakteristikum ist ein allmählicher Übergang von einer schroffen zu einer immer mehr abgeschwächten Betonung und zuletzt zur f o r m e l l e n Aufgabe des Rechtsstandpunktes. Die Rheinländer in ihrer Gesamtheit unterliegen diesem Urteil nur in beschränktem Maße. Sie stehen alle entschieden auf dem Boden des bei den Kölner Beratungen im Februar beschlossenen Programms, wonach dem Vereinigten Landtag als der verheißenen reichsständischen Versammlung aus der früheren Gesetzgebung Rechte zustehen, die ihm noch vorenthalten sind. Trotz dieser prinzipiellen Einmütigkeit bestehen doch über den in praxi einzuschlagenden Weg Meinungsverschiedenheiten. Die Abstimmungen der Einzelnen ergeben sich hinwiederum nicht ohne weiteres aus ihren Ansichten über die beste Taktik (vgl. Camphausen und Hansemann) und sind nur aus allerhand Überlegungen und Umständen, auf die ich an geeigneter Stelle (S. 113, 117) eingegangen bin, zu erklären. Auch bei der letzten entscheidenden Abstimmung über die Beschlüsse der Herrenkurie sind die Rheinländer gespalten. Es zeigte sich, daß es in ihren Reihen eine radikale Gruppe gab, die noch weiter zu gehen entschlossen war, als die Mehrzahl der Führer, die, Mevissen ausgenommen, die Schwenkung der übrigen Abgeordneten der Opposition mitmachten. Die Provinz steht an der Spitze derer, die den rechtsverwahrenden Standpunkt bis zum letzten Augenblick festhalten, denn 19 von den 31 Abgeordneten, die hier in Betracht kommen, sind Rheinländer. Hierbei ist zu beachten, daß selbst Frhr. von Vincke zuletzt in der Form den Rechtsboden preisgab, ebenso die anfänglich am trotzigsten auftretenden Preußen — Ritter, Städte- und Landgemeindevertreter mit einer Ausnahme.

Derjenige größere Teil der Rheinländer, der sich im entscheidenden Augenblick zu einer Bitte ohne Rechtsverwahrung herbeiließ, war ebensowenig wie die auch formell auf dem Rechtsboden Verharrenden gewillt, auf Rechte tatsächlich zu verzichten. Er ließ sich, wie schon bemerkt, von der Hoffnung leiten, der König werde die an ihn gerichteten Petitionen in günstigem Sinne beantworten, und gab darum, um überhaupt Petitionen an den König gelangen zu lassen, in der Form nach. Diese Abgeordneten hofften, durch das Entgegenkommen des Königs den Streit aus der Welt geschafft zu sehen und vor einer Betätigung bewahrt zu werden, die sie in Konflikt mit ihrer Überzeugung gebracht hätte. Öffentlich haben sie eine befriedigende Erklärung über die Motive ihrer Schwenkung nicht abgegeben.

Was das äußere Hervortreten der Rheinländer anlangt, so ist schon einleitend bemerkt worden,[1]) daß die Führung meist nicht in ihren Händen lag. Nur Hansemann, das Finanzgenie in ihren Reihen, trat bei der Debatte über die Staatsanleihen bedeutsam hervor. Auch sonst ist er derjenige rheinische Deputierte, der sich an der Verfassungsdebatte am eifrigsten beteiligte.

6. Kap. **Die Debatte über die Ostbahn-Anleihe.**

Die ständische Opposition hatte noch einmal, ebenso wie in der Frage der Rentenbank-Garantie, Gelegenheit, ihren Rechtsforderungen durch Ausnutzung der dem Landtag eingeräumten Macht an dem für den Staat empfindlichsten Punkte, in der Geldfrage, Nachdruck zu verleihen. Die Regierung suchte die ständische Zustimmung zur Aufnahme einer Anleihe nach, mit deren Mitteln die sog. Ostbahn, die Bahn von Berlin nach Königsberg, gebaut werden sollte. Die Debatten,[2]) die über diese Angelegenheit in den Vereinigten Kurien am 7. und 8. Juni, also nach der eben beendigten ersten Beratung der Verfassungsfragen, stattfanden, hatten ein ähnliches Gepräge wie die Verhandlungen über die Rentenbank-Garantie. Auch hier wurde von allen Seiten die wirtschaftliche und militärische Notwendigkeit des Baues zugestanden, aber auch hier wieder wurde der innere Zusammenhang zwischen der wirtschaftlichen und der politischen Frage betont. Auch hier bildeten die Deklaranten zufolge ihres früheren gemeinsamen Beschlusses den Kern der Opposition.

Es waren in erster Linie Redner aus der Provinz Preußen, daneben besonders Frhr. von Vincke, welche erklärten, bei

---

[1]) Siehe S. 102.

[2]) Bleich II, 1436—1522, 1526—1545.

der Rechtsunsicherheit, in welcher sich die Stände augenblicklich befänden, und solange nicht die Übereinstimmung zwischen der Gesetzgebung von 1820 und 1847 hergestellt sei, solange vor allem nicht die regelmäßige Wiederkehr des Vereinigten Landtags und damit eine Kontrolle der bewilligten Mittel verbürgt sei, in die Anleihe nicht willigen zu können. Diesen Motiven schloß sich auch der Abg. v. d. Heydt an. Wie die anderen Redner, so betonte auch er vor allem das Verlangen nach periodischer Einberufung des Vereinigten Landtags. Er verwahrte die Opposition gegen den Vorwurf Ottos von Bismarck, als ob sie die Anleihe nur ablehne, um einen Druck auf die Regierung auszuüben; es liege vielmehr eine peinliche Notwendigkeit vor.

So wurde auch diese Forderung der Regierung mit 360 gegen 179 Stimmen abgelehnt. Die Rheinländer traten wiederum fast geschlossen auf. Von 47 abstimmenden Vertretern der Städte und Landgemeinden stimmten 44, darunter die Führer, dagegen. Die rheinische Ritterschaft dagegen stellte neben Brandenburg, Sachsen und Westfalen die meisten Zustimmenden (12 Ja, 10 Nein).[1]

---

[1]) Auch bei dieser Abstimmung werden unter den Ablehnenden manche gewesen sein, die sich nur von nicht politischen Motiven leiten ließen. Darauf weist die verhältnismäßig große Zahl der ablehnenden brandenburgischen, schlesischen, sächsischen und westfälischen Ritter hin, die an politische Opposition nicht dachten.

Gegenüber Hansen (Mevissen I, 478) zwei kleine Richtigstellungen. Nicht Hansemann war in dieser Debatte Wortführer der Rheinländer, sondern von der Heydt. Hansemann hielt nur eine, seine finanzpolitische Befähigung ins hellste Licht rückende Rede zu seinem Antrage, die Ostbahn nicht aus einer Anleihe, sondern mit dem unbenutzt daliegenden Staatsschatz zu bauen. – Auch ist nicht richtig, daß die Opposition, wie Hansen sagt, ihre Kompetenz zur Bewilligung der Anleihe in Abrede stellte. Es wurde von ihr in der Debatte scharf unterschieden zwischen Kompetenz und Befähigung. Erstere wurde bejaht, letztere verneint mit den oben angegebenen Gründen. — Ferner trifft es m. E. nicht zu, daß man die Verfassungsfrage „auf dem Wege der Nötigung" weiterbringen wollte. Man verwahrte sich ja auch ausdrücklich dagegen und betonte die sachliche Notwendigkeit seines Vorgehens.

7. Kap. **Die Presse über die Debatten zur Verfassungsfrage und Ostbahn-Anleihe.**

Das Echo, welches die Verfassungdebatte in der rheinischen Presse fand, war nicht so stark, wie man annehmen sollte; denn bei der Wichtigkeit des Gegenstandes hätte man auch von kleineren Organen, wie Rhein- und Mosel-Ztg. und Aachener Ztg., ein Urteil erwartet.

Was die Hauptvertreterin der öffentlichen Meinung, die Köln. Ztg., anlangt, so wissen wir aus früheren Feststellungen zur Genüge, welchen Standpunkt sie in der Frage der früher verheißenen Rechte eingenommen hat. Sie hat ja schon vor dem Zusammentritt des Landtages die strittigen Punkte behandelt und ist zu grundsätzlich gleichen Ergebnissen gekommen wie später die Opposition des Landtags. Eine eingehendere Besprechung der Debatten vermißt man aber auch bei ihr. Zu dem Schicksal der Petitionen im zweiten und dritten Stadium — in der Herrenkurie und in der zweiten Beratung der Ständekurie — nimmt auch sie keine Stellung. Das Resultat der großen Debatte vom 29. Mai bis 5. Juni in der Ständekurie bezeichnet sie als ein „im ganzen für die Anhänger des Fortschritts höchst günstiges“. [1]) In den Beschlüssen des Vereinigten Landtages erreichte die politische Tätigkeit des ersten preussischen Parlaments ihren Höhepunkt. „In diesem kurzen Zeitraum ist das politische Programm für viele Dezennien unserer Entwicklung ausgesprochen worden; der Landtag hat ein halbes Dutzend Thesen aufgestellt, deren Anerkennung, mag sie früher oder später erfolgen, eine gründliche Umgestaltung unserer gesamten Staatsverhältnisse im Innern und nach außen mit sich führen muß.“ [2]) Man hätte auch gern ein Urteil vernommen über die verschiedenen Phasen der ersten Debatte in der Ständekurie und über die verschiedenen Amendements. Die Köln. Ztg. erklärt aber nur, sie wolle die Frage nicht erörtern, ob es zweckmäßiger war, „S. M. um sofortige Anerkennung des Rechtsstandpunktes und spätere Erledigung der Sache zu bitten oder aber, sich an

---

[1]) K. Z., 1. Beil. zu No. 161, 10. 6. 47.

[2]) K. Z. No. 167, 16. 6.

die Sache zu halten und die bestimmte Bitte um jährliche Berufung, und zwar auf rechtliche wie sachliche Gründe gestützt, an den Thron zu bringen." [1])

Die zeitlich mit der Verfassungsdebatte zusammenfallende Ablehnung der Ostbahn-Anleihe findet ebenfalls ihre Zustimmung. Hoffnungsfroh schreibt sie: „Damit ist die Zukunft der preußischen Verfassung gesichert; es wird sich nun zeigen, wie weit ‚the power of the purse' reicht. Die erste und dringendste Aufgabe des Vereinigten Landtags ist über alle Erwartungen glücklich gelöst. Die politischen Rechte der Nation sind gesichert, und sollte der Vereinigte Landtag nun unmittelbar zum Schluß seiner Tätigkeit gelangen, so kann er das Weitere der Zeit und seinen Nachfolgern getrost überlassen." [2])

Was sonst an Äußerungen der rheinischen Presse vorliegt, ist dürftig. Die Trierer Ztg. urteilt wieder mit der Uninteressiertheit der Vertreterin des viertes Standes; sie sieht in dem Verlauf der Dinge einen Erfolg der klugen Taktik der „Verständigen" — darunter versteht sie in erster Linie die Rheinländer — die keine Demonstration gemacht [d. h. sich nicht für inkompetent erklärt] und keine Prinzipien in den Vordergrund geschoben, die nicht getrieben und gedrängt, sondern ihre Absicht durch Trägheit erlangt hätten. Die Ablehnung der Ostbahn findet sie selbstverständlich. Man habe doch nicht nach Darlegung seiner Forderungen unbedingtes Vertrauen in ihre Erfüllung setzen können. „Wenn ich Silvester meine Rechnungen ausschreibe, sind sie dann am 1. Januar früh schon bezahlt?" „Die Verständigen geben keinen persönlichen, sondern nur realen Kredit." [3])

In der Haltung der Elberfelder Ztg. tritt um diese Zeit (Juni) ein Wandel ein. Während sie bisher nur die konservativen Anschauungen vertreten hat, wird ihre Haltung nunmehr schwankend und unbestimmt. Ein entschiedenes Programm fehlt ihr vollkommen. Die politischen Urteile während der folgenden Monate stammen von Berliner und

---

[1]) K. Z. No. 162, 11. 6.
[2]) K. Z. No. 167, 16. 6.
[3]) T. Z. No. 169, 18. 6.

sonstigen Korrespondenten, die ganz verschiedene Ansichten vertreten — bald liberale, bald antiliberale. So veröffentlicht sie zur Periodizitätsdebatte mehrere Berliner Korrespondenzen, in denen es heißt, die Stände hätten ihre Aufgabe in bezug auf die wichtigste Frage des gegenwärtigen Landtags in einer Weise gelöst, welche den Erwartungen der Nation in hohem Grade entspreche. Die Staatsverwaltung könne gegenüber den Mehrheitsbeschlüssen über die Anschauung der Nation nicht mehr in Zweifel sein. Der politischen Befähigung der Nation befriedigende Bahn einzuräumen, sei mit den Interessen des Staates so enge verknüpft, daß eine Ablehnung wohl nicht erwartet werden könne.[1]) Den Antrag Schwerin nennt sie ebenso logisch als zweckmäßig.[2]) Die Gewährung der Periodizität bezeichnet sie als eine Lebensbedingung für das ständische Wesen.[3]) Neben solchen Äußerungen stehen aber auch andere. Die Ablehnung der Ostbahn findet ein anderer Berliner Korrespondent staunenerregend und befremdend. Man irre sich, wenn man glaube, die Krone dadurch zum Nachgeben zwingen zu können.[4])

8. Kap. **Die Ausschußwahlen.**

In der Einleitung zu diesem Abschnitt ist gesagt worden, daß der „Kampf um den Rechtsboden" wie den ersten Tag, so auch die letzten Stunden des Ersten Vereinigten Landtags ausgefüllt habe. Diesen letzten Stunden haben wir uns nun genähert. Der Konflikt, der zwischen der Krone und der Opposition infolge des Patents vom 3. Februar bestand, führte dazu, daß die Verhandlungen mit einer grellen Dissonanz ausklangen.

Vergegenwärtigen wir uns die Lage am 24. Juni. Am Tage vorher waren die aus der Verfassungdebatte hervorgegangenen Petitionen um Abänderung der Februargesetzgebung an den König abgegangen. Die Opposition hatte in

---

[1]) E. Z. No. 157, 9. 6.
[2]) E. Z. No. 160, 12. 6.
[3]) E. Z. No. 161, 13. 6.
[4]) E. Z. 3. außerord. Beil. zu No. 163, 15. 6.

der Form zwar nachgegeben, in der Sache aber an ihren Rechtsansprüchen festgehalten. Sie hoffte auf eine Erfüllung wenigstens ihrer wesentlichsten Wünsche. Ob sie eine solche zu erwarten hatte, mußte sich schon bald zeigen. Der Vereinigte Landtag hatte nämlich auf Grund der Februargesetzgebung vor seinem Auseinandergehen den Ständischen Ausschuß zu wählen. Da eine solche vorbehaltlose Wahl aber die Anerkennung der diesem überwiesenen Obliegenheiten eingeschlossen hätte, so hatte man, wie wir wissen, auch um Verschiebung dieser Wahlen mit Rücksicht auf die in der Verfassungsfrage gestellten Anträge bis zu deren Erledigung petitioniert. Die Erfüllung oder Nichterfüllung dieser Bitte mußte den ersten Aufschluß über die Absichten des Königs bringen.

Der königliche Bescheid erfolgte prompt, am 24. Juni. Der König sagte sorgsame Erwägung der auf periodische Einberufung und Beschränkung der Wirksamkeit des Ständischen Ausschusses gerichteten Anträge zu, verlangte aber, daß die Verordnungen vom 3. Februar 1847 erst ihrem wesentlichen Inhalt nach zur Ausführung gebracht würden, und bestand daher auf der Wahl zum Ausschuß und zur Staatsschuldendeputation. Gleichzeitig bezeichnete er schon die Aufgabe, die dem Ausschuß zufallen werde: Die definitive Beratung des von den Provinziallandtagen schon begutachteten, aber sehr verschieden beurteilten Strafgesetzentwurfs.

Diese unerwartete Ablehnung knickte alle Hoffnungen der Opposition. Der Stimmungsumschwung trat denn auch sofort ein. Am Vorabend der Wahlen, am 24. Juni, versammelten sich die Mitglieder der Opposition im Russischen Hof. Wieder standen sich wie zu Beginn des Landtags Rheinländer und Preußen mit ihrer Ansicht über die nun zu befolgende Taktik gegenüber; aber jetzt waren die Rollen vertauscht. Die Rheinländer drängten die preußischen Deputierten zur Verweigerung der Wahl, diese aber hielten ihnen entgegen, vor Beginn des Landtags hätten *sie* darauf gedrungen, den Kampf durchzufechten; damals hätten sie (die Preußen) nachgegeben, jetzt möchten es die Rheinländer tun, damit man nicht durch Spaltung die Kraft der Opposition schwäche. Sie erklärten sich unter Führung Auerswalds für

Vornahme der Wahl mit Vorbehalt. In der Debatte, die sich bis 2 Uhr hinzog, waren anfangs die Rheinländer fast einhellig fürs Nichtwählen; endlich gelang es den Bemühungen Camphausens und besonders Beckeraths, einen Teil auf ihre Seite zu ziehen. Der größte Teil aber blieb mit Hansemann und Mevissen in der Opposition.[1])

Am folgenden Tage, 25. Juni, wurden die Ausschußwahlen nach Provinzen getrennt, an verschiedenen Versammlungsorten vorgenommen. Allenthalben bot sich dasselbe Bild: drei Gruppen, von denen die eine bedingungslos, die andere mit Vorbehalt, die dritte gar nicht wählte. Die meisten vorbehaltlos Wählenden gab es in den Provinzen Brandenburg und Pommern (drei bezw. einer wählte nicht). In allen anderen Provinzen gab es kleine Minoritäten, die überhaupt nicht, und starke Gruppen, die mit Vorbehalt wählten, so in Preußen 54 von 72 Wählenden, in Schlesen 28, in Posen 32 von 43. In Sachsen und Westfalen wurden keine Vorbehalte vom Marschall gestattet.[2])

Am stärksten erwies sich die aus Enttäuschung und Trotz entsprungene Reaktion gegen die in letzter Zeit geübte Nachgiebigkeit bei den rheinischen Abgeordneten. Die Rheinprovinz sollte aus jedem der drei Stände vier Mitglieder in den Ausschuß entsenden. Vorbehaltlos wählten nur 2 Städteabgeordnete (Conze und Budde) und 1 Landgemeindevertreter (Seulen); dagegen wählten 12 Städte und 16 Landgemeinden überhaupt nicht,[3]) 10 Städte-, 2 Landgemeinde-

---

[1]) Biedermann, S. 437/8. —

[2]) Kopstadt (H. von Beckerath, S. 50) sagt, zu einer Beratung über das bei den Wahlen zu beobachtende Verfahren sei der Opposition keine Zeit mehr geblieben. Darauf führt er die Zersplitterung bei den Wahlen zurück. Nach dem Bericht Biedermanns (s. d.) hat diese Beratung aber doch stattgefunden, und die Zersplitterung trat trotzdem ein. Die taktischen Differenzen waren durch die Vorberatung eben nicht beseitigt. — Die Ausschußwahlen bei Bleich II, 2440 ff.

[3]) 12 Städte: Hansemann, Mevissen, Mohr, Flemming, Caspers, Baum, Reichard, Biesing, Brust, Kirberg, Funk, Dahmen; 16 Landgemeinden: Aldenhoven, Stedmann, Lensing, Jungbluth, Raffauf, Minderjahn, König, Zunderer, Schult, Grühn, Graach, van der Loë, Rheinhard, Rombei, Lang, Rech.

vertreter und 8 Ritter mit Vorbehalt.[1]) Die Vorberatungen hatten gezeigt, daß auch die Führer gespalten waren. So wählten Beckerath und Camphausen mit Vorbehalt, Mevissen und Hansemann wählten nicht. Auch von der Heydt, der wegen Krankheit an der Wahl nicht teilnehmen konnte, ließ durch Mevissen zu Protokoll erklären, daß er eine auf ihn entfallende Wahl nicht annehmen werde; er ist also auch zu den Wahlverweigerern zu rechnen.[2])

Auch in diesem Falle hatte die Spaltung, die bei den rheinischen Abgeordneten hervortrat, ebenso wie bei der Abstimmung über die Petitionen der Herrenkurie, ihren Grund nicht in prinzipiellen, sondern in taktischen Meinungsverschiedenheiten. Das geht aus den Erklärungen hervor, die von beiden Seiten zu Protokoll gegeben wurden. Die Wahlverweigerer sagten: Dem Ständischen Ausschuß sind Funktionen zugewiesen, die allein dem Vereinigten Landtage zukommen, darum wählen wir nicht, verwahren dem Landtag seine Rechte und protestieren. Die unter Vorbehalt Wählenden dagegen sagten: Auch wir verwahren dem Vereinigten Landtage die ihm zukommenden Rechte und wählen nur unter der Bedingung, daß der Ständische Ausschuß kein entscheidendes Beratungsrecht über die das Personen- und Eigentumsrecht und die Steuern betreffenden Gesetze und die — ebenfalls zu wählende — Staatsschuldendeputation kein Anleihebewilligungs-Recht ausübt. Sie verschoben also einen etwa noch notwendig werdenden passiven Widerstand auf spä-

[1]) 10 Städte: Camphausen, Beckerath, Müller, Hüffer, Merkens, Haniel, Kyllmann, Röchling, Schöller, v. Eynern; — 2 Landgemeinden: Jörrissen, Häger; 8 Ritter: v. Hompesch, Herbertz, v. Wüllenweber, vom Rath, v. Rynsch, v. Mylius, von Nesselrode, v. Coels. — Es ist vielleicht kein Zufall, daß unter den mit oder ohne Vorbehalt Wählenden die mittelbaren oder unmittelbaren Staatsbeamten verhältnismäßig stark vertreten sind (Budde, Seulen, Jörrissen. – Siehe d. Verzeichnis d. Abgeordneten.)

[2]) Hansen (a. a. O. I, 480) bezeichnet die Haltung v. d. Heydt's unter Berufung auf den gut unterrichteten „Observateur" als zweifelhaft. Angesichts des amtlichen Wahlprotokolls (bei Bleich II, 2484) bleibt aber bezl. der ablehnenden Haltung v. d. Heydt's kein Zweifel. Das Wahlprotokoll ist auch eine zuverlässigere Quelle als Biedermanns Bericht, auf den Bergengrün (v. d. Heydt, S. 91) sich Hansen gegenüber beruft.

ter, auf die Zeit, wo die Frage akut werden würde. Ihre Absicht war, dem Könige gegenüber solange wie möglich jede Schroffheit zu vermeiden. Dazu kam, daß der Ausschuß sich mit einem Gegenstande beschäftigen sollte, dessen befriedigende Erledigung für die Rheinprovinz von höchster Wichtigkeit war, weil ja die heimische, beim Volke beliebte Gerichtsverfassung dabei auf dem Spiele stand. Bei einer Verweigerung der Wahl, so sagte man sich, würde gerade die am nächsten beteiligte Provinz bei der Entscheidung über diese wichtige Frage ausgeschaltet sein. [1])

Zwischen der Haltung der Rheinländer bei den Vorberatungen im April und der Haltung des wahlverweigernden Teiles der Rheinländer besteht ein Widerspruch. So wenig wie man durch die Beteiligung am Vereinigten Landtag die beanspruchten Rechte preisgab, so wenig mußte in der Wahl des Ausschusses eine Anerkennung des ihm vom Könige verliehenen Charakters liegen. Diese Anerkennung kam erst in Frage, wenn der Ausschuß seine Tätigkeit begann. Wollten die Rheinländer also ihrer alten Taktik treu bleiben, so mußten sie mit einer reservatio auch den Ausschuß annehmen, d. h. mit Vorbehalt wählen. Die letzteres taten, sind sich daher konsequent geblieben. [2])

---

[1]) Von Beckerath liegen zwei briefliche Äußerungen zu den Ausschußwahlen vor, welche grundverschiedene Motive für die Entschließung der mit Vorbehalt Wählenden angeben. Die eine bezeichnet als Motiv folgendes: „Wir sind nicht auf dem Wege der Revolution sondern der Reform und können sie nicht durch starren Trotz fördern. Die Regierung handelte unweise; überwinden wir sie durch Mäßigung.“ (Kopstadt, a. a. O. S. 51). Nach der anderen wären dagegen er und seine Mitwähler aus der Rheinprovinz einem Konflikt mit der Krone doch nicht ausgewichen, wenn eine imposante Zahl von Abgeordneten statt einer kleinen Gruppe sich zusammengefunden hätten. Aber von dem Augenblicke an, wo die Preußen erklärt hätten, daß sie einstimmig mit Vorbehalt wählen würden, sei er für ein gleiches Verfahren entschieden gewesen. (Kopstadt, S. 53). Im ersteren Falle wäre also das Motiv freie innere Entschließung, im anderen der Zwang der Verhältnisse gewesen. Möglich ist, daß das zweite Motiv auch mitgesprochen hat, aber sicher nicht bei allen rheinischen Wählern, wie Beckerath sagt.

[2]) Treitschke (a. a. O. V, 641) urteilt über die Frage der Ausschußwahlen also: „Die Vereinigten Ausschüsse waren eine gänzlich verfehlte

Das Ergebnis der Wahlen war, daß sämtliche Provinzen ihre Vertreter zum Ständischen Ausschuß und zur Schuldendeputation entsandten; nur der Stand der Landgemeinden der Rheinprovinz, wo sich nicht genügend Kandidaten fanden, blieb unvertreten. Die übrigen rheinischen Mitglieder

---

Künstelei ... aber vor sechs Jahren durch die absolute Krone geschaffen, bestanden sie unzweifelhaft noch zu Recht. Der Landtag selbst hatte das nicht bestritten, und folglich war er auch zu der gesetzlichen Neuwahl verpflichtet. Daß die Rechte des Landtags beeinträchtigt würden, wenn ein von ihm selbst gewählter Ausschuß ein unmaßgebliches Gutachten über das Strafgesetzbuch erstattete, diese spitzfindige Behauptung konnte sich nur auf gewaltsam herbeigezogene, dem Volke unverständliche Rechtsbedenken stützen." Dieses Urteil verkennt gänzlich, daß die Vereinigten Ausschüsse von 1847 nicht mehr die von 1841 waren. Bis 1847 alleinstehend, sollten sie nun nach der Gesetzgebung vom 3. Februar gewissermaßen eine mit dem Vereinigten Landtage konkurrierende Körperschaft sein. Hätte es sich, wie T. annimmt, nur um eine Institution mit „unmaßgeblich" beratenden Befugnissen gehandelt, so hätte es niemals eine Debatte über den Charakter der Ausschüsse und keine Wahlverweigerung oder bedingte Wahl gegeben.

Treitschke's Urteil über den Streit um die Verheißungen der früheren Gesetze ist überhaupt unklar und schwankend. Ich stelle folgende Urteile zusammen: „Der König hatte sich nicht auf den unangreifbaren Rechtsboden seines Vaters gestellt, sondern den Ständen einerseits alte Rechte genommen, andererseits neue größere Rechte geschenkt" (V, 618). „Für den streng gesetzlichen Sinn der Mehrheit waren die Rechtsbedenken fast unüberwindlich" (V, 618). Bei Erwähnung des Mißgeschicks der Vincke'schen Deklaration: „Wer unparteiisch draußen stand, konnte sich für diesen zweifelhaften Rechtsboden nicht leicht begeistern" (V, 624). Nach Ablehnung der Ostbahn: „Und war denn das Recht, um dessentwillen soviel Pathos verschwendet wurde, wirklich so unzweifelhaft und so wertvoll?" An derselben Stelle spricht er von „Spitzfindigkeiten" und „überfeinen Rechtsbedenken" (626/7). Zur Verfassungsdebatte: „Die Stelle der Regierung war wieder sehr schwierig; ihr fehlte der sichere Rechtsboden . . Savigny überzeugte niemand, als er zu beweisen suchte, die früheren Gesetze verpflichteten den König nicht zur regelmäßigen Berufung der Reichsstände . . jedoch auch die Opposition bewegte sich im Kreise, wenn sie immer wieder die unklaren Verheißungen der Hardenbergischen Gesetze für unzweifelhaftes Recht erklärte" (639). Dann schreibt er wieder von „trostlosem Silbenstechen" und „dunkler Rechtsfrage" (640). So läßt sich ein Urteil gegen das andere ausspielen.

des Ausschusses sind: 2 Fürsten: Fürst Solms-Hohensolms-Lich und Fürst zu Wied; 4 Ritter: Graf Fürstenberg, Frhr. v. Mylius, Graf Hompesch, Frhr. v. Gudenau;[1]) vier Städtevertreter: Camphausen, Beckerath, Hüffer, Kyllmann. (v. d. Heydt hatte eine auf ihn gefallene Wahl abgelehnt.)

Der König war über die Vorgänge bei den Ausschußwahlen höchst erbittert. Man fürchtete eine Maßregelung der Wahlverweigerer. Der König „dachte allen Ernstes, die Abgeordneten, welche die Wahl verweigert hatten, aus dem Landtag auszuschließen oder sie wegen Ungehorsams zu bestrafen. Die Oberpräsidenten der unzufriedenen Provinzen stellten ihm allesamt dringend vor, solche Maßregeln würden die Mißstimmung verschärfen, und so ward der Plan aufgegeben.“ [2])

Am Tage nach den Ausschußwahlen, 26. Juni, wurde der erste Vereinigte Landtag im Auftrag des Königs von dem Ministerpräsidenten mit einer von ihm verlesenen Rede geschlossen.[3]) Der erste Passus streifte die Verweigerung der Wahlen durch „eine kleine Anzahl von Mitgliedern“, die sich dadurch einer Pflicht entzogen hätten, und schloß mit dem drohenden Satz: „Die Regierung wird das Ansehen der Gesetze zu schützen wissen.“ Die Ergebnisse des Landtags, so hieß es weiter, seien weniger fruchtbringend gewesen als sie es hätten sein können. Aber es fehlte auch nicht der Ausdruck des Vertrauens auf die allwaltende göttliche Vorsehung und die Anerkennung, daß alle Stände und Provinzen durch glühende Liebe zum Vaterlande und zum Könige verbunden seien.

* * *

[1]) Beckerath äußerte nach den Ausschußwahlen in einem Schreiben (Kopstadt, S. 53), auch die gewählten städtischen und ritterschaftlichen Deputierten hätten ausdrücklich zu Protokoll erklärt, daß sie die Wahl nur unter der Bedingung annähmen, unter der sie wählten. Zwei von den gewählten ritterschaftlichen Abgeordneten — Fürstenberg und Gudenau — sind hier aber auszuschließen, denn sie haben keinen Vorbehalt zu Protokoll gegeben.

[2]) Treitschke V, 642.

[3]) Bleich, II, 2487.

Die letzten Ereignisse auf dem Vereinigten Landtag weckten in der rheinischen Presse ein lebhaftes Echo. Der erste Eindruck, den man erhielt, war der der vollständigen Überraschung und Ratlosigkeit, wie er in den Worten der Köln. Ztg. zum Ausdruck kommt: „Wir sehen mit einem Male die Provinzialversammlungen im Wahlgeschäfte begriffen.“ Die Wahlen kommen ihr ganz unerwartet — ein Zeichen, daß sie entweder überhaupt nicht mehr an die in den Februarverordnungen vorgesehene Konstituierung des Ständischen Ausschusses und der Schuldendeputation gedacht, oder daß sie gleich den rheinischen Deputierten auf Gewährung der Petition um Hinausschiebung der Wahlen gerechnet hatte. Sie vermißt jede aufklärende Erörterung, welche ihr namentlich zu der großen Uneinigkeit der sonst vereint zusammenstehenden Männer den Schlüssel brächte. Sie bedauert diese Uneinigkeit, aber man dürfe keinen Teil ungehört verurteilen, und man müsse beiden die Erwägung der Überraschung und der ohnehin höchst schwierigen Lage zugute kommen lassen. Es scheint ihr das beste, wenn die hervorgetretenen drei Fraktionen alle Rekriminationen unterlassen; die Presse und die Kommittenten aber betrachten alle drei fortwährend als einig und solidarisch und bedauern nur, daß die innere Gesinnungseinigkeit sich nicht auch über die auf alle Fälle zu beobachtende Haltung verständigt hatte.“ Den ersten Fehler der Majorität, durch welche alle anderen herbeigeführt wurden, findet sie darin, daß sie die Rechte-Petition wie eine ganz gewöhnliche Petition behandelte und den Abänderungen der Herrenkurie beistimmte.[1])

Monate später, nach Einberufung des Ständischen Ausschusses, läßt sie erkennen, für welche der beiden von Mitgliedern der Opposition eingeschlagenen Wege sie sich entschieden hat, indem sie gelegentlich schreibt: „Wir stimmen für das Wählen mit ausdrücklichem Vorbehalt. Auf diesem mittleren Wege zeigte man am besten, wie man sich wirklich die doppelte Aufgabe gestellt hatte: die Rechte des Volkes

[1]) K. Z. No. 190, 9. 7.

zur Geltung zu bringen und dem Landtage eine versöhnliche Stellung zum Könige zu bewahren." [1])

Gleich der Kölnischen Zeitung empfiehlt auch die Aachener Zeitung Respektierung der beiden im liberalen Lager hervorgetretenen Anschauungen. [2]) Aber sie verleiht auch der Befürchtung Ausdruck, „daß durch die Zurückhaltung eines Teils der Abgeordneten die Wahl selbst eine unerwünschte Influenz erlitten habe, was insofern zu bedauern sein würde, als den Ausschüssen nächstens das Strafgesetz vorgelegt werden soll". [3])

In schärferer Form spricht den gleichen Gedanken die Rhein- und Mosel-Zeitung aus: Die rheinischen Landgemeinden hätten durch Nichtannahme der Wahlen eine schwere Verantwortlichkeit dem Rheinland gegenüber auf sich geladen. Sie seien jetzt im Ausschuß nicht vertreten, ohne seine Wirksamkeit im mindesten zu lähmen. [4])

Die Trierer Ztg. findet gleich der Köln. Ztg. den ersten Fehler der Majorität in der Wendung zur Petition statt zur Deklaration. Die Schuld lädt sie gleichmäßig auf Stände und Regierung: erstere hätten, wenn ihre Petitionen den Sinn einer Deklaration haben sollten, auch die Form einer solchen wählen müssen; und die letztere, die Regierung, habe die Petitionen gleichsam herausgefordert und ihnen die Natur einer Deklaration beigelegt. Dann aber ermahnt sie die Regierung, sich über die Nuance der Weigerung keiner Täuschung hinzugeben. [5])

Der liberale Berliner Korrespondent der Elberfelder Ztg. endlich sagt, es wäre wünschenswert gewesen, daß die Entscheidung über die Periodizität noch vor Schluß des Landtags erfolgt wäre, damit die noch vorhandenen Mißverständnisse gelöst worden wären. [6])

Zusammengefaßt ergiebt sich. Vom Rechtsstandpunkt

---

[1]) K. Z. No. 357, 23. 12. 47.
[2]) A. Z. No. 190, 9. 7.
[3]) A. Z. No. 181, 30. 6.
[4]) R. M. Z. No. 185, 13. 8.
[5]) T. Z. Nr. 192, 16. 7.
[6]) E. Z. No. 178, 30. 6.

beobachtet die Presse (Köln. Ztg. und Aachener Ztg.) Neutralität gegenüber den beiden liberalen Gruppen; vom Nützlichkeitsstandpunkt äußert die Aachener Ztg. wenigstens ein gelindes Bedenken, die Rhein- und Mosel-Zeitung aber ernste Kritik an der Richtigkeit des Vorgehens des wahlverweigernden Teiles der Abgeordneten. Dazu kommt in der Kölnischen und in der Trierer Ztg. nachträgliche Kritik an der Haltung der Opposition gegenüber den Petitionen der Herrenkurie, die aber, weil im Lichte der späteren Ereignisse geübt, keinen besonderen Wert hat.

II. Die verfassungsrechtlichen Anschauungen und Ziele der Rheinländer.

Bisher haben wir nur die Seite der Tätigkeit der rheinischen Abgeordneten auf dem ersten Vereinigten Landtag ins Auge gefaßt, die sich auf die Wahrung der aus den früheren Verfassungsgesetzen hergeleiteten Rechte bezog. Es bleibt noch die Aufgabe, ein Bild der Anschauungen zu zeichnen, von denen ihre politische Tätigkeit überhaupt bestimmt wurde. Das Material zur Lösung dieser Aufgabe findet sich schon in reichem Maße in den bisher behandelten Debatten, dann aber auch in den Reden und Abstimmungen zu einer Reihe anderer auf dem Vereinigten Landtage verhandelter Gegenstände, die hier unter allgemeinen Gesichtspunkten gewürdigt werden sollen.

Was ich in diesem Teil meiner Darlegungen näher ausführen will, fasse ich in den Satz zusammen:

Die ständischen Verhältnisse in Preußen haben die Rheinländer zwar als reformbedürftig angesehen, aber diese Reform war ihnen nicht die Hauptsache; als wichtiger sahen sie es an, von der gegebenen Grundlage aus nach Möglichkeit umgestaltend auf das ganze Staatswesen einzuwirken: Durch Schaffung eines anderen Prinzips des Staatsrechts, durch Umbildung der inneren Struktur des Staates, durch Erhöhung der eigenen ständischen Macht und durch Schaffung eines öffentlichen Lebens.

1. Kap. **Der ständische Charakter der öffentlichen Körperschaften. Stände- oder Volksvertretung? Kreis der politisch Berechtigten.**

Die Frage: Wie stellten sich die Rheinländer zu dem ständischen System? begreift zwei Unterfragen in sich:

1. Wie dachten sie über dieses System als Grundlage für den Ursprung des Abgeordneten-Mandats?
2. Wie dachten sie darüber in seinem Verhältnis zu dem Umfang des Mandats?

Was die erste Frage anlangt, die Bildung der Kammern nach Ständen, so haben sie die in Preußen durchgeführte ständische Gliederung nicht gebilligt, aber sie haben sie hingenommen und ihre Aufgabe darin erblickt, die Befugnisse der Stände möglichst zu erweitern, wie später noch zu zeigen ist.

Daß die liberalen rheinischen Abgeordneten die in Preußen bestehende Anordnung der Stände mit ihrer Bevorzugung des Adels [auf dem Vereinigten Landtag standen 311 „Herren" und Rittern die Städte mit 182 und die Landgemeinden mit 124 Abgeordneten gegenüber] nicht billigten, ergibt sich schon von vornherein aus ihrer Zugehörigkeit zu den Kreisen des aufstrebenden Bürgertums und eines freien Bauernstandes. Sie wollten deshalb von dem altständischen System ebensowenig wissen, wie die Männer, die schon im zweiten Jahrzehnt des Jahrhunderts eine den neuen Verhältnissen entsprechende Bildung der Kammern verlangt hatten. Weniger entschieden war man in der Beantwortung der Frage, ob eine berufsständische oder eine Vertretung nach der Kopfzahl die beste sei. Camphausen hatte es auf dem Rheinischen Provinzial-Landtag von 1845 als eine Aufgabe der Zukunft bezeichnet, die politische Ausprägung ständischer Gruppen mehr und mehr zu beseitigen. Hansemann hatte schon vorher in seiner dem Könige eingereichten Denkschrift von 1830 eine Vertretung des Volkes nach der Kopfzahl auf Grund eines Zensus empfohlen. Mevissen hat nach dem Erscheinen des Februarpatents das Repräsentativ-System und das ständische System in der Kölnischen Zeitung besprochen.[1]) Da ihm dabei nur das altständische System vorschwebte, kam er zu derselben Unterscheidung wie Fr. von Gentz in einem Aufsatz über Auslegung des Art. XIII der Bundesakte. Stände sind Vertreter der eigenen Rechte, Repräsentanten wollen das ganze Volk vertreten. Daß er das altständische System ablehnte, ist klar; ob er aber eine auf Berufsständen oder auf dem allgemeinen Staatsbürgertum aufgebaute Volksvertretung wünschte, geht aus seinen Ausführungen in der Kölnischen Zeitung nicht hervor.[2]) [Auch aus Hansens Biographie ist es nicht zu ersehen.] Er meint nur — mit Rücksicht auf die starke Vertretung des Adels wohl zu optimistisch — weil die preußische Ständeverfassung in Wirklichkeit nicht auf einzelnen Ständen und Berufen, sondern auf den Grundbesitz zurückgehe, könne man „die scheinbare ständische Besonderung in der Tat füglich als eine Abgrenzung von Wahlbezirken betrachten.“ [3]) In den Plenarsitzungen des Vereinigten Landtags ist zwar kein Antrag auf eine andere Gestaltung des Ständewesens verhandelt worden; solche Anträge, die auf eine gleichmäßigere Vertretung der einzelnen Stände abzielten, die insbesondere eine stärkere Vertretung der Städte auf den Provinziallandtagen und folgerichtig auch auf dem Verein. Landtage herbeiführen wollten, sind indes von den verschiedensten Seiten gestellt und in der 4. Abteilung, deren Referent der Abg. v. d. Heydt war, auch beraten worden. Die Dauer des Landtags reichte aber nicht zu einer Verhandlung im Plenum. Auch der rheinische Abg. Hüffer (Eupen) brachte einen Antrag ein, der nach der Überschrift „eine richtigere ständische Vertretung“ bezweckte, in Wirklichkeit aber auf Beseitigung der Stände und Schaffung einer Volksrepräsentation hinauslief. In der Begründung wurde treffend die einseitige Bevorzugung des Grundbesitzes bei der bestehenden ständischen Gliederung und die Vernachlässigung der wichtigen, im Handel und Gewerbe tätigen Volkskreise kritisiert. Er beantragte darum die Bitte an den König, „eine

[1]) Abgedruckt bei Hansen, II, 203 ff.

[2]) Auch nicht aus seinem weiter unten angeführten, allgemein gehaltenen Urteil.

[3]) Hansen, II, 211. — Zu dieser ganzen Darlegung vgl. Hansen I, 371.

wahre Volksrepräsentation an der Stelle der bisherigen ständischen Gliederung anzuordnen, worin alle Interessen des Landes ihre geeignete Vertretung finden." [1]) Es darf als sicher gelten, daß es den Mitgliedern der rheinischen Opposition nur an der Gelegenheit fehlte, um öffentlich auszusprechen, daß sie mit der Tendenz dieses Antrages vollkommen einverstanden waren.

Obwohl also die Gruppierung der Stände auf dem Vereinigten Landtag den Anschauungen der liberalen rheinischen Deputierten nicht entsprach, so haben sie sie doch hingenommen und es für wichtiger gehalten, sie mit möglichst ausgedehnten Befugnissen zu umkleiden.

Schon auf dem Rheinischen Provinziallandtag von 1845 hatte Camphausen sich auf den praktischen Standpunkt gestellt: „Wir sind nicht berufen, uns in eine Erörterung staatswissenschaftlicher Lehrsätze einzulassen; wir, eine Versammlung praktischer Männer, haben nicht den Streit der Gelehrten unserer Beratung und Abstimmung zu unterwerfen, nicht der einen oder der anderen staatsrechtlichen Theorie den Preis zuzuerkennen." [2]) Er bestritt ,daß die Rechte der Landesrepräsentanten etwas mit den von den Theoretikern aufgestellten Begriffen zu tun hätten. [3]) Nach diesen Grundsätzen haben die Rheinländer auch i. J. 1847 gehandelt. Mevissen schrieb in seinen Artikeln zum Februarpatent in der Köln. Ztg.: „In Bezug auf die Rechte der Vertretung ist es durchaus ohne Einfluß, ob diese auf dem ständischen oder auf dem repräsentativen System basiert. . . . Der Wert der ständischen sowie der Wert der Repräsentativverfassung wird lediglich bestimmt durch die größere oder geringere Angemessenheit dieser Formen zur Vergangenheit und Gegenwart eines bestimmten Volkes . . . Die Idealität der Menschheit gehört ins Gebiet der Spekulation. Die Politik hat die Aufgabe, die Gegenwart zu begreifen und eine der jeweiligen Kulturstufe eines Volkes angemessene Mischung des ständischen und des Repräsentationssystems in der Ver-

[1]) Geh. St. A. (Min. d. Inn.) Rep. 77, Tit. 496, Vol. III, No. 11. — Wortlaut d. Antrages S. Anh. III.

[2]) Prot. S. 119.

[3]) Prot. S. 122.

fassung zu verwirklichen." Selbst da, wo Mevissen gelegentlich während der Landtags-Verhandlungen einen dem parlamentarischen Regierungssystem entnommenen Wunsch äußert: es möchte das Talent „vorzugsweise aus der ständischen Versammlung zum Rate der Krone berufen werden", [1]) erhofft er die Erfüllung dieses Wunsches in der „ständischen Monarchie". Die Hinnahme des ständischen Prinzips zieht sich durch alle Reden der rheinischen Liberalen hindurch; alle Rechte, die sie fordern oder erbitten, beziehen sich auf die „Reichsstände".

Nahmen die rheinischen Liberalen das ständische Prinzip für die Bildung der Kammer hin, so lehnten sie es in bezug auf den Umfang des Mandats entschieden ab. Sie waren weit davon entfernt, sich nur als Vertreter des Standes, dem sie angehörten, zu betrachten. So war es wohl die Absicht des Königs gewesen, der in der Thronrede scharf betont hatte: „Sie, m. H., sind deutsche Stände im althergebrachten Wortsinn, d. h. vor allem und wesentlich Vertreter und Wahrer der eigenen Rechte, der Rechte der Stände, deren Vertrauen den bei weitem größten Teil dieser Versammlung entsendet." Er warnte sie vor dem „Gelüst nach der Rolle sog. Volksrepräsentanten". Aber die Verhältnisse waren stärker als der königliche Wunsch. Die Bezugnahme auf Wünsche, Stimmungen, Rechte und Interessen des Volkes kehrt in den Verhandlungen immer wieder. Selbst der Ministerpräsident, der mit peinlicher Sorgfalt die Rechte der Krone hütete, und auch bei leisesten Anklängen an konstitutionelle Ideen mit einer Zurückweisung hervortrat, setzte sich, der Strömung folgend, in offenbaren Gegensatz zu seinem königlichen Herrn, wenn er erklärte, es sei wünschenswert, daß alle Mitglieder des Vereinigten Landtags möglichst die Gesamtinteressen des Vaterlandes ins Auge faßten und sie zu fördern strebten, nicht aber sich durch provinzielle und ständische Interessen hinreißen lassen möchten, jene größeren Interessen aus dem Auge zu verlieren. [2]) Die rheinischen Liberalen vertraten mit Entschiedenheit den Stand-

---

[1]) Bleich II, 1355.

[2]) Bleich II, 943.

punkt, daß sie zur Vertretung des Volkes berufen seien. So erklärte v. d. Heydt in der Periodizitätsdebatte: „Wir sind berufen, die Rechte der Stände, die Rechte des Volkes zu wahren.“ [1]) Mevissen sagte bei derselben Gelegenheit: „Das Wesen einer jeden reichsständischen Versammlung besteht darin, daß sie die Interessen des gesamten Landes in sich repräsentiert und daß sie die gesamten Volksrechte gegenüber den Rechten und Prärogativen der Krone vertritt.“ [2]) Und Camphausen sprach damals von den „gewählten Vertretern des Volkes.“ [3])

Um die Einschätzung zu kennzeichnen, die die rheinischen Liberalen dem ständischen System, was die Befugnisse und dem Mandatsumfang der ständischen Abgeordneten anlangt, zuteil werden ließen, führe ich die 1845 gesprochenen Worte Camphausens an: „Überhaupt . . . ist die Gegenüberstellung landständischer und repräsentativer monarchischer Verfassungen deshalb eine müßige, weil diejenigen landständischen Verfassungen, die man zur Vergleichung heranzieht und heranziehen muß, der Vergangenheit und abgestorbenen Zuständen angehören, weil sie nur dem Namen, nicht der Sache nach hergestellt werden könnten“ . . . „Das Wort ‚Landstände‘ ist ein alter Name für einen neuen Begriff.“ [4])

---

[1]) Bleich II, 1129.

[2]) Bleich II 1142.

[3]) Bleich II, 1273.

[4]) Prot des Rhein. Prov. Landtags von 1845 S. 121. — Ähnlich urteilt Dahlmann in seiner Schrift „Die Politik auf den Grund und das Maß der gegebenen Zustände zurückgeführt“ (Leipz. 1837): die Frage: Ständisch oder repräsentativ? habe wenig praktischen Wert mehr, weil die „alten Standesklüfte“ nicht mehr seien. (S. 120). Bei der Darlegung seines Verfassungs-System behält er die Bezeichnung „Standesversammlung“ bei, obwohl von Ständen dabei nicht mehr die Rede sein kann.

Wenn ich die Auffassungen vom Ständetum, die ich im Laufe der Darlegung berührt habe, zusammenfasse, so ergibt sich: das von Haller, Gentz u. a. empfohlene altständische System der ständischen Interessenvertretung wird von allen (nur für Görres habe ich oben eine Einschränkung gemacht) und zu jeder Zeit abgelehnt. Die veränderten sozialen Verhältnisse lassen dasselbe als nicht mehr zeitgemäß erscheinen. In den ersten Jahren der preußischen Herrschaft sind die Verfassungs-

Enge mit der Ablehnung des ständischen Prinzips im althistorischen Sinne hängen einige Petitionen zusammen, die an sich nicht von großer Bedeutung sind, die aber Bedeutung gewinnen als Symptome für die Anschauungen des rheinischen Liberalismus. Es befand sich nämlich unter den später zu behandelnden Petitionen um Abänderung der Geschäftsordnung auch eine solche, die um Gestaltung der freien Wahl des Platzes im Versammlungssaale statt der Trennung nach Provinzen bat. Der Abg. Mohr bezeichnete als Zweck derselben die Erleichterung des Zusammentritts Gleichgesinnter, also der Bildung politischer Parteien.[1]) Ein ähnlicher Gedanke liegt einem Wunsche zu Grunde, den Camphausen bei derselben Gelegenheit äußerte, die einzelnen vorberatenden Abteilungen so zu besetzen, daß die verschiedenen, über einen Gegenstand herrschenden Anschauungen darin vertreten seien.[2]) Eine solche Auffassung widersprach offensichtlich der Intention des absoluten Gesetzgebers, der nichts von Parteien und Parteianschauungen sondern nur von Ständen etwas wissen wollte.

Auch die Bedeutung des Volkes als öffentlichen Faktors und seines Kontaktes mit der Regierung suchten die Rheinländer zur Geltung zu bringen; so, wenn Hansemann betonte: „Es ist von der höchsten Wichtigkeit, daß die Regierung stets wisse, inwiefern ihre Ansicht die Zustimmung der Nation habe. Alle unsere ständischen Einrichtungen, auch

wünsche, wie sie u. a. in den Adressen der Städte und in den Schriften von Benzenberg und Görres zum Ausdruck kommen, auf den neuen Verhältnissen entsprechende berufsständische Kammern gerichtet. Dagegen kann von den Trägern der rheinischen Verfassungsbewegung der 40er Jahre mit Sicherheit gesagt werden, daß sie grundsätzlich überhaupt keine ständische Gliederung mehr wollen, aber, an das positive Recht anknüpfend, verlangen sie doch einmütig Reichsstände im Sinne der alten Verheißungen, lehnen, als dieselben, wenn auch unter anderer Bezeichnung ins Leben treten den ihnen vom Könige beigelegten Charakter einer Ständevertretung im alten Sinne ab und suchen ihre Machtbefugnisse zu erweitern — Vgl. H. Hälschner, „Die preußische Verfassungsfrage und die Politik der rheinischen ritterbürtigen Autonomen", Bonn 1846.

[1]) Bleich II, 357, 390.

[2]) Bleich II, 356, 376.

unser Zusammensein hier, haben keinen anderen Zweck, als eine solche Vereinigung der Ansichten der Regierung mit denen der Nation herbeizuführen, denn erst auf dieser Vereinigung der Ansichten beruht die Stärke der Regierung." [1]) Ähnlich äußerte Stedmann: „Nichts ist mehr konservativ, als wenn der Staat mit den Untertanen in der allervollkommensten Verbindung steht   Aufklärung des Landesherrn, Aufklärung seiner Räte ist also ein Recht, eine Pflicht." [2])

* * *

Schon die Hinnahme ständischer Kammern beweist, daß die rheinischen Liberalen von demokratischen Neigungen weit entfernt waren. Aus den Verhandlungen des Vereinigten Landtags kann man ihre Ansichten über den Kreis der politisch Berechtigten nicht kennen lernen. Dagegen hat Mevissen es in den mehrfach erwähnten Artikeln der Kölnischen Zeitung [3]) beklagt, daß das geltende Wahlsystem soviele ausschlösse, „die in ihrer Gesamtheit einen Bruchteil der Staatsgesellschaft" repräsentieren, „der durch Besitz und Intelligenz von hoher Bedeutung ist. Die Kräfte dieses ausgeschlossenen Bruchteils sind für die Vertretung der Nation verloren." [4]) In ähnlicher Richtung bewegt sich auch der oben behandelte Antrag Hüffer mit seiner Ablehnung des Grundbesitzes als alleinigen Maßstabes der politischen Rechte. Man wird die Ansichten der rheinischen Liberalen über die Verteilung des Wahlrechts richtig beurteilen und sich in Übereinstimmung mit der damaligen öffentlichen Meinung am Rhein befinden, wenn man sagt, daß sie das Wahl-

---

[1]) Bleich II, 839.

[2]) Bleich II, 847.

[3]) Abgedruckt bei Hansen, II, 217.

[4]) Auch über diesen Gegenstand hatte Camphausen auf dem Landtag von 1845 seine Meinung geäußert, allerdings nur in der allgemeinen Wendung, es sei notwendig, „daß die Art ihrer (der Landesrepräsentation) Zusammensetzung auf die Wahrscheinlichkeit schließen lasse, daß sie die wirklichen Wünsche, die wirklichen Ansichten des Volkes ausdrücke, daß sie bei Ausübung ihrer Befugnisse   das Volk repräsentieren." (Prot. S. 122.)

recht durch einen hohen Zensus auf die oberen Kreise des Bürgertums beschränken wollten. Man darf annehmen, daß ihre Wünsche nicht weiter gingen, als sie Hansemann in seiner Denkschrift von 1830 für seine Person geäußert hat, nach welcher ein hoher Zensus Bedingung für das aktive Wahlrecht sein sollte. In derselben Richtung bewegt sich auch Hansemanns gelegentliche Bemerkung, man möge denen, die auf den Landtagen nicht vertreten seien, „die schwerlich auch alle je vertreten werden können" wenigstens das Recht der Petition gewähren.[1])

* * *

Was die Presse anlangt, so haben wir deren Stellung zur ständischen Grundlage des Landtages früher zum Teil kennen gelernt.[2]) Zur Erkenntnis der in den rheinischen liberalen Kreisen herrschenden Anschauungen tragen die Äußerungen der liberalen Organe noch mehr bei als die Kundgebungen der Abgeordneten auf dem Landtag, insofern als die grundsätzliche Kritik an dem ständischen Charakter der Landtage hier schärfer ausgesprochen wurde.

Wir wissen, daß die ständische Gliederung, wie sie durch das Gesetz vom Jahre 1823 in Preußen eingeführt worden war, in den Preßorganen von Köln, Aachen und Düsseldorf nicht gutgeheißen wurde und daß sie von einer Vertretung ständischer statt allgemeiner Interessen nichts wissen wollten. Nicht vollkommen einig waren sie in der Frage, ob jegliche — auch eine die neuen Verhältnisse berücksichtigende — ständische Bildung der Kammer abzulehnen sei. Aber die allen gemeinsame Erkenntnis von der Reformbedürftigkeit der bestehenden Vertretungsverhältnisse genügte, um auch Einmütigkeit in dem Wunsche nach einer solchen Reform zu begründen.

Die Wünsche nach Erweiterung des Kreises der politisch Berechtigten, die auf dem Landtage ihren Niederschlag nur in Anträgen, nicht in öffentlichen Verhandlungen fan-

---

[1]) Bleich II, 840.
[2]) S. 43 ff.

den, suchten durch die Preßorgane auch ihren Weg in die Öffentlichkeit. Es gibt kein einziges bedeutenderes Organ, welches nicht gelegentlich für Verbesserung der Vertretungsverhältnisse eine Lanze eingelegt hätte; das radikale allgemeine Wahlrecht wird aber nirgends gefordert. Der Nachdruck, mit dem die Wahlrechtswünsche geäußert werden, ist verschieden. Die Kölnische Zeitung hält zwar auch eine Fortentwicklung der ganzen provinzialständischen Grundlage für nötig, aber — das ist zwischen den Zeilen zu lesen — sie soll nur stattfinden, wenn die Stände dabei mitwirken.[1]) Später nennt sie einmal das Petitionsrecht eine „Art Ersatz für die Entbehrung der höchsten Befugnis des Bürgers, [d. i. des Wahlrechts])[2]) — eine Wendung, die erkennen läßt, daß sie auch den Bürgern das Wahlrecht wünscht, die es nicht besitzen. Die Aachener Ztg. kennen wir als Freundin des Repräsentativstaates; dem entsprechend wünscht sie Aufhebung der Stände, denn durch das Gefühl der gleichen Berechtigung aller wachse die Verpflichtung, zum Wohle des Ganzen beizutragen, und der Staat habe die Aufgabe, sich die größte Zahl von tüchtigen Bürgern zu schaffen.[3]) Daß die Düsseldorfer Ztg. mit den bestehenden Vertretungsverhältnissen nicht einverstanden ist, ist bei ihrer Hinneigung zu den unteren Klassen selbstverständlich. Die allgemeine Tendenz des Blattes bürgt für sein Einverständnis mit dem Krefelder Korrespondenten, der gelegentlich mit bezug auf die dortigen Liberalen vom Krefelder „Klüngel" spricht und die politische Gesinnung der Bourgeoisie angreift, die auf dem Landtage Gott weiß was alles für sich aber für keinen anderen erstritten habe.[4])

Die Rhein- und Mosel-Ztg. ist entschieden für eine Reform des geltenden Rechts. Sie macht denen, die immer das Wort „Intelligenz" im Munde geführt hätten, den Vorwurf, daß sie nicht daran gedacht hätten, die Intelligenz selbst zu emanzipieren. Sie kann nicht umhin, außer dem

---

[1]) K. Z. No. 64, 5. 3. — Vgl. S. 44.
[2]) K. Z. 1. Beil. zu No. 150, 30. 5.
[3]) A. Z. No. 80, 21. 3.
[4]) D. Z. No. 221, 11. 8. vgl. auch No. 96, 5. 4.

Gewerbetreibenden, Kaufmann und Ackerwirt, die auf dem Landtag vertreten seien, auch noch andere Potenzen anzuerkennen, „die nicht geringeren Anspruch darauf haben, ihre Erfahrungen und Überzeugungen in die Wagschale zu werfen, wo es sich um die höchsten Interessen handelt: die Vertreter der Wissenschaft, der Kirche, der Kunst, der Staatsgewalt." [1])

Selbst die Elberfelder Ztg. fehlt nicht unter den Mehrfordernden. Sie plädiert ebenfalls für eine größere Ausdehnung des Wahlrechts im Interesse der größeren Auswahl geeigneter Kräfte. Sie fordert den Vereinigten Landtag noch vor seinem Zusammentritt direkt auf, die Sache ins Auge zu fassen. [2]) Man kann diese Äußerung als einen Beweis dafür ansehen, daß die arge Beschränkung des Wahlrechts auch in solchen Kreisen unangenehm empfunden wurde, denen sonst fortschrittliche Tendenzen durchaus fern lagen.

Es ergibt sich also, daß die Aachener und die Düsseldorfer Ztg. mehr oder minder deutlich auf ein Wahlrecht nach dem staatsbürgerlichen Prinzip, also auf eine radikale Änderung, die Kölnische Zeitung, die Rhein- und Mosel-Zeitung und die Elberfelder Zeitung nur auf eine Reform des geltenden Rechts hinsteuern.

Zusammenfassend ist über die Stellung, die man am Rhein zu der Frage der bestehenden Vertretungsverhältnisse — womit die Stellung zum ständischen Prinzip zusammenhängt — einnahm, zu sagen: In den liberalen Kreisen bestand am meisten Neigung für ein Zensuswahlsystem, doch wurde von ihnen der Gedanke einer bloßen Reform, der in gemäßigten nichtliberalen Kreisen ausschließlich vertreten wurde, nicht ganz abgelehnt. Daneben gab es eine demokratische Richtung, die sich wenig bemerkbar machte, in deren Sinn die früher [3]) erwähnte Kundgebung des Trierer Gemeinderats zugunsten einer alle Volksklassen vertretenden Wahlorganisation lag. Das war ein Gedanke, bei dessen

---

[1]) R. M. Z. No. 161, 16. 7.

[2]) E. Z. No. 73, 14. 3.

[3]) S. 66.

weiterer Propagierung das noch schlummernde Interesse der breiten Volksmassen an den öffentlichen Angelegenheiten sicherlich geweckt worden wäre.

2. Kap. **Das staatsrechtliche Prinzip der Rheinländer.**

Einführung eines anderen als des damals geltenden Prinzips des Staatsrechts, d. h. Schaffung eines festen, öffentlichen Rechtszustandes im Gegensatz zu der mit der absoluten Gesetzgebungsgewalt des Königs verbundenen Möglichkeit von Schwankungen, das war wohl das bedeutsamste Ziel, welches die Rheinländer — ich denke dabei immer an die liberalen Stadt- und Landgemeinde-Abgeordneten — verfolgten. Dieses Ziel wollte man erreichen durch eine garantierte Staatsverfassung, d. h. eine Verfassung, die nur durch eine Vereinbarung zwischen Krone und Volksvertretung abgeändert werden konnte. Nach diesem Ziele strebte die ganze Opposition.[1] Es wird darauf ankommen, den besonderen Anteil der Rheinländer festzustellen.

In ihrem eifrigen Bemühen, den auf Grund der früheren Gesetze erhobenen Rechtsansprüchen möglichst viele und feste Stützen zu geben, gingen einige rheinische Redner soweit, schon für die damalige Lage der Dinge ein Vertragsverhältnis zwischen Krone und Ständen zu behaupten, auf Grund dessen die früheren Gesetze nicht ohne Einwilligung der Stände abgeändert werden könnten. So erklärte Hansemann in der Adreßdebatte: daraus, daß der Vereinigte Landtag die verheißenen Reichsstände darstelle, folge von selbst, wenigstens nach Überzeugung seiner Gesinnungsgenossen, daß ein Vertrag mit der Krone über dasjenige, was etwa abzuändern sei, künftig stattfinden werde. Damit schwinde die Wandelbarkeit der Verfassung, die ein Unglück sei für die Nation und den Thron. Auch Beckerath sprach, wenn auch nicht un-

[1]) Frhr. von Vincke z. B., der sonst keineswegs immer mit den Rheinländern harmonierte, sagte in der Debatte über die Rentenbank-Garantie: „Solange es möglich ist, daß der König aus Allerhöchster Machtvollkommenheit ein Gesetz aufhebt, welches sein in Gott ruhender Vorfahr gab und als unwiderruflich bezeichnet hat, solange vermisse ich die notwendigste Grundlage für unsere Verfassung." (Bleich, II, 633.)

zweideutig den gleichen Gedanken aus, wenn er in der Adreßdebatte meinte, wenn seitens der Krone den Ständen ein Vorschlag zur Lösung der Frage der Kriegsanleihen gemacht werden sollte, so werde er gewiß eine willige Aufnahme finden. [1]) Deutlicher betonte wieder Mevissen in der Verfassungsdebatte das schon bestehende ständische Mitbestimmungsrecht bei Verfassungsänderungen: „Soll in jenen Verheißungen [des Gesetzes vom 17. Jan. 1820], in jenem Pfand eine Änderung eintreten, sollte es sich herausstellen, daß eine Abänderung der damals gegebenen Verheißung notwendig geworden ist, so würde das doch stets nur auf gesetzlichem Wege bewirkt werden können. Der Teil würde darüber gehört werden müssen, der die Rechte empfangen hat, nicht aber ausschließlich der, der das Recht gegeben, der durch das Gegebene in eine heilsame Beschränkung seines Rechtes gewilligt hat." [2])

---

[1]) Schon i. J. 1844 hatte Beckerath in der Köln. Ztg. (No. 40 vom 9. Februar) bei einer Besprechung der letzten Landtagsabschiede den Grundsatz aufgestellt, wenn die Regierung einmal eine Verfassung verliehen — und am Rhein betrachte man die ständischen Einrichtungen als eine Verfassung — sich also eines Teiles ihrer Machtvollkommenheit entäußert habe, so müsse sie die kraft dieser Verfassung bestehenden Institutionen fortan in ihrer Sphäre als ebenso berechtigt anerkennen wie sich selbst in der ihrigen. (Vgl. Hansen I, 362/3).

[2]) Bleich II, 1142. Die Vertragstheorie wurde auch sonst in liberalen Kreisen mit Bezug auf die preußischen Verfassungsverhältnisse vertreten. Es sei an die früher (S. 55 ff.) besprochenen Schriften von Simon und Gervinus erinnert. — Meine Ansicht über die rechtliche Zulässigkeit dieses Standpunktes habe ich früher (S. 85 f.) ausgesprochen. Sie erhält eine Stütze durch einen Ausspruch des Frhrn. v. Vincke, der seine Ablehnung der Rentenbank-Garantie u. a. damit begründete, daß es ungewiß sei, ob die dem Ver. Landt. zustehende beschränkte Zustimmung ihm bei der absoluten Gesetzgebungsgewalt des Königs verbleiben werde. Er weiß also nichts von dem Bestehen eines Vertragsverhältnisses zwischen Krone und Ständen, auch nicht bei Abänderung von Verfassungsgesetzen.

Auch Camphausen sagte auf dem Landtage von 1845: „Wir alle sind einverstanden, daß . . dem König das Recht zustehe, die von einer Reichsverfassung redenden Gesetze nach vorheriger Anhörung der Provinzialstände wieder aufzuheben. . . Sie stimmen mir vielleicht auch darin bei, daß für den Fall des Königs Majestät zu dem Entschluß ge-

Auch wo man nicht soweit ging, schon den Besitz des Mitbestimmungsrechts bei Verfassungsänderungen zu behaupten, da wurde doch die Erwerbung dieses Rechtes als wünschenswert und notwendig bezeichnet. Camphausen betonte in der Verfassungsdebatte, man kämpfe darum, „daß die Teilnahme an der Regierungsgewalt, welche dem Volke durch seine gewählten Vertreter in Beziehung auf die Angelegenheiten der Gesamtheit eingeräumt werden soll, das Maß dieser Teilnahme sei groß oder klein, sie bestehe in Rat oder Zustimmung, innerhalb der von dem Gesetze gezogenen Grenzen ein einheitliches, unteilbares und selbständiges Recht sei." Die Selbständigkeit des Rechtes der Teilnahme erläutert er dahin, daß sie in bezug auf ihren Zeitpunkt nicht abhängig von dem Belieben der Regierung sei, sondern vorausbestimmt durch das Gesetz. [1]) Auch Hansemann sprach sich in der Verfassungsdebatte nochmals über den Gegenstand aus. Er billigte es, daß man von S. M. eine Proposition über zweckmäßig erscheinende Abänderung der früheren Gesetze erbitten wolle. „Es wird auf diese Weise vorbereitet, was ich so sehnlich im Interesse des Staates, im Interesse der Monarchie wünsche, daß Veränderungen von Verfassungsgesetzen nicht leicht geschehen können, daß ein Vertragen zwischen der Krone und den Ständen über Verfassungsgesetze stattfinde. [2]) Derselbe Abgeordnete hatte schon in der Adreßdebatte mit temperamentvoller Schärfe gegen die Willkür auf dem Gebiete des Rechts Stellung genommen, indem er den Ständen zurief: „Es handelt sich um einen wichtigen Moment, es handelt sich darüber, ob das lebendige Gefühl des Rechtes in Ihnen lebt, oder ob Sie nur von Vertrauen, von Gnade leben wollen!"

Daß das Bedürfnis, eine einseitige, aus der absoluten

---

langten, die reichsständische Verfassung nicht zu gewähren, die formelle Aufgabe jener Gesetze der Fortdauer des gegenwärtigen Zustandes, den ich für Ausbildung des Rechtssinnes im Volke schädlich erachte, vorzuziehen wäre." (Prot. S. 122). Die Einschränkung „nach vorheriger Anhörung der Provinzialstände" fällt sowohl nach ihrer absoluten Bedeutung als nach dem ganzen Zusammenhang nicht ins Gewicht.

[1]) Bleich II, 1273.

[2]) Bleich II, 1280.

königlichen Gesetzgebungsgewalt fließende Abänderung der geltenden verfassungsrechtlichen Bestimmungen zu verhindern, von der überwiegenden Mehrheit des Vereinigten Landtags geteilt wurde, geht aus den Verhandlungen über eine diesbezügliche Petition eines schlesischen Städteabgeordneten hervor. Dieser beantragte, den König zu bitten, die Verfassungsgesetze ohne Zustimmung der Stände nicht zu ändern. Die Ständekurie beschloß diese Petition mit mehr als zwei Dritteln ihrer Stimmen.[1]) An den König gelangte sie indes nicht, weil die Herrenkurie ihren Beitritt versagte.

* * *

In dem Hauptorgan der rheinischen Liberalen, der Köln. Ztg., finden wir in diesem Punkte ganz dieselben Anschauungen wieder, wie sie vorstehend bezüglich der Abgeordneten festgestellt worden sind. Auch hier einmal die Behauptung eines schon bestehenden Vertragsverhältnisses, das andere Mal der Wunsch, ein solches zu begründen. In einem Artikel über die zwischen der älteren und der neueren Gesetzgebung herrschenden Widersprüche erklärt die Kölnische Zeitung, sie wolle nicht jede Änderung und Minderung der ständischen Macht als Verschlechterung ansehen, aber sie wünsche auch Verbesserungen nur auf dem Wege der Vereinbarung. Diese Vereinbarung verlangt sie z. B. über die Bestimmungen betreffs der Anleihen, über die Aufgaben der Staatsschuldendeputation und die Periodizität. Wenn diese Bestimmungen geändert werden sollten, so müsse Vereinbarung stattfinden.[2]) Hier setzt sie also ein Vertragsverhältnis als bestehend voraus. An anderer Stelle dagegen, wo sie feststellt, daß dem Vereinigten Landtag nur das Recht der Beratung zustehe, gibt sie der Hoffnung Ausdruck, daß wenigstens bezüglich der Abänderung der Verfassung in kurzer Zeit ständische Zustimmung für erforderlich erklärt werde.[3]) Hier wird das einstweilige Fehlen eines Vertragsverhältnisses vorausgesetzt.

* * *

[1]) Bleich II, 1417 ff.

[2]) K. Z. No. 66, 7. 3; 76, 17. 3 u. a.

[3]) K. Z. No. 71, 12. 3.

Eine charakteristische Eigenschaft, die vor allem die Politik der Rheinländer kennzeichnet, und die mit dem vorstehend behandelten Streben, eine solide staatsrechtliche Grundlage für das Verhältnis von Krone und Ständen zu schaffen, innerlich verwandt ist, ist ihre Wertschätzung des geschriebenen Rechts. Bei verschiedenen Gelegenheiten, wo es sich um ministerielle Interpretationen von solchen Gesetzesbestimmungen handelte, die eine verschiedene Deutung zuließen, begnügte man sich auch mit den entgegenkommendsten Ministererklärungen nicht, weil ihnen die Gesetzeskraft und darum dauernde Geltung mangelte. In solchen Fällen drängte man auf eine unzweideutige gesetzliche Formulierung im Sinne der mündlichen Interpretation.

Als bei den Verhandlungen über die Ausdehnung des Petitionsrechts des Vereinigten Landtags der Minister die geltende Bestimmung in einem dem Landtage sehr günstigen Sinne interpretiert hatte, sagte Hansemann: „So dankbar wir die erwähnte Erläuterung aufgenommen haben, so läßt es sich doch nicht verkennen, daß es in dem Augenblick nicht ein Gesetz ist, was dort ausgesprochen wurde, sondern daß es nur die Ansichten des Ministeriums gewesen sind.“ [1]) Und als der Ministerpräsident in der Verfassungsdebatte eine sehr entgegenkommende Erklärung über die künftige Stellung der Provinziallandtage abgegeben hatte, meinte derselbe Abgeordnete: er würde gerne von der Bitte um eine königliche [also gesetzeskräftige] Kundgebung zu dieser Frage absehen, wenn immer derselbe Mann Minister wäre, und wenn es sich nicht um eine Sache handelte, die eine gewisse Festigkeit in ihren Bestimmungen haben müsse. [2])

Ähnliches wie von den mündlichen Gesetzesinterpretationen gilt auch von den Fällen, in denen nach der Meinung der Regierung und der Strengkonservativen das Vertrauen auf die Weisheit des Königs an Stelle des geschriebenen Rechts treten sollte. Ein Abteilungsgutachten, welches dem

---

[1]) Bleich II, 861. Graf Schwerin (Pomm Ritt.) vertrat denselben Standpunkt.

[2]) Bleich II, 1273.

Könige im Kriegsfalle das Recht, ohne ständische Einwilligung Anleihen aufzunehmen, einräumen wollte, wurde in der Debatte mit diesem Motiv befürwortet. Dem gegenüber betonte Beckerath, daß es sich hier nicht um einen Vertrauensakt gegenüber dem Könige, sondern um eine staatsrechtliche Bestimmung handle, bei welcher auf Zeiten und Personen keine Rücksicht genommen werden könne.[1])

Es ist bemerkenswert, daß auch in diesem, doch erst in zweiter Linie der Diskussion stehenden Punkte das rheinische Hauptorgan des Liberalismus gleichen Anschauungen Ausdruck verleiht, indem es schon vor Zusammentritt des Vereinigten Landtags schrieb, es fürchte das falsche Vertrauen, „welches als Surrogat fester politischer Formen auftreten und den Kampf der politischen Elemente und der ihnen entsprechenden Parteien entbehrlich machen soll.“ [2])

3. Kap. **Die Rheinländer und die innere Struktur des Staates.**

Die Rheinländer erstrebten eine vollständige Umbildung der damaligen inneren Struktur des preußischen Staates durch Zentralisation und Vereinheitlichung des Staatswesens, des Näheren durch Beseitigung aller trennenden Unterschiede in bezug auf provinzielle Herkunft, bürgerlichen Stand, politisches und religiöses Bekenntnis.

Es gab in der ganzen Opposition keine andere Gruppe, die entschiedener allen provinziellen Absonderungsbestrebungen, die ja durch die damalige Staatsverfassung begünstigt wurden, entgegentrat.[3]) Schon bei der Adreßdebatte begrüßte Beckerath die Einberufung des Vereinigten Land-

---

[1]) Bleich II. 1386.

[2]) K. Z. No. 94, 4. 4.

[3]) So urteilt auch Biedermann (a. a. O. S. 486). „Keine von allen Provinzen wetteiferte stärker in diesem Aufgeben provinzieller Eigentümlichkeiten an den Gedanken des gemeinsamen einigen Vaterlandes als die am meisten eines solchen Separatismus, einer Abwendung vom Hauptlande, wohl gar einer Hinneigung zu Frankreich verdächtige Rheinprovinz.“

tags mit den Worten: „Sie ist geöffnet, die Bahn zu einem einheitlichen politischen Entwicklungsgange; der erste Schritt, mit dem wir sie betreten, sei eine Verbrüderung der Provinzen zu einem großen, von Vaterlandsliebe getragenen Ganzen; wie meine Stimme hinüberdringt über die Scheidung, die in diesem Saal die Provinzen voneinander trennt, so mögen auch innerlich alle provinziellen Schranken fallen, hier, wo es die große Sache des Vaterlandes, wo es die Ehre und die Wohlfahrt unseres Volkes gilt!" [1]) Derselbe Abgeordnete sprach sich bei Beratung der Rentenbank-Garantie gegen den Vorschlag aus, daß diese Garantie nicht vom Staate, sondern von den einzelnen Provinzen übernommen werde, mit der Begründung: „ich bekämpfe jeden Provinzialismus, der sich der Einheit entgegenstellt." [2]) Auch Hansemann erklärte sich gegen diesen Vorschlag; die Mehrzahl der Deputierten der Rheinprovinz lege großen Wert darauf, daß man ein einiges Vaterland erhalte. [3]) Von der Heydt wies bei Beratung der Ostbahn-Vorlage den Einwand eines Mitgliedes der sächsischen Ritterschaft, er trage Bedenken gegen Bewilligung einer Summe, die nur einer Provinz zugute kommen und die Monarchie in einen zahlenden und einen empfangenden Teil scheiden würde, zurück; diese Grundsätze könnten in einer reichsständischen Versammlung keine Geltung finden und hätten zu seiner Freude nirgends Zustimmung gefunden. [4])

In besonders eklatanter Weise trat die Richtung der Rheinländer auf den Einheitsstaat im Gegensatz zu anderen Mitgliedern der Opposition, besonders zu Vincke, bei der Beratung über die königliche Proposition betr. Errichtung von Provinzialhilfskassen zutage, die am

---

[1]) Bleich II, 20. — Schon in dem erwähnten Artikel der Köln. Ztg. vom Jahre 1844 (9. 2.) hatte Beckerath der Zentralisation das Wort geredet. Die Rheinländer verkannten zwar nicht, daß sie bei einer engeren Verschmelzung mit den übrigen Provinzen vielleicht der Einheit hie und da ein Opfer zu bringen haben würden, aber sie vertrauten dem Geiste, der aus der Vereinigung und gemeinsamen Erörterung hervorgehen werde.

[2]) Bleich II, 645.

[3]) Bleich II, 638.

[4]) Bleich II, 1493.

29. April stattfand. Es handelte sich um einen Gesetzentwurf, in welchem der König einen Steuerüberschuß von 2 500 000 Talern auf die verschiedenen Provinzen zu verteilen und diesen die Verwaltung der respektiven Fonds zu übertragen beabsichtigte. In der Debatte[1]) war es zuerst Camphausen, der wünschte, die Angelegenheit möchte als eine solche des ganzen Staates behandelt worden sein. Er hielt es nicht für zweckmäßig, die Gelegenheiten zu vermehren, wo jeder Provinz etwas Besonderes zugeteilt werde. Frhr. von Vincke war dagegen mit der Proposition deshalb nicht einverstanden, weil er die Verteilung nach dem Maßstabe gewünscht hätte, wie die Summe aus den einzelnen Provinzen zusammengekommen sei. Weil er die Interessen seiner Heimatprovinz Westfalen für geschädigt hielt, machte er von einem durch die Geschäftsordnung gestatteten Mittel Gebrauch, indem er die „Sonderung in Teile", d. h. eine besondere Abstimmung der Provinz Westfalen beantragte. Nachdem zuerst der Rheinländer Aldenhoven sich gegen diese „Separation" erklärt hatte, folgte ihm Beckerath mit einer lebhaften Polemik gegen den Antrag. „Das ist gerade das Unglück Deutschlands gewesen, daß es seine Kräfte während einzelner Perioden seiner Geschichte in provinzieller Absonderung zersplittert hat, und es ist eine der größten Aufgaben, die uns vorliegen, daß wir die einheitliche Kraft des preußischen Staates immer mehr befestigen sollen."

Aus den anderen Provinzen erhielten die Rheinländer nur durch den Preußen von Auerswald Sukkurs, der die Sonderung in Teile ebenfalls bedauerte. Auf die Seite Vinckes dagegen trat sein ebenfalls zur Opposition zählender Landsmann von Bockum-Dolffs. Fürst Radziwill klagte die beiden Rheinländer an, sie hätten direkte Angriffe gegen das Prinzip der Provinzialstände gemacht. „Diese Angriffe scheinen mir von dem konstitutionellen Gesichtspunkt aus gemacht und dahin gerichtet zu sein, die Provinzialstände in Frage zu stellen." Dagegen verwahre er sich im Namen der von ihm vertretenen Provinz. Es gebe Provinzialinteressen, nicht nur materielle, sondern auch moralische, die ihm noch höher

---

[1]) Bleich II, 131 ff.

ständen als die materiellen. Beckerath erwiderte ihm, wenn provinzialständische mit Vaterlandsinteressen kollidierten, so müßten sie vor diesen zurücktreten. Gegen das Gegenteil verwahre er sich im Namen des Vaterlandes.

Dieses Vorkommnis gab Beckerath Anlaß zu einer Petition um Aufhebung des Rechtes der Sonderung in Teile, die am 21. Mai zur Beratung kam.[1]) Die schriftliche Begründung, die Beckerath der Abteilung eingereicht hatte, besagte u. a.: „Wie der Willensentschluß des Gesetzgebers nur auf die Gesamtinteressen gerichtet sein kann, so müssen auch in der Institution, welche zum Beirat berufen ist, in der allgemeinen Landesvertretung, alle divergierenden Sonderinteressen durch gegenseitige Durchdringung sich zu einer Einheit vermitteln. Solange der Krone einerseits und jedem Stande, jeder Provinz andererseits vorbehalten bleibt, eine Sonderung in Teile herbeizuführen, solange ist diese Institution der Gefahr ausgesetzt, statt des Gesamtinteresses Partikularinteressen zu vertreten, das Nationalgefühl zu schwächen statt zu stärken, die Staatskraft zu zersplittern statt zu sammeln, und somit die Zwecke, zu welchen sie bestimmt ist, nicht nur nicht zu fördern, sondern denselben geradezu entgegenzuwirken." Der Antrag fand in der Debatte die Zustimmung nur eines einzigen Abgeordneten aus Posen. Die Preußen schwiegen, und die übrigen lehnten ihn ab. So fand der Antrag bei der — nicht namentlichen — Abstimmung auch keine Majorität.

Auch in zwei, nicht zur öffenltichen Verhandlung gekommenen Anträgen rheinischer Abgeordneter wird Stellung genommen gegen den provinziellen Partikularismus. Schon am 27. April sprach der Abg. Hansemann in einem Sammelantrag auf „einige Veränderungen der Verordnung vom 3. Febr. 1847 die Bildung des Verein. Landtags betreffend"[2]) den Wunsch aus, daß der Paragraph, der die Sonderung in Teile vorsah, aufgehoben werde, weil diese Zersplitterung das Wesen der allgemeinen Stände-Versammlung alteriere, sie

---

[1]) Bleich II, **942** ff.

[2]) Geh. St. A. (Min. d. Inn.) Rep. 77. Tit. 496. Vol. III, No. 11. — Wortlaut s. Anhang III.

schwäche und deshalb verhindere, dem Throne eine starke Stütze zu sein. Direkt gegen die provinzialständischen Institutionen sprach sich der Abg. Hüffer in seinem oben erwähnten Antrag aus, wo er einen Rückblick auf die Neueinrichtung der ständischen Institutionen in den einzelnen preußischen Provinzen warf und diese provinzielle Absonderung als eine Lähmung der Kraft des Staates tadelte.

Aus all diesen Zeugnissen kann geschlossen werden, daß eine große Majorität unter den Rheinländern gegen jeden provinziellen Partikularismus war. Daß Einmütigkeit in dieser Frage auch unter den Vertretern des dritten und vierten Standes bestanden habe, möchte ich nicht behaupten. Es sei an das Auftreten des Abg. Brust bei der Beratung der Rentenbanken-Vorlage erinnert. (S. 98 f.) Eine ähnliche partikularistische Neigung verriet derselbe Abgeordnete in einem Antrage, in welchem er eine vollständigere Übersicht über den Etat wünschte, als sie dem Landtage zur Information vorgelegt war. Er führte darin aus, es sei angemessen, „sowohl Einnahme als Ausgabe nach den verschiedenen Branchen der Ministerien geordnet und soviel tunlich provinzenweise und detailliert aufzustellen, damit daraus für die Eingesessenen die Überzeugung geschöpft werden könne, wie die Steuern im ganzen Staate gleich verteilt sind“ usw.[1]) Im Plenum kam auch dieser Antrag nicht zur Sprache.

* * *

Das Zentralisationsstreben der Rheinländer hatte seine Wurzel in der Idee vom allgemeinen Staatsbürgertum, wie sie erstmalig in der französischen Revolution verwirklicht worden war, und in dem seit den Revolutionskriegen in Deutschland lebendigen Nationalbewußtsein. Der Hauptvorteil des zentralisierten Staates besteht darin, daß das Bewußtsein der Zusammengehörigkeit bei allen Staatsbürgern gefestigt, auseinander strebenden Tendenzen ein Riegel vorgeschoben und dadurch die Kraft des Staates gestärkt wird. Ein großer Nachteil aber besteht, wenigstens in Zeiten, wo große Gegensätze die Völker beherrschen und die Staatsmacht sich auch

---

[1]) Geh. St. A. Rep. 77, Tit. 497. Vol. III, No. 11.

extensiv, durch Einbeziehung immer weiterer Aufgaben in ihren Wirkungskreis, entwickelt, darin, daß Unbilligkeiten und Härten, ja sogar Vergewaltigungen der Minorität nicht ausgeschlossen sind. Was insbesondere den preußischen Staat der 40er Jahre anlangt, so waren es erst wenige Jahrzehnte her, daß er der östlichen Hauptmasse seiner Länder im Westen Gebiete mit einer nach geschichtlicher Vergangenheit, Religion und Sitte grundverschiedenen Bevölkerung angegliedert hatte. Eine unvermittelte, vollständige Vereinheitlichung aller Staatseinrichtungen in diesen so verschiedenen Landesteilen war vom Übel, mochte sie nun im Anschluß an die Zustände des Westens oder des Ostens erfolgen. Man kann aus diesen Gründen den Zentralisationstendenzen der rheinischen Liberalen nicht in jeder Beziehung zustimmen.

* * *

In der Ablehnung jedes provinziellen Eigenlebens stand die Provinz keineswegs geschlossen hinter den Wortführern auf dem Vereinigten Landtag. Auf dem Landtage selbst kam die entgegengesetzte Anschauung infolge der überhaupt zu beobachtenden Zurückhaltung des früher stärker hervorgetretenen, partikularistisch gesinnten Teils der rheinischen Ritterschaft nicht zur Geltung. Aber in der Bevölkerung selbst herrschten, wie früher schon festgestellt wurde,[1] in diesem Punkt verschiedene Ansichten, und der größte Teil der Rheinländer hat hier sicher nicht hinter dem führenden Organ der Provinz gestanden. Die Kölnische Zeitung haben wir schon früher als Gegnerin des Provinzialismus kennen gelernt, als sie bei Besprechung des Februarpatents die Sonderung in Teile ablehnte. Ebenso bekannte sich die Aachener Zeitung wiederholt und lebhaft als Freundin der Zentralisation, indem sie diese als Wirkung der neuen ständischen Gesetzgebung erhoffte und damit die Verwandlung des provinziellen in einen wirklichen Staat. Von der provinziellen Gliederung dagegen befürchtet sie ein gelegentliches Zurückziehen auf den heiligen Berg und eine Schwächung der Zentralkraft.[2] Die Elberfelder Zeitung teilt

---

[1]) Siehe S. 31.

[2]) A. Z. No. 80, 22. 3; 98, 8. 4; 100, 10. 4.

in dieser Frage den Standpunkt der rheinischen Liberalen. Sie freut sich über die bei Beratung des Provinzialhilfskassengesetzes zutage getretene Überzeugung von der Einheit des Staates und über die Ablehnungg der itio in partes. [1]) Auch sonst bekennt sie sich wiederholt zum Einheitsstaat. [2]) Einmal veröffentlicht sie eine Zuschrift vom Niederrhein „gegen das Großtun mit dem Rheinländertum, gegen das Pochen auf die rheinischen Institutionen." Man solle sich als Bürger eines Staates achten. Die Einheit des preußischen und deutschen Vaterlandes müsse das Ziel sein. [3])

Die Rhein- und Mosel-Zeitung dagegen, in diesem Falle sicher das Organ weiter Kreise, schreibt — nach dem 1. Juni [4]) — sie bedaure in einer wichtigen Beziehung „die Tendenzen der rheinischen Koryphäen", besonders der Herren von Beckerath, Hansemann, Camphausen und Mevissen als falsch, verderblich und destruktiv bezeichnen zu müssen. „Es ist das modern-konstitutionelle Trachten nach dem Prinzip der äußeren Staatseinheit, jenes Zentralisations- und Nivellierungssystem, welches durch Vernichtung aller provinziellen Selbständigkeit und Eigentümlichkeit ein einziges, großes Vaterland aufzubauen vermeint — als ob die Staatsidee mit dem Geist einer kräftigen Kommunal- und Provinzialverfassung unverträglich wäre." „Die Rheinländer können und werden ihr rheinisches Wesen nimmer aufgeben wollen und dennoch die Staatsidee in sich tragen und fördern." [5])

Der Unterschied zwischen der Auffassung der rheinischen Abgeordneten und derjenigen, die im rheinischen Volke vorwog, war der, daß erstere die Vereinheitlichung des Staates um jeden Preis, wenn auch in der unausgesprochenen Annahme, daß sie keinen freiheitsfeindlichen Charakter trage, wünschten, während das Volk in seiner Mehrzahl zu einer Vereinheitlichung kein Vertrauen hatte, solange es sich dieselbe, auf Grund der bisherigen Erfahrungen, nur in Ver-

---

[1]) E. Z. No. 127, 9. 5, Beilage.
[2]) E. Z. No. 50, 19. 2; 73, 14. 3, Beil.; Beil. zu 197, 19. 7.
[3]) E. Z. No. 214, 5. 8.
[4]) Siehe S. 62 f.
[5]) R. M. Z. No. 128, 6. 6.

bindung mit der Einimpfung eines ihm fremden Geistes denken konnte. Man kann sagen, daß in der Frage der staatlichen Zentralisation wohl die Mehrheit der rheinischen, auch der nichtliberalen Presse hinter den liberalen Deputierten in Berlin stand, aber nicht die Mehrheit der Bevölkerung.

* * *

Die Auffassung der liberalen Rheinländer von der Stellung der Bürger in und zum Staate trat auf dem Vereinigten Landtage bei mehreren Anlässen hervor.

Wie schon bemerkt worden ist, wurde das Prinzip der politisch-ständischen Gruppierung auf dem Vereinigten Landtag nicht angegriffen. Dagegen traten sie bei der Beratung des sog. Bescholtenheitsgesetzes,[1]) welches feste Normen für den Ausschluß aus ständischen Versammlungen infolge von Bescholtenheit schaffen sollte, der Aufrichtung einer Schranke zwischen den bürgerlichen Ständen entgegen. Die Beratungen über dieses Gesetz sind auch deshalb bemerkenswert, weil auch hier wieder, wie in der Frage der Zentralisation, eine Differenz unter den Mitgliedern der Opposition hervortrat. Der Streit drehte sich hauptsächlich um die militärischen Ehrengerichte. Das Gesetz wollte ihrem verurteilenden Erkenntnis auch die Wirkung des Ausschlusses aus ständischen Versammlungen verleihen, weil durch ein solches Erkenntnis die Bescholtenheit begründet werde. Gegen diesen Einfluß des militärischen Ehrbegriffs auf das politische Leben nahmen die Rheinländer entschieden Stellung. Sie verkündeten den Grundsatz: Keine Standesehre, sondern nur eine allgemeine Ehre. Besonders war es Mevissen, der in dieser Debatte mit seiner besten Rede hervortrat. Auch die preußischen Deputierten stellten sich auf diesen Standpunkt. Anders dagegen die Abgeordneten Vincke und Schwerin. Letzterer erklärte: „Wer nicht für fähig erachtet wird, die Waffen, des Königs Rock zu tragen, der kann auch nicht mehr für politisch unbescholten, für fähig gehalten werden, die ständischen Rechte

[1]) **Bleich II. 196–230, 234–266, 282–302, 321–348.**

auszuüben." Die Rheinländer gingen mit ihrem Prinzip insofern noch weiter als die Preußen, als sie als letzte Instanz für die Beurteilung der Bescholtenheit nicht wie jene die Standesgenossen des in Frage kommenden Abgeordneten, sondern die ganze ständische Versammlung anerkennen wollten.

Die Beratung des Bescholtenheitsgesetzes gab den Rheinländern auch Gelegenheit, für Gleichberechtigung aller politischen Richtungen einzutreten. Obwohl sie im allgemeinen mit der Bestimmung einverstanden waren, daß ein vom Kriminalgericht zum Verlust der Ehrenrechte und zur Unfähigkeit zur Bekleidung öffentlicher Ämter Verurteilter nicht Mitglied einer ständischen Versammlung sein könne, wollten sie doch einen unbedingten Verlust der Unbescholtenheit infolge einer solchen Verurteilung nicht festgesetzt wissen; sie dachten dabei, wie Mevissen in seiner Rede ausführte, an solche Fälle, wo jemand seiner Ehre verlustig erklärt werde und doch die Bescholtenheit in den Augen des Volkes nicht begründet werde, z. B. bei politischen Verbrechen. In diesem Sinne stellte Camphausen sein Amendement, daß die politischen Verbrecher von dieser Bestimmung überhaupt nicht betroffen würden. Das Verlangen der rheinischen Liberalen barg eine indirekte Kritik an dem System der Bestrafung wegen Betätigung mißliebiger politischer Gesinnungen und ein Eintreten für Gleichberechtigung aller politischen Richtungen in sich. Sie wurden in der Debatte von einem preußischen ritterschaftlichen Deputierten unterstützt, aber der Antrag Camphausen wurde abgelehnt.

Das Urteil über die Haltung der Rheinländer in dieser Frage wird nicht wesentlich beeinflußt durch die Tatsache, daß sie hier formell für einen allgemeinen Grundsatz, materiell aber pro domo, für den Schutz der liberalen Gesinnung sprachen.

Von den rheinischen Preßorganen äußert sich eingehend nur die Kölnische Zeitung zu den in Sachen des Bescholtenheitsgesetzes von den rheinischen Liberalen vertretenen Grundsätzen. Diese Grundsätze: Gleichstellung der bürgerlichen Stände und Gleichberechtigung der politischen Richtungen, werden von ihr geteilt. Sie erklärt, wenn nicht den bürgerlichen Gerichten, so müsse doch wenigstens den militärischen Ehrengerichten das definitive Urteil über die Ausschließung aus den ständischen Versammlungen entzogen bleiben. Das Amendement Camphausen bezüglich der politischen Verbrecher billigt sie. Ihre Verurteilung ziehe nicht in jedem Falle die Bescholtenheit und den Verlust der öffentlichen Achtung nach sich. Politische Verbrechen könnten bedauerliche Zeichen krankhafter Staatszustände sein. [1])

Auch die Rhein- und Mosel-Zeitung ist nicht damit einverstanden, daß ein Urteil des militärischen Ehrengerichts den Ausschluß vom Landtag bewirken solle. [2])

* * *

Bedeutsam für das Charakterbild des Vereinigten Landtags im allgemeinen und der Rheinländer im besonderen waren die Debatten, die an das Thema anknüpften: Politische Rechte und religiöses Bekenntnis. Zweimal erörterte der Landtag diesen Gegenstand, zunächst bei Beratung der Petition des preußischen Abgeordneten von Saucken: Die Ausübung politischer Rechte nicht vom religiösen Bekenntnis abhängig zu machen. Die den Antrag vorberatende Abteilung wollte nicht so weit gehen, sondern schlug vor, die ständischen Rechte nur den geduldeten christlichen Religionsgemeinschaften, den Dissidenten, zu verleihen. Der Antrag Saucken wäre im Plenum der Ständekurie nicht zur Beratung gekommen, wenn er nicht von Beckerath, der selbst als Mennonit einer nicht stattlich anerkannten Religionsgemeinschaft angehörte, von neuem gestellt worden wäre und die nötige Unterstützung gefunden hätte. In der Debatte [3]) sprachen sich weitaus die meisten Redner für völlige politische Gleichberechtigung aller religiösen Bekenntnisse aus. Wortführer der Rheinländer war Beckerath. Die Gegner der völligen politischen Gleichberechtigung hatten ihre Ablehnung mit dem Wesen des „christlichen Staates" begrün-

---

[1]) K. Z. No. 128, 8. 5.

[2]) R. M. Z. No. 101, 4. 5.

[3]) Bleich II, 863—892.

det, der nur christliche Ständemitglieder dulde und daher „die Gemeinschaft mit einer der christlichen Kirchen" fordere. Gegen diesen Begriff nun richtete Beckerath vor allem seine Angriffe. Die Argumente, mit denen er operierte, sind auch um deswillen bedeutsam, weil sie seine und seiner Freunde Stellung zum Christentum illustrieren und die Aufnahme erklären, die ihre Politik auf dem Vereinigten Landtag bei den rheinischen Katholiken fand. Einige charakteristische Stellen aus seiner Rede seien hier angeführt: „Unserer Zeit erst ist es vergönnt, das Christentum über die Konfession hinaus in seiner geistigen, alles durchdringenden Wesenheit zu erfassen." Er will den „christlichen Staat" nicht auf die äußere Erscheinung, auf das formelle Bekenntnis, sondern auf den Geist des Christentums gründen. Diesen Geist definiert er also: „Der Geist des Christentums ist kein anderer als der Geist der reinen Menschheit, der Geist der Liebe, der Geist der Freiheit." Der Minister charakterisierte Beckeraths Ausführungen dahin, er habe die Humanität als das Höchste hingestellt, und machte darauf aufmerksam, daß die Zeit des religiösen Indifferentismus aufgehört habe.

Die Stellung der Rheinländer zu dieser Frage trat noch deutlicher zutage bei der Beratung über die königliche Proposition betr. die Verhältnisse der Juden, „die das milde Gesetz von 1812, das bisher nur in den alten Provinzen bestand, von den übrigen Landtagen aber als allzu liberal zurückgewiesen worden war, mit einigen Abänderungen in dem gesamten Staatsgebiet einführen" sollte.[1]) Das Gesetz sprach demzufolge die „Emanzipation" der Juden von den bisherigen Ausnahmebestimmungen unter gewissen Einschränkungen aus. Diese Beschränkungen bestanden: 1. in der Verpflichtung der Juden zur Bildung besonderer Judenschaften, die auch politische Aufgaben erfüllen sollten, indem sie bei den Gemeindewahlen einen besonderen Wahlkörper bildeten (§ 15); 2. in dem Ausschluß der Juden von der Bekleidung derjenigen öffentlichen Ämter, mit denen

---

[1]) Treitschke V, 629.

eine „obrigkeitliche Gewalt“ [1]) verbunden war (§ 35); 3. in der Beschränkung auf Professorenstellen in mathematischen, naturwissenschaftlichen und medizinischen Fächern (§ 35); 4. in dem Ausschluß von ständischen Rechten, und 5. in dem Ausschluß von der Gerichtsbarkeit und dem Patronatsrecht (§ 36). [2])

Diese Ausnahmebestimmungen begegneten bei der Mehrheit des Vereinigten Landtags entschiedener Gegnerschaft. Die meisten Redner sprachen sich für völlige Emanzipation der Juden aus. Beckerath brachte einen Antrag in diesem Sinne ein. In der Debatte [3]) setzten sich die Führer des rheinischen Liberalismus mit größtem Eifer für völlige Gleichstellung der Juden mit den Christen ein. Auch jetzt spielte wieder der Begriff des „christlichen Staates“ die Hauptrolle. Minister Bodelschwingh begründete die vorgesehenen Beschränkungen mit dem Prinzip, „daß der preußische Staat ein christlicher sein und bleiben wolle und daß es demnach bedenklich erscheine, nichtchristlichen Bewohnern die politischen Rechte zu geben und ihnen obrigkeitliche Funktionen anzuvertrauen.“

Beckerath sprach für die Emanzipation im Interesse der Erhebung der Juden zu einer höheren Gesittung durch Anschluß an das Ganze und wegen ihrer Verdienste im Befreiungskriege. Er zitierte auch die „Stimme des Landes“, die sich gegen einen letzten Versuch erhebe, „mit welchem der enge mittelalterliche Geist noch einmal gegen die freiere, wahrhaft christliche Weltanschauung hervorzutreten“ wage. Camphausen beschäftigte sich in seiner Rede hauptsächlich mit dem „christlichen Staat“. Das Christentum, so sagte er, müsse sein eigenes Reich haben, so wie der Staat seinen

---

[1]) Nach einem früheren Ministerial-Reskript war darunter jedes richterliche und polizeiliche und jedes mit einer exekutiven Gewalt versehene Amt zu verstehen.

[2]) Die Vorlage rief naturgemäß besonders unter den Juden lebhafte Bewegungen und Bestrebungen hervor. Auch die Kölner Juden veranstalteten Zusammenkünfte, und einer aus ihrer Mitte, der Bankier Oppenheim, reiste in ihrem Auftrage nach Berlin und entfaltete in Abgeordnetenkreisen eine lebhafte Tätigkeit im Sinne der jüdischen Interessen.

[3]) Bleich II, 1706—1970.

eigenen Bereich habe. In der Bezeichnung „christlicher Staat“ liege ein Widerspruch mit dem Begriff des Staates an sich. „Nach meinem Dafürhalten ist der Begriff des christlichen Staates weniger im Kreise praktischer Staatsmänner, veranlaßt durch wirkliche Erfahrungen und Bedürfnisse, entstanden, als ich darin eine, vielleicht mit äußeren Ursachen zusammenhängende Entdeckung unserer neuen Staatsphilosophie erkenne.“ Weiter weist er auf den Jahrhunderte langen Kampf hin, das Rechtsgebiet des Staates von dem der Kirche zu trennen, und darauf, daß der Begriff der Staatsreligion immer mehr eingeschränkt werde. Richtig urteilte er, soweit der preußische Staat wirklich unter die Kategorie des christlichen Staates falle, könne diese Kategorie es nicht hindern, den Juden politische Rechte einzuräumen.

Mevissen verlangt die Judenemanzipation um der Christen willen, „damit wir Christen befreit werden von der Schuld, die die Vergangenheit auf uns übertragen.“ Die Ursache der Absonderung der Juden findet er nicht, wie der Staatsminister Thile, im mosaischen Gesetz, das die Juden auch national abschließe, sondern in dem unnatürlichen und widerrechtlichen Zwang, der Jahrhundertelang auf diesem Volke gelastet hat. Dann mit Bezug auf die zersetzende Kritik der Juden in Literatur und Presse die charakteristische Äußerung: „Wer könnte heute unter uns behaupten, daß er von diesem notwendigen Ausfluß des von bitterm Haß gewürzten jüdischen Geistes unberührt geblieben sei, daß er nichts von diesem Geiste des Spottes und der Verwirrung in sich aufgenommen habe.“ Die von dem Gesetz angeordnete Absonderung der Juden lehnt er ab. „Wir alle haben ein Interesse daran, daß die nationale Einheit in unserem Vaterlande eine vollkommene werde, daß alle Trennung und Sonderung schwinde.“ Das sei nur möglich, wenn alle gleiche Rechte und gleiche Pflichten hätten. „Wir müssen von dem Juden verlangen, daß er deutsch, preußisch werde.“ Er schloß: „Lassen Sie uns dartun durch unser Votum, daß in unserer Nation die Bildung hoch genug gestiegen ist, um den christlichen Geist in höherer Weise zu begreifen, als zu jener Zeit, wo er in konfessioneller Starrheit feindlich sich gegen Andersgläubige stemmte.“

Aldenhoven warf der Regierung vor, sie stehe mit ihrer Auffassungsweise bezüglich des christlichen Staates nicht im Einklang mit dem Zeitgeiste. Auch die Abgeordneten Hansemann und Mohr verlangten völlige Emanzipation.[1])

Von den rheinischen Rittern sprach Diergardt für die Emanzipation, von Mylius gegen sie, nicht wegen des religiösen, sondern wegen des nationalen Moments. Die Aufnahme der Juden, die dem Staate grundsätzlich widerstrebten, in den Staat, sei desselben nicht würdig.[2])

In der Spezialdebatte wollte von der Heydt auch von einer gesetzlichen Bestimmung über die Judenschaft als Kultverein nichts wissen. Er fand es bedenklich, daß eine Ständeversammlung sich in innere Kultusangelegenheiten der Juden mische. Das könne auch zu Eingriffen in die inneren Angelegenheiten der übrigen Kirchen führen.[3])

In der Abstimmung wurde die Einrichtung von Judenschaften als politische Korporationen fast einstimmig abgelehnt. Starke Minoritäten sprachen sich gegen Zulassung der Juden zu allen Staats- und akademischen Ämtern aus. Von den rheinischen Rittern stimmten 9 dafür, 8 dagegen; von den Städtevertretern 22 dafür, 1 (Conze) dagegen, von den Landgemeindevertretern 18 dafür, 2 dagegen.[4]) Die Standschaftsrechte wollten 219 Stimmen den Juden geben, 220 lehnten es ab; von den rheinischen Rittern waren 5 dafür, 10 dagegen, von den Städten 22 dafür, 2 dagegen, von den Landgemeinden 18 dafür, 3 dagegen.[4]) Die vollständige Emanzipation im Sinne des Antrags Beckerath verlangten 186

---

[1]) In der Debatte entwickelte sich ein Duell zwischen Beckerath und Bismarck. Letzterer hatte sich frank und frei zum „christlichen Staat", zu dem „engen mittelalterlichen Geist" bekannt, von dem Beckerath gesprochen hatte. Beckerath replizierte darauf: „Es ist mir sehr interessant gewesen, den engen mittelalterlichen Geist, dessen ich gestern gedachte, heute leibhaftig unter uns erscheinen zu sehen."

[2]) Zur Beurteilung der Judendebatte vgl. Treitschke, a. a. O. V, 631.

[3]) Bei dieser Bemerkung dachte er an die Reibungen, die die zwangsweise Einführung der Union in den preußischen Landeskirchen besonders auch in Elberfeld hervorgerufen hatte. (Vgl. v. d. Heydt's Schreiben an den König, bei Bergengrün, S. 94 ff.)

[4]) Siehe die Abstimmungstabelle.

Abgeordnete, 220 waren dagegen; von den Rheinländern 8 Ritter dafür, 11 dagegen, 21 Städtevertreter dafür, keiner dagegen, 17 Landgemeindevertreter dafür, 3 dagegen.

Die Abstimmungsziffern [1]) zeigen, daß auch in dieser Frage die Rheinprovinz sich am Geschlossensten im Sinne völliger Emanzipation ausgesprochen hat. In allen Provinzen, die sonst das stärkste Kontingent zur Opposition stellten — Preußen, Posen, Schlesien — zeigte sich besonders bei den Landgemeinden, aber auch in den Städten, eine Absplitterung. Auch in der Rheinprovinz tritt sie in etwa hervor, jedoch am wenigsten von allen Provinzen.

Die Stellung der liberalen Rheinländer zur Judenfrage war geboten durch ihre Staatsauffassung bezw. das von ihnen vertretene allgemein-staatsbürgerliche Prinzip. Sie erhielt aber noch ein besonderes Gepräge durch die von ihnen in der Debatte vertretenen religiösen und kirchenpolitischen Anschauungen. Graf Schwerin bemerkte in seiner Rede mit Recht, die Forderung der Juden-Emanzipation könne ein Zeichen des religiösen Indifferentismus sein, aber sie müsse es nicht sein. Ebenso mußte sie nicht mit einer Ablehnung der Idee des „christlichen Staates“ verbunden sein. Diese kann bestehen ohne politische Privilegierung der sich zu einer der christlichen Religionsgemeinschaften bekennenden Bürger. Die Führer des rheinischen Liberalismus, die in dieser Debatte das Wort nahmen, ließen deutlich erkennen, daß bei ihnen der mögliche Indifferentismus Wirklichkeit wurde und daß sie den „christlichen Staat“ nicht nur in der Deutung des Ministerpräsidenten ablehnten. Besonders in Mevissens und Beckeraths Reden verbindet sich der Indifferentismus mit geringschätzigem Absprechen über die Vergangenheit und mit Abneigung gegen das historische Christentum. (Mevissens religiöse Anschauungen finden noch eine Illustration durch seine Nebeneinanderstellung von „Sokrates, Christus und Hus“ in der Bescholtenheitsdebatte. Vgl. auch die Ausführungen Hansens in seiner Mevissen-Biographie S. 75—79.) [2])

---

[1]) Siehe die Abstimmungstabelle.

[2]) Über die Motive, die bei der Forderung der Juden-Emanzipation wirksam waren, schreibt Treitschke (V, **631**): „Auch die Kirchenfeind-

Nach diesen Feststellungen wird man auch das Echo verstehen können, welches die Judendebatte im Rheinlande fand. Sie liefern auch einen Beitrag zu der Entwicklung des Verhältnisses von Liberalismus und Katholizismus, wie sie schon im folgenden Jahre in die Erscheinung trat.

Übrigens teilten nicht alle rheinischen Abgeordneten, die für eine Emanzipation stimmten, die Anschauungen, aus denen das Votum der Führer mit hervorgegangen war. Das wird durch eine spätere Mitteilung der Rhein- und Mosel-Zeitung bestätigt, sie sei von zurückgekehrten Abgeordneten ermächtigt, öffentlich zu erklären, daß viele Abgeordnete der Städte und Landgemeinden, namentlich des Rheinlandes, wenngleich sie für Juden-Emanzipation gestimmt, doch den Geist, aus dem viele andere Abgeordnete (unter diesen namentlich auch der Abgeordnete von Dülken) diese Emanzipation besprachen und betrieben, mit wahrer Entrüstung stets getadelt hätten. Sie hätten sich bei ihrem Votum durch moderne Staatstheorien bestimmen lassen. Es scheine ihnen am besten, wenn Staat und Kirche sich trennten und beide ihre eigenen Wege gingen. [1])

Die öffentliche Meinung am Rhein war in der Frage in zwei Hauptlager gespalten. In der Presse standen sich die liberalen Organe samt der Trierer Zeitung und die katholische Rhein- und Mosel-Zeitung gegenüber. Zwischen ersteren und den liberalen Abgeordneten besteht vollständige Ideengemeinschaft. Sie wollen Trennung des Glaubens von der politischen Berechtigung. Kölnische Zeitung und Trierer Zeitung äußern sich befriedigt zu den Zielen der Liberalen in der Dissidentendebatte und zu dem Ergebnis der letzteren. [2]) Sie plädieren dann, ebenso wie die Aachener Zeitung, für volle Juden-Emanzipation, lehnen also die Absonderung der Juden zu Judenschaften, Beschränkung der Zulassung zu

---

schaft der radikalen Dichter und Philosophen kam den Wünschen der Juden entgegen. Geringschätzung aller religiösen Gefühle galt schon für das Kennzeichen starker Geister . . . ."

[1]) R. M. Z. No. 155, 9. 7.

[2]) K. Z. No. 157, 6. 6, 1. Beil., T. Z. No. 168, 17. 6.

Staatsämtern und zu ständischen Würden ab.[1]) Ebenso verwerfen sie die Idee des „christlichen Staates". Bei den liberalen Preßorganen sprechen bei dieser Verwerfung ähnliche Motive mit wie bei den Abgeordneten.[2])

Anderen Ansichten huldigt die Rhein- und Mosel-Zeitung. Sie ist Gegnerin einer vollständigen Emanzipation. Sie will sich über jeden gerechten und billigen Schutz, den man den Juden gewähre, freuen, „aber dabei sind wir weit davon entfernt, zu wünschen, daß die Juden als solche zu gleichen Rechten und zu gleicher Wirksamkeit mit den Christen in das Staatsleben unserer christlichen Welt aufgenommen würden." Den Hauptgrund für das hitzige Interesse an der Emanzipation des Judentums findet sie bei den meisten Rednern in der Gleichgültigkeit oder gar der frivolen Öde des Herzens gegen das Christentum.[3]) Am Rhein empfinde man es besonders schmerzlich, daß die Abgeordneten der Städte und Landgemeinden des Rheinlandes einer solchen Gesinnung nicht nur nicht entgegengetreten seien, sondern an denselben tätigen Anteil genommen hätten. Sie selbst bekennt sich dem gegenüber zum „christlichen Staat". Sie erinnert an des Königs Wort: „Ich und mein Haus, wir wollen dem Herrn dienen."[4])

Eine etwas unklare Stellung nimmt die Elberfelder Ztg. ein, die im wesentlichen den Regierungsentwurf zu billigen scheint. Doch will sie die Juden von ständischen Rechten nicht ausgeschlossen sehen; ebensowenig ist sie aber mit einer völligen Gleichstellung mit den Christen einverstanden; den „christlichen Staat" verteidigt sie.[5]) Das rheinische Volk teilte in seiner Mehrheit nicht die Anschauungen der liberalen De-

---

[1]) K. Z. No. 182, 1. 7; – A. Z. 119, 29. 4; 152, 1. 6; 187, 6. 7; – T. Z. No. 142, 22. 5.

[2]) Eine nähere Ausführung ist hier nicht möglich. Licht auf diesen Gegenstand wirft eine Kontroverse, die im Oktober 1847 zwischen der Kölnischen Zeitung und der Rhein- und Mosel-Zeitung spielte. (K. Z. No. 283, 295, 300 (aus Elbing), 301; R. M. Z. No. 243, 247, 248, 251, 256. – Vgl. auch T. Z. No. 107, 17. 4; 108, 18. 4; 168, 7. 6.)

[3]) R. M. Z. No. 144, 25. 6.

[4]) R. M. Z. No. 180, 18. 8.

[5]) E. Z. No. 184, 6. 7.

putierten in dieser Frage, nicht nur was die Beweggründe, sondern auch was die konkreten Forderungen anbelangt. Symptomatisch ist schon, daß gerade in dieser Frage eine Absplitterung bei den sonst so einmütig stimmenden bürgerlichen Abgeordneten eintrat. Wenn die Allg. Ztg. in ihrer Kölner Korrespondenz hervorhebt, daß die öffentliche Meinung, die Volksstimmung, durchaus nicht einhellig für die Judenemanzipation sei, so ist das ein unverdächtiges Zeugnis, denn sie selbst wünscht die Judenemanzipation und hofft, daß die rheinische Presse nicht Ausdruck, sondern Führerin der öffentlichen Meinung sein werde. [1]) Man darf annehmen, daß die Ansichten der Mehrheit der Rheinländer sich etwa in der Richtung der von der Rhein- und Mosel-Ztg. geäußerten Anschauungen bewegt haben.

4. Kap. **Das Streben der Rheinländer nach Erhöhung der ständischen Macht.**

Im Grunde genommen ist das Streben nach Erhöhung der ständischen Macht das Leitmotiv für die ganze Tätigkeit der rheinischen Opposition auf dem Vereinigten Landtag.

Eine Äußerung dieses Strebens ist zunächst der ganze „Kampf um den Rechtsboden". Einzige tatsächliche Grundlage für die Wirksamkeit des Vereinigten Landtages war und blieb ja — was auch von der Opposition nicht bestritten, von den Regierungsvertretern immer scharf betont wurde — das Patent vom 3. Februar 1847. Wohl behauptete die Opposition, einen rechtlichen Anspruch auf die in den früheren Gesetzen enthaltenen Befugnisse zu haben, aber ein Recht auf sofortige Ausübung dieser Befugnisse schrieb sie sich nicht zu. Die Inanspruchnahme weiterer, über das Februarpatent hinausgehender Rechte hat also den Charakter des Strebens nach Machterweiterung, und der Anteil der Rheinländer wird bestimmt durch ihren Anteil an diesem Kampfe.

Ferner gehört hierher die früher unter einem anderen Gesichtspunkte behandelte, auf Schaffung eines durch eine Verfassung garantierten öffentlichen Rechtszustandes abzielende

[1]) Allg. Ztg. No. 128, 8. 5.

Tätigkeit der Rheinländer. Dieses Verfassungsgesetz, so war es ihr Wunsch wie der der übrigen Opposition, sollte dadurch eine Garantie gegen willkürliche Abänderung werden, daß letztere nur mit ständischer Zustimmung geschehen konnte. Die Stände sollten also zum gesetzgebenden Faktor werden und damit das höchste Recht erlangen, das eine parlamentarische Körperschaft überhaupt besitzen kann.

Abgesehen von diesen beiden, früher behandelten Punkten bewegten sich die Bemühungen der Rheinländer, die ständischen Befugnisse zu erweitern, in drei Richtungen. Sie erstrebten: 1. Autonomie des Landtags bei Regelung seiner eigenen Geschäfte; 2. Ausdehnung des Petitionsrechts; 3. Einfluß auf den Etat.

ad 1. Die Geschäftsordnung war dem Vereinigten Landtag durch königliche Verordnung gegeben worden. Sie wurde gekennzeichnet durch die fast absolute Gewalt des Marschalls in der Leitung der Verhandlungen. Der Marschall selbst wurde vom König ernannt. Die zahlreichen Abänderungsanträge, die das Ziel verfolgten, dem Vereinigten Landtage den Charakter eines in seinen inneren Angelegenheiten autonomen Parlaments zu geben, gingen zu neun Zehnteln von den Rheinländern Hansemann und Aldenhoven aus, wie denn die ganze Angelegenheit überhaupt durch diese beiden Deputierten in Fluß gebracht worden war. Hansemann hatte schon in der zweiten Sitzung des Landtags die Einsetzung einer Abteilung beantragt zu dem Zwecke, „die Geschäftsordnung zu prüfen und über die darin wünschenswerten Änderungen Bericht zu erstatten." Beckerath und Hansemann sprachen in der Debatte (6.—8. Mai)[1]) über die vorgeschlagenen Abänderungspetitionen das oben bezeichnete Ziel klar aus, indem sie den Grundsatz aufstellten, daß die Versammlung innerhalb des ihr staatsrechtlich angewiesenen Rechtskreises die vollständige Autonomie ausüben müsse. In Anwendung dieses Grundsatzes hatten Hansemann und Aldenhoven Petitionen eingereicht um freie Wahl des Marschalls, der Sekretäre, der Abteilungsmitglieder, des Abteilungsvorsitzenden, der Referenten für die Abteilung und das

[1]) Bleich II, 354—469.

Plenum, um Einschränkung der diskretionären Gewalt des Marschalls in der Unterbrechung der Redner, Beseitigung des Rechtes des Marschalls, die Veröffentlichung der Verhandlungen in bestimmten Fällen zu untersagen.

Die Petition um „selbständige Mitwirkung des Vereinigten Landtags bei Ernennung des Marschalls" konnte keine sachliche Erledigung finden, weil über die Stellung des Marschalls nicht die Geschäftsordnung, sondern das Patent vom 3. Februar bestimmte. Um diesen Formfehler wieder gut zu machen, legte Hansemann am 27. April einen auch noch andere Änderungen der Verordnung vom 3. Februar erbittenden, und Mevissen am 30. April einen speziellen Antrag in der Ständekurie vor, den König zu bitten, die Marschälle der beiden Kurien aus der Wahl einer jeden hervorgehen zu lassen. Der richtige Grundgedanke der beigegebenen Begründung war, daß der Marschall nicht Organ der Regierung, sondern der Mehrheit der Ständeversammlung sei, daß deshalb eine Ernennung durch die Krone unnatürlich sei und der Würde der Stände nicht entspreche.[1]) Diese Anträge kamen aber im Plenum nicht mehr zur Beratung.

Von den übrigen Petitionen zur Geschäftsordnung vereinigte auch nur ein Teil die erforderliche Zweidrittel-Mehrheit auf sich, aber auch die abgelehnten fanden zum Teil große Majoritäten. Angenommen wurden die Petitionen um freie Wahl der Sekretäre, der Abteilungsvorsitzenden und des Referenten für das Plenum.

Aus der ersten Besprechung des Februar-Patents in der Kölnischen Zeitung wissen wir, daß sie die allgemeine Tendenz der Verselbständigung des Landtags, wie sie in den Anträgen der rheinischen Deputierten zum Ausdruck kommt, teilte.[2]) So sekundierte sie auch anläßlich der Geschäftsordnungsdebatten den beiden Antragstellern bei ihren Bestrebungen.[3]) Ihr schloß sich die Rhein- und Mosel-Zeitung an.

---

[1]) Geh. St. A. Rep. 77. Tit. 496, Vol. III. No. 11. Den Wortlaut siehe Anhang III. — Außer den beiden Rheinländern stellte der Abg. Naumann (Posen) einen Antrag mit ähnlicher Begründung.

[2]) Siehe S. 49.

[3]) K. Z. No. 128, 8. 5, 1. Beil; 137, 17. 5.

Auch sie billigte den Hansemannschen Antrag auf Revision der Geschäftsordnung, da diese in die ständischen Rechte wesentlich eingreife. [1])

* * *

ad 2. Das Petitionsrecht des Vereinigten Landtags war mannigfach beschränkt. Gegenstand der von Abgeordneten aus Rheinland, Preußen und Schlesien eingereichten Petitionen [2]) war Beseitigung 1. der geforderten Zweidrittel-Mehrheit, 2. der notwendigen Übereinstimmung beider Kurien, 3. der Beschränkung auf innere Angelegenheiten und 4. des Verbotes, abgelehnte Petitionen ohne Beibringung neuer Gründe zu wiederholen.

Auch eine von Hansemann eingereichte Petition äußerte alle diese Wünsche, abgesehen von dem an dritter Stelle genannten. Im Bezug hierauf erklärte er, daß er eine entsprechende Petition nicht eingereicht habe, weil er, wenn die Beziehungen des Staates zum Auslande nicht Gegenstand einer Petition sein dürften, darin eine Verletzung des feststehenden Rechtes deutscher Landstände erblicke. [3]) Er ging aber noch weiter als alle anderen Petenten mit seinem Wunsche, daß einfache Majorität in einer Kurie zur Annahme einer Petition genüge. Für diese Petition fand sich aber in der Kurie nicht einmal die zur Beratung nötige Unterstützung von 24 Mitgliedern, was um so sonderbarer ist, als die Stimmen der rheinischen Liberalen, die mit dem Antrag doch gewiß grundsätzlich einverstanden waren, zur Unterstützung genügt hätten. Eine überwiegende Mehrheit aber sprach sich für einfache Stimmenmehrheit in beiden Kurien aus, ebenso für die Gestattung der Wiederholung abgelehnter Petitionen auch ohne neue Gründe. Hierfür hatte besonders der Abg. Stedmann eifrig plädiert. Die Frage der Beschränkung des Petitionsrechts auf innere Angelegenheiten fand eine befrie-

---

[1]) R. M. Z. No. 92, 22. 4.

[2]) Bleich II, 792.

[3]) Bleich, a. a. O.

digende Erledigung durch eine im Sinne der Wünsche des Landtags gegebene Interpretation des Kommissars.[1])

Um die gleich gerichtete Tendenz der liberalen Preßorgane in der Frage des Petitionsrechts festzustellen, kann ich wieder auf die vor dem Zusammentritt des Landtags geübte Kritik der Kölnischen und der Düsseldorfer Zeitung verweisen.[2]) Die Kölnische Zeitung erklärt auch bei der Debatte im Landtag wieder ihre Zustimmung zu den auf Erweiterung des Petitionsrechts gerichteten Anträgen.[3])

* * *

ad 3. Die am weitesten gehenden Anträge, die den Landtag überhaupt beschäftigten, waren wohl diejenigen, die auf einen größeren Einfluß der Stände auf den Etat hinzielten. Auch in dieser wichtigen Frage nahmen die Rheinländer die führende Stelle ein. Die erste Anregung in betreff des Etats ging von Camphausen aus, der den Antrag stellte, „den Hauptfinanzetat für das Jahr 1847 und die Übersicht der Finanzverwaltung der Jahre 1840—46 an eine Abteilung zu verweisen, um die Versammlung darüber näher zu informieren" und ebenso auch eine „Abteilung zur gründlichen Erörterung des Staatshaushalts" einzusetzen. Der Marschall

---

[1]) Das Petitionsrecht war in den früheren Gesetzen den Reichsständen nicht verheißen worden. Gleichwohl wurde es von den rheinischen Abgeordneten nicht als ein Geschenk des Königs angesehen, sondern auf Grund des natürlichen und sogar des positiven Rechts als eine Selbstverständlichkeit bezeichnet Das deutet schon die oben (S. 171) angeführte Erklärung Hansemanns an. Beckerath sagte in der Adreßdebatte (Bleich, II, 18): „Das Petitionsrecht ist ein Recht, ohne welches die Existenz einer Landesvertretung nicht gedacht werden kann. Nicht allein aber als Vernunftanspruch, sondern als ein aus dem positiven Recht herzuleitender Rechtsanspruch steht dem Landtag das Petitionsrecht zur Seite. Die Bundesakte sichert allen deutschen Staaten eine landständische Verfassung zu; von einer landständischen Verfassung ist das Petitionsrecht unzertrennlich." Mevissen erklärte sich mit diesen Ansichten durchaus einverstanden (a. a. O. 42).

[2]) Siehe S. 47.

[3]) K. Z., 1. Beil. zu No. 150, 30. 5.

lehnte diesen Antrag ab, weil eine Prüfung des Finanz-Etats dem Vereinigten Landtag nicht zustehe, sondern er ihm nur zur Information eingereicht worden sei.

Camphausen verfolgte die Angelegenheit nicht weiter. v. d. Heydt aber stellte daraufhin am 1. Mai den Antrag, die Bitte an den König zu richten, er möge die Überweisung des Etats an eine Kommission gestatten. Die Begründung,[1]) die v. d. Heydt seinem Antrage gab, steht im Widerspruch mit der Form der Petition selbst, denn er behauptete darin, daß die Begutachtung des Finanzetats „von dem dem Vereinigten Landtag in allen inneren Angelegenheiten eingeräumten Beratungsrecht keineswegs ausgeschlossen sei. Er nahm also eigentlich das schon als Recht in Anspruch, worum er doch bitten wollte. Im Widerspruch zu dem hier behaupteten Recht der Begutachtung, aus der sich doch die Möglichkeit von Abänderungsvorschlägen ergibt, interpretierte er dann in der Abteilung das Wort „Prüfung" dahin, es sei nicht eine Prüfung zum Zwecke der Abänderung gemeint, sondern eine solche, wie sie zur Erlangung jeder vollständigen Information erforderlich sei. In diesem Sinne fand die Petition die Zustimmung der Abteilung, die sie dann dem Plenum zur Annahme empfahl.

Von fast allen Rednern des Plenums wurde die Petition befürwortet, um eine größere Klarheit über die Finanzlage des Staates zu schaffen. Der Landtagskommissar war kein Gegner dieser Aufklärung, aber er bezeichnete sie als eine Obliegenheit der mit den einzelnen königlichen Propositionen (Ostbahn, Einkommensteuer) beschäftigten Abteilungen. Diese Abteilungen aber hatten die Prüfung des Etats als nicht zu ihren Obliegenheiten gehörig abgelehnt. Das war der Grund, weshalb man sich für die Überweisung an eine besondere Abteilung aussprach.

Es liegt auf der Hand, wie nahe die auf der Prüfung des Etats aufgebaute Beschlußfassung über Steuern, Anleihen usw. an ein Mitbestimmungsrecht bei Aufstellung des Etats heranreichte und wie erstere das letztere logisch zur Folge haben mußte.

---

[1]) Bleich II, 979 ff.

Was das letzte Ziel der rheinischen Liberalen war, das ließ die Rede Hansemanns, die schon ganz den Charakter einer kritischen Etatsrede hatte, erkennen. Er sprach sich zwar für den Abteilungsantrag aus, ging dann aber über die von von der Heydt gegebene Interpretation des Wortes „Prüfung" hinaus, indem er sagte: „Es ist eine Verweisung des Budgets an eine Abteilung besonders deshalb notwendig, damit der Vereinigte Landtag Gelegenheit erhalte, sich darüber zu äußern, in welcher Weise er wünsche, daß die Staatseinnahmen verwendet und in welcher Weise hier oder da Ersparungen gemacht werden mögen." Der Landtag werde durch Verweisung an eine Abteilung es „vorbereiten, daß der Landtag die Prüfung der Budgets vornehme und dann die bei dieser Gelegenheit sich herausstellenden Wünsche auf Veränderungen dem Könige vorzutragen Gelegenheit haben möge." Weiter erklärt er, der Landtag werde niemals diejenige moralische Stärkung erlangen, die im Interesse des Gouvernements notwendig sei, solange er nicht eine Einwirkung auf die Verwendung der Staatseinnahmen erlangte. Die Ausübung des Rechtes der Steuer- und Anleihebewilligung werde unmöglich sein, wenn dem Landtag jede Einwirkung auf Verwendung der Staatseinnahmen fehle. Während im ersten Teil der angeführten Worte klar das Beratungsrecht als wünschenswert bezeichnet wird, liegt im letzten Satz unverkennbar die Notwendigkeit einer mitbestimmenden Einwirkung auf die Aufstellung des Etats ausgesprochen.

Von den übrigen, preußischen und schlesischen, liberalen Abgeordneten wurden solche Ansichten nicht vorgetragen, sie verlangten nur Klarheit über den Etat.

Diese kurze Debatte hatte schon erkennen lassen, daß selbst der gemäßigte Antrag v. d. Heydts bei ruhiger Entwicklung weit über das nächstbezeichnete Ziel hinausgehende Folgen haben mußte. Daß diese Folgen von den Rheinländern gewünscht wurden, ging aus Hansemann Rede hervor, die das deutlich aussprach, was von allen liberalen rheinischen Deputierten gedacht wurde.

Noch deutlicher traten die Tendenzen der rheinischen

Liberalen anläßlich einer Beratung über zwei Anträge hervor, die von dem preußischen ritterschaftlichen Abg. Thiel-Wangotten und dem Rheinländer Flemming gestellt worden waren und die am 21. Juni zur Beratung kamen.[1]) Ersterer wies in seiner Begründung auf den schon von Hansemann gekennzeichneten Widerspruch hin zwischen der Gewährung des Steuer- und Anleihebewilligungsrechts und der Vorenthaltung des Budgetrechts und wollte „eine gewisse Verantwortlichkeit der Verwaltungsbehörde den Ständen gegenüber festgestellt und diesen die Mitbestimmung über die Verwendung der Steuern überwiesen" wissen. Der Abg. Flemming schlug vor, den König zu bitten, „das aus dem alten ständischen Bewilligungsrecht der Landesabgaben fließende Recht der Kontrolle des Staatshaushalts mit jenem Recht den Ständen wieder ungeschmälert zu gewähren". In dem Abteilungsgutachten, welches den Thielschen Antrag zur Annahme empfahl — es hatten sich 9 von 15 Stimmen dafür ausgesprochen — wurde betont, daß die von Flemming gewünschte Kontrolle in dem Recht der Feststellung des Etats enthalten sei. Die Debatte drehte sich daher um die diese letztere erbittende Petition.

Hansemann und Stedmann befürworteten sie. Ersterer folgerte das Etatsrecht aus dem Steuerbewilligungsrecht. Um Steuerfragen zu entscheiden, müßten die Stände Einfluß auf die ganze Finanzverwaltung haben. Obgleich Hansemann zugeben mußte, daß die Feststellung des Etats noch ein Recht des Königs sei, um dessen Bewilligung er daher gebeten werden müsse, ging er doch so weit, von dem Etatsrecht dasselbe zu behaupten, was mehrere rheinische Führer auch von dem Steuerbewilligungs- und dem Petitionsrecht behauptet hatten.[2]) Er erklärte sich für den Antrag Thiel „nicht allein, weil es sich hier um Rechte dieser Versammlung handle", sondern auch usw. Das Gleiche gilt auch von dem Abg. Stedmann, der dieses Recht mit dem Besitzergreifungspatent vom 5. April 1815 begründete.

v. Massow (Brandenb. Ritt.) sagte, die Gewährung die-

[1]) Bleich II, 2241–53.

[2]) Siehe S. 111 f; 172 Anm. 1.

ser Bitte „würde unzweifelhaft den Übergang bilden zu einer konstitutionellen Monarchie“; er zweifle nicht, daß ein Teil der Versammlung allerdings danach strebe.

Graf Schwerin, einer der Führer im Kampfe um den Rechtsboden, erklärte sich gegen die Petition, nicht weil er in ihrer Bewilligung einen Übergang zur Konstitution erblicke — das ständische Recht der Etatsfeststellung habe bestanden, ehe es Konstitutionen gegeben habe — sondern weil er die Bitte bei der augenblicklichen Lage der Dinge nicht für zeitgemäß halte; er ist allerdings der Zuversicht, daß in der weiteren Entwicklung der ständischen Verhältnisse das Gouvernement bald selbst zu der Überzeugung kommen werde, daß die Feststellung des Etats in notwendiger Konsequenz jeder geordneten Wirksamkeit liege. Einstweilen will er sich mit einer Ausdehnung des Informationsrechts begnügen.

Hansemann erklärte sich damit einverstanden, daß „für jetzt“ keine Petition an den König gerichtet werde.

* * *

In den vorstehend gezeichneten Debatten war ein Gedanke immer wiedergekehrt, und die rheinischen Redner hatten ihn besonders scharf betont: die Stände können keine Steuern und Anleihen bewilligen, wenn sie nicht Einfluß auf den Etat haben.

Zweimal bot sich die Gelegenheit, durch die Tat zu beweisen, daß es sich wirklich so verhielt: in der Frage der Rentenbank-Garantie und der Ostbahn-Anleihe. Wir haben früher als einen der Gründe, die in beiden Fällen die Opposition zu einem ablehnenden Votum bestimmten, die durch die Gesetzgebung vom 3. Februar geschaffene, mit den früheren Verheißungen im Widerspruch stehende Rechtslage kennen gelernt. Hierzu kamen aber außer der mangelhaften Vorbereitung der beiden Propositionen die ungenügenden Rechte der Stände in bezug auf den Etat. Von den Rheinländern wurde zwar in beiden Fällen die Notwendigkeit, diese Rechte zu erweitern, im allgemeinen weniger betont, sie legten den größeren Nachdruck auf die Schwierigkeit, die sich aus der Nichterfüllung der früheren Verheißungen ergab. Aber wenn man auf den Mangel der Periodizität und die ungenügende Kontrolle des Staatsschuldenwesens hinwies, so hatte man nur die entferntere Ursache statt der näheren bezeichnet. Die oben angeführten Äußerungen der Rheinländer bei den Debatten über die den Etat betreffenden Petitionen lassen keinen Zweifel darüber, wie sie über das Verhältnis des Etatsrechts zur Anleihebewilligung und Garantie-Übernahme dachten.

Die Redner, welche die Etatsfrage mehr in den Vordergrund schoben, bei der Ostbahn-Vorlage besonders die preußischen Abgeordneten, beobachteten große Mäßigung, indem sie nicht direkt Mitbestimmung bei der Aufstellung des Etats verlangten, sondern erklärten: Solange wir nicht bei jedem Zusammentritt des Landtages genaue Einsicht in den Etat haben, können wir keine Anleihe bewilligen. Die meisten Redner aus der Rheinprovinz stellten dagegen, wenn sie auf den Etat zu sprechen kamen, weitergehende Forderungen auf.

* * *

Ziehen wir aus den Verhandlungen über die Etatsfrage die Summe, so ergibt sich, daß alle Gruppen, die sich in dem Kampf um die früher verheißenen Rechte zusammenfanden, auch eine ständische Mitwirkung bei Aufstellung des Etats wünschten. Die Rheinländer waren an den Bestrebungen, Einfluß auf den Etat zu gewinnen, am meisten beteiligt. Ihr letztes Ziel war das Mitbestimmungsrecht bei Aufstellung des Etats, doch hätten sie sich, wie der Antrag Camphausen-von der Heydt und manche Ausführungen in der Debatte beweisen, vorerst mit einer weniger weitgehenden Mitwirkung begnügt. Allerdings stand diese gelegentlich bemerkbare Genügsamkeit im Gegensatz zu dem von ihnen behaupteten inneren Zusammenhang zwischen Anleihe- und Steuerbewilligungsrecht und Mitbestimmungsrecht beim Etat sowie zu der weiteren Behauptung, daß das Etatsrecht schon 1815 verheißen worden sei.

* * *

Die rheinische Presse hatte auch in dieser wichtigen Frage schon vor Zusammentritt des Landtags Stellung genommen.[1]) Auch sie hatte vor allem den Zusammenhang zwischen Steuer- und Anleihebewilligungsrecht und Budgetrecht hervorgehoben. Es sei daran erinnert, daß die Köln. Zeitung schrieb, schon die Mitgarantie der Stände für Staatsschulden würde notwendig, um wirksam sein zu können, einen Einfluß auf den gesamten Staatshaushalt, auf die Bewahrung des Gleichgewichts von Einnahme und Ausgabe fordern. Sie will sich auch nicht auf das Recht der Steuerbewilligung beschränken, sondern beansprucht auch ein Recht der Mitaufsicht über die Verwendung der Steuern zu allgemeinen Staatszwecken. Anknüpfend an das Besitzergreifungspatent vom 5. April 1815 an die Rheinlande schließt sie ihren Artikel: „Wir legen fürs Erste das Hauptgewicht allein auf die periodische Vorlegung des Hauptfinanzetats und der Übersicht des Staatshaushalts. Die Stände haben in Beziehung auf diese Vorlage sofort nicht bloß das Recht der Kenntnisnahme, sondern sehr bestimmt einen Anspruch auf ‚Zuziehung zur Regulierung und Feststellung'."[2]) Das sonst so gemäßigte Blatt stellte also hier, indem es ein Recht auf Vorlage des Etats, wenn auch nur zum Zwecke der Begutachtung beanspruchte, ebenso weitgehende Forderungen wie der zum Radikalismus neigende Hansemann und wie der Abg. Stedmann. Sie folgert das Recht der ständischen Mitwirkung beim Etat aber nicht nur aus dem Steuer- und Anleihebewilligungsrecht, sie begründet es nicht nur mit dem positiven Recht, sie bezeichnet es auch als „im Wesen der heutigen deutschen Verfassung ganz bestimmt enthalten."[3])

In dem Verlangen, daß den Ständen das Etatsrecht eingeräumt werde, war die Rhein- und Mosel-Zeitung mit dem Kölner Blatte einig. Im Februar schrieb sie: Daß der König sich das Recht der Feststellung des Etats und der Verwendung der Einnahmen vorbehalten habe, entspreche schwerlich dem Geist des heutigen konstitutionellen Lebens.[4]) In

[1]) Siehe S. 49 f.

[2]) K. Z. No. 69, 10. 3.

[3]) K. Z. a. a. O.

[4]) R. M. Z. No. 33, 11. 2.

dieser Hinsicht wird sich auch nach dem 1. Juni trotz ihrer veränderten Haltung gegenüber dem Konstitutionalismus ihre Meinung nicht geändert haben, denn die Finanzverwaltung war in Preußen zentralisiert und auf diesem Gebiete gab es kein rheinisches Sonderrecht zu wahren. In einem der zahlreichen Artikel, in denen sie in der zweiten Hälfte des Jahres 1847 das Thema: Partikularismus und Einheit, anschnitt, rechnete sie die „allgemeine Finanz-, Domänen- und Handelsgesetzgebung" zu denjenigen Funktionen des Staates, die „der Autonomie der einzelnen Unterabteilungen entzogen" seien.[1])

Zu den Debatten vom 25. Mai und 21. Juni über die Etatsfrage hat sich die Presse nicht geäußert, doch ergibt sich aus Vorstehendem, daß man von Übereinstimmung zwischen den liberalen Deputierten und dem größten Teil der rheinischen Presse in den Ansichten und in der Argumentation sprechen kann.

5. Kap. **Das Streben der Rheinländer nach Begründung eines öffentlichen Lebens.**

Es kommt darauf an, den Anteil der Rheinländer an den von vielen geteilten, auf ein öffentliches Staatsleben abzielenden Bestrebungen festzustellen. Momente einer politischen Öffentlichkeit sind: 1. Öffentlichkeit der ständischen Verhandlungen; 2. Preßfreiheit; 3. Petitionsrecht des Volkes; 4. freies Versammlungsrecht. (Die Frage des freien Vereinsrechtes, die auch hierhin gehören würde, hat den Landtag nicht beschäftigt.)

ad 1. Der König hatte in seinem Reglement für den Landtag die vollständige Veröffentlichung seiner Verhandlungen mit Namensnennung gestattet. Doch stand dem Kommissar das Recht zu, in Fällen, wo er es für angebracht hielt, diese Veröffentlichung zu untersagen. Unter den Petitionen um Abänderung der Geschäftsordnung fand sich nun auch eine, die die Beseitigung dieses Rechtes wünschte. Sie ging von Hansemann und Aldenhoven aus

[1]) R. M. Z. No. 293, 19. 12.

und gab zu einer lebhaften Debatte [1]) Anlaß, in welcher sich Beckerath, Hansemann und Mevissen entschieden für unbedingte Öffentlichkeit der Verhandlungen einsetzten; sie sei die Lebensluft der ständischen Versammlungen. Eine große Majorität von 305 Abgeordneten gegenüber 160 Ablehnenden sprach sich für die Petition aus.

Ein Antrag, die Öffentlichkeit der Verhandlungen auch durch Gestattung des freien Zutritts zu den Ständesälen zu erweitern, kam im Plenum der Ständekurie nicht zur Verhandlung. Wohl waren mehrere auf Öffentlichkeit des Vereinigten Landtags wie der Provinzial-Landtage abzielende Anträge von schlesischen, westfälischen, preußischen und rheinischen Abgeordneten [2]) eingebracht worden, aber der Landtag wurde geschlossen, ehe sie zur öffentlichen Erörterung kamen. Von den Rheinländern waren es Mevissen und Hansemann, die entsprechende Anträge nebst Begründung einreichten. Die Öffentlichkeit parlamentarischer Verhandlungen ist ein Bestandteil der liberalen Staatstheorien. Sie folgt logisch aus der Natur parlamentarischer Einrichtungen. Falsch aber ist es — das wissen wir heute nach genügender Erfahrung —, daß diese Öffentlichkeit nur Lichtseiten hat. Wenn damals der stürmische Reformeifer sich gleichwohl wie in anderen Fragen so auch hier allzusehr in seinen Argumentationen in graue Theorie verlor und die Öffentlichkeit der ständischen Verhandlungen in den lichtesten Farben schilderte, wie es besonders eine Eigentümlichkeit der Begründung des stark theoretisch veranlagten jugendlichen Mevissen ist, so ist das verzeihlich. [3])

ad 2. Die Gewährung der Preßfreiheit war Gegenstand von 15 aus fast allen Provinzen stammenden Petitionen, darunter drei aus dem Rheinlande von Baum, Mevissen und

[1]) Bleich II, 452 ff.

[2]) Geh. St. A. (Min. d. Inn.) Rep. 77, Tit. 496, Vol. III, No. 11.

[3]) Den Wortlaut der Anträge Mevissens und Hansemanns nebst Begründung siehe Anhang III. – Mevissen hatte auch einen, ebenfalls nicht zur Verhandlung gekommenen Antrag gestellt, den König zu bitten, dahin zu wirken, daß die Verhandlungen des Deutschen Bundes öffentlich stattfänden (Bleich I, 593).

Hansemann.[1]) Die beiden letzteren petitionierten außerdem um Erlaß eines Preßgesetzes und Überweisung von Preßvergehen an Geschworenengerichte. Daß solche Petitionen auf dem Vereinigten Landtage eingereicht wurden, war etwas ganz Selbstverständliches. Neben dem Ruf nach Reichsständen war ja der Ruf nach Preßfreiheit in den letzten 7 Jahren am lautesten in der preußischen Monarchie ertönt. Die Unhaltbarkeit der bestehenden Zensurvorschriften wurde wohl von allen anerkannt, wenn man die Reform auch auf sehr verschiedenem Wege erstrebte. Auch der König dachte im Ernste an Gewährung der Preßfreiheit, und Preußen war bemüht, beim Bundestage eine Revision der Bundesgesetze über das Zensurwesen zu bewirken. In dem Verlangen nach Preßfreiheit und Erlaß eines Preßgesetzes war die ganze vorberatende Abteilung einig. Im Plenum schlug von Auerswald vor, mit Rücksicht auf die Übereinstimmung der ganzen Versammlung in dieser Angelegenheit jede Diskussion zu vermeiden und dem Könige gegenüber lediglich die große Tatsache auszusprechen, daß das ganze Volk von dem Verlangen nach Preßfreiheit beseelt sei, und daß dies Verlangen nicht erlöschen werde, bis es Befriedigung gefunden habe. Die Versammlung sprach sich fast einstimmig für diese Art des Vorgehens aus. Dadurch wurde es verhindert, daß die sehr verschiedenen Beweggründe, welche die einzelnen Teile der Versammlung leiteten, zum Ausdruck kamen. Sie traten aber doch hervor, als von dem Referenten die Petition nebst Begründung zur Annahme vorgelegt wurde.[2]) In diesem Entwurfe wurde nach Ansicht der liberalen Gruppe der Hauptnachdruck auf die Gründe derer gelegt, welche eine Änderung der Preßgesetzgebung nur zu dem Zwecke wünschten, damit die Presse besser als bei dem bisherigen System im Zaume gehalten werden könne. Dadurch wurde Hansemann auf den Plan gerufen. Er rügte die ungebührliche Betonung dieser einen Ansicht. Ihm sekundierte Beckerath. Die Auffassung der Ultrakonservativen von Preßfreiheit wird dadurch illustriert, daß Herr von Manteuffel, von der brandenburgi-

---

[1]) Bleich II, 2235.
[2]) Bleich II, 2316.

schen Ritterkurie der schärfste Gegner aller liberalen Bestrebungen, für die ursprüngliche Fassung eintrat. Die Versammlung beschloß zuletzt, jede Begründung wegzulassen.

ad 3 und 4. An dritter Stelle habe ich einleitend die Gewährung des Petitionsrechtes an das Volk genannt. Darauf war neben drei anderen Petitionen aus Preußen und Schlesien eine solche des Abg. Hansemann gerichtet. Es handelte sich um Ausdehnung des Petitionsrechts auf alle Individuen und Körperschaften. Hansemann suchte gleichzeitig im Handumdrehen noch ein zweites wichtiges politisches Recht zu erreichen; er beantragte nämlich, „daß allen Klassen der Nation gestattet werden möge, Petitionen an königliche Behörden und ständische Korporationen ruhig und unbewaffnet in Versammlungen zu beraten und unterschreiben zu können, ohne daß es hierzu einer polizeilichen Erlaubnis anders als in dem Falle bedürfe, daß solche Versammlungen im Freien gehalten werden sollen.“ [1]) Hansemann wollte also gleichzeitig um freies Versammlungsrecht petitionieren, denn zum Gegenstand einer Petition kann alles gemacht werden, was ein allgemeines Interesse berührt. Die Abteilung aber fand diesen Gegenstand „zur Bevorwortung keineswegs geeignet“. Hansemann begründete seinen Antrag folgendermaßen: „Ich halte es für notwendig, daß auch diejenigen, welche nicht Wähler sind und nicht einem hier vertretenen Stande angehören, das Recht haben, ihre Ansichten und Bitten vorzutragen und vorgängig diese Bitten beraten zu dürfen. . . . Es ist da, wo dies Recht ausgeübt werden kann, die Folge davon, daß der Fortschritt in der Verfassung wie in der Gesetzgebung in ruhiger Weise vor sich geht.“ Sein Antrag fand aber auch im Plenum keine Majorität. Hansemann, von v. d. Heydt unterstützt, befürwortete dann eine Petition des brandenburgischen Städteabgeordneten Zimmermann. daß die Abgeordneten verpflichtet sein sollen, die ihnen von ihren Kommittenten und den Korporationen übergebenen Petitionen am Landtage einzureichen. Doch auch diese Petition fand keine hinreichende Majorität. Der einzige Erfolg in dieser Frage war der, daß der Kommissar

---

[1]) Bleich II, 787, 833 ff.

die Kommunikation zwischen den Abgeordneten und ihren Kommittenten, die nach den Verordnungen vom 3. Februar untersagt zu sein schien, als zulässig bezeichnete.

Es ergibt sich also, daß die Rheinländer alles, was geeignet war, ein öffentliches politisches Leben zu begründen, eifrig förderten, daß vielfach die Initiative dazu von ihnen ausging.

* * *

Auch hier kann ich mich, um das Urteil der rheinischen Öffentlichkeit festzustellen, wieder auf frühere Angaben beziehen. [1]) Immer lauter und dringender war ja in den letzten sieben Jahren auf den Provinziallandtagen von 1841, 1843 und 1845 und in den zahlreichen Petitionen der Ruf nach Preßfreiheit und Öffentlichkeit der Landtagssitzungen erschollen. Im Jahre 1845 hatten darauf gerichtete Petitionen die Zweidrittel-Mehrheit auf dem Provinziallandtag erlangt. Auch der katholische Adel hatte durch den Mund des Frhrn. von Loë seine Zustimmung zur Forderung der Preßfreiheit erklären lassen, jedoch nicht, wie die Liberalen, aus prinzipiellen, sondern aus Zweckmäßigkeitsgründen. Er hielt angesichts der imparitätischen Behandlung, die der katholischen Presse vor der protestantischen durch die Zensur zuteil wurde, die Preßfreiheit für das kleinere Übel. [2]) Vor dem Zusammentritt des Vereinigten Landtags hatten auch die Gemeinderäte der größeren Städte in ihren Denkschriften für

---

[1]) Siehe S. 47 f, 50.

[2]) In seinem früher (S. 31) zitierten Briefe an König Ludwig von Bayern (v. 22. Dez. 1845) schrieb Kardinal Geissel: „Ein zweiter Punkt, auf dessen Verabschiedung man sehr gespannt ist, ist der Antrag auf Preßfreiheit. In diesen von den Protestanten gestellten Antrag haben auch die katholischen Deputierten eingestimmt; allein nur ungern und aus dem Grunde, weil die Zensur in religiösen Fragen den protestantischen Zeitungen die heftigsten Ausfälle gegen den Papst und die katholisch Kirche erlaubte, und dabei die katholischen Verteidigungen gegen die schmählichen Angriffe fast überall unnachsichtlich wegstrich. . . Die offenkundige Disparität trieb die Katholiken zum Mitrufen nach dee Preßfreiheit." (Pfülf, I, 306).

die Abgeordneten einmütig dem Wunsch nach Preßfreiheit und vollständiger Durchführung der Öffentlichkeit im Staatsleben Ausdruck verliehen. Daß die Presse diese Wünsche, besonders den nach eigener Freiheit mit Lebhaftigkeit vertrat, ist natürlich.[1]) Man könnte fast von Einmütigkeit in der Forderung der Preßfreiheit sprechen, denn selbst die Elberfelder Zeitung öffnet zu wiederholten Malen darauf gerichteten Korrespondenzen ihre Spalten. Neben der Aachener Zeitung[2]) begrüßt auch sie die Petition des Landtags um Preßfreiheit. Sie nennt diesen Beschluß den „freudigen Grabgesang der Zensur".[3])

Im Sinne der ganzen freiheitlich gesinnten Presse lag auch die zugestandene Veröffentlichung der Verhandlungen des Landtags, wenn auch nur die Aachener Zeitung dies mit ausdrücklichen Worten bestätigt, indem sie sagt, in diesem Zugeständnis liege unendlich viel. Es liege darin die Möglichkeit einer Kontrollierung der Abgeordneten durch ihre Wähler, und vor allen Dingen liege darin die Garantie, daß die ganze Nation mit lebhafterem Interesse als je den Verhandlungen folgen werde.[4]) Die Düsseldorfer Zeitung ist, weil sie noch mehr gewünscht hätte, nicht zufrieden. Sie tadelt es, daß über die Öffentlichkeit der ständischen Sitzungen nichts bestimmt sei.[5])

In Übereinstimmung mit den Abgeordneten wünschten die öffentlichen Organe am Rhein auch die Erweiterung des Petitionsrechtes des Volkes. Der Trierer Gemeinderat hatte diese Forderung in seine Denkschrift aufgenommen. Kölnische und Düsseldorfer Zeitung verrieten ebenfalls weitergehende Wünsche.[6]) Nach der Debatte im Landtag bezeichnet es die Kölnische Zeitung als auffallend, daß der Antrag, die Krone um Gewährung des freien Petitionsrechtes

---

[1]) K. Z. No. 56, 25. 2; 85, 26. 3; 182, 1.7; A. Z. No. 51, 20. 2; 166, 15. 6; 185, 4. 7.

[2]) A. Z. No. 185, 4. 7.

[3]) E. Z. No. 176, 28. 6.

[4]) A. Z. No. 105, 15. 4.

[5]) D. Z. No. 45, 14. 2.

[6]) Siehe S. 47 f.

des Landes zu bitten, nur eine kleine Anzahl Stimmen auf sich vereinigt habe. Sie nennt dieses Recht ein „natürliches Recht des Volkes", „unentbehrlich", eine „Art Ersatz für die Entbehrung der höchsten Befugnis des Bürgers", des Wahlrechts.[1])

Wie auf dem Vereinigten Landtage Hansemann der Einzige war, der die Frage des freien Versammlungsrechtes anschnitt, so wagte sich auch in der Presse nur einmal eine diesbezügliche Anregung an die Öffentlichkeit. Vor dem Zusammentritt des Landtags bezeichnete die Kölnische Zeitung, um die Abgeordneten über die Wünsche des Volkes zu informieren, Kundgebungen der öffentlichen Meinung in größeren Versammlungen als wünschenswert.[2]) Die Frage des freien Versammlungsrechts mußte damals als noch nicht spruchreif oder wenigstens nicht in erster Linie erstrebenswert erscheinen.

Das Gleiche gilt auch vom freien Vereinsrecht, das auf dem Vereinigten Landtag überhaupt nicht zur Sprache kam. Beiläufig gibt die Trierer Zeitung einmal zu erkennen, daß sie seine Gewährung wünscht, indem sie sagt, sie erwarte von der sonst nicht hoch eingeschätzten Verfassungsbewegung Beseitigung der Hemmnisse, die [u. a.] der „friedlichen Assoziation" im Wege stehen.[3])

Die Öffentlichkeit des Staatslebens kann also nach allem Vorstehenden als ein gemeinsames Ziel aller öffentlichen Organe am Rhein bezeichnet werden, denn auch die Elberfelder Zeitung bietet keinen Anhaltspunkt für die Annahme, daß sie in dieser Frage abweichender Meinung gewesen sei. Man wird überhaupt annehmen können — direkte Beweise dafür gibt es nicht —, daß gerade die Diskussionen über die Frage der Öffentlichkeit, welch letztere man ja an der rheinischen Gerichtsverfassung schätzte, zu denjenigen gehörte, denen man auch am Rhein in weiteren Volkskreisen Interesse entgegenbrachte.

---

[1]) K. Z. No. 150, 30. 5, 1. Beil.
[2]) K. Z. No. 92, 2. 4.
[3]) T. Z. No. 88, 29. 3.

6. Kap. **Zusammenfassung.**

Wenn wir die Ergebnisse, zu denen wir in diesem Abschnitt gelangt sind, unter einen gemeinsamen Gesichtspunkt einreihen sollen, so ist zu sagen, daß die verfassungsrechtlichen Anschauungen und Ziele der Rheinländer der konstitutionellen Staatsauffassung entspringen. Koser faßt in seiner Abhandlung „Zur Charakteristik des Vereinigten Landtages von 1847“[1]) die Analyse der in dem offiziellen Handbuch des vormärzlichen Liberalismus, in dem Staatslexikon von Rotteck und Welcker, über das konstitutionelle System enthaltenen Darlegungen also zusammen: „Aufstellung eines Staatsgrundgesetzes (Verfassung), Vertretung des Volkes nach der Gesamtheit, nicht nach Ständen, Anteil des Volkes an der gesetzgebenden Gewalt und ... eine parlamentarische Regierung in dem Sinne der Übereinstimmung zwischen der Majorität der Volksvertretung und dem Ministerium.“[2]) Messen wir hieran die Anschauungen der Rheinländer, die wir in den vorhergehenden Kapiteln kennen gelernt haben, so finden wir Übereinstimmung bezüglich der Forderung eines Staatsgrundgesetzes (2. Kap.) und Vertretung des Volkes nach der Gesamtheit nicht nach Ständen (1. Kap.). Es treten uns nicht alle wesentlichen Merkmale entgegen, z. B. fehlt die Forderung der mitbestimmenden Mitwirkung bei der gesamten Gesetzgebung, aber auch diese liegt ganz in der Richtung ihrer Politik. Sie verlangen ja verantwortliche Beteiligung an der Aufstellung des Etats, einen Hauptteil der Gesetzgebung (4. Kap.), betrachten die Befugnis der Steuerbewilligung nicht als ein Geschenk, sondern als ein ihnen zustehendes Recht.[3]) In der Presse wird überdies die Mitwirkung bei der gesamten Gesetzgebung verlangt, was als Äquivalent für die fehlenden Äußerungen auf

---

[1]) In der Schmoller-Festschrift des „Vereins für Geschichte der Mark Brandenburg“. Leipz. 1908 S. 287—331.

[2]) a. a. O. S. 292.

[3]) Siehe S. 111f. — Der Trierer Zeitung gibt gerade die Politik des Landtags in Geldsachen (Rentenbank-Garantie und Ostbahn-Anleihe) Anlaß zu folgender Schlußfolgerung: „Was also der Ver. Landtag von sich selbst hält, was er will, ist kurz dies, daß er sich zu einer Kon-

dem Landtage selbst gelten kann.[1]) Die Stellung der liberalen rheinischen Deputierten zu anderen wesentlichen Bestandteilen des konstitutionellen Systems, z. B. der Ministerverantwortlichkeit, leuchtet an einzelnen Stellen ihrer Reden wenigstens durch; so, wenn Mevissen die Zeit erhofft, wo die Minister vorzugsweise aus der ständischen Versammlung genommen werden — das weist sogar auf das parlamentarische System hin —[2]) oder wenn Hansemann sich in der Adreßdebatte „gedrungen fühlt", dem Minister dafür zu danken, „daß derselbe in parlamentarischer Weise die Verantwortlichkeit des Ministeriums für alle uns vorgelegte Erlasse der Krone ausgesprochen" habe.[3])

Hierzu kommt, daß die Rheinländer auch alle die Forderungen aufstellten, die zwar nicht zum engsten Begriff des konstitutionellen Systems gehören, die aber seine unentbehrlichen Attribute sind: Eine konstitutionelle Verfassung ist nicht denkbar ohne eine einheitliche Gesetzgebungsgewalt, ohne öffentliches Leben, ohne Gleichberechtigung der Parteien; daher wollten die Rheinländer Aufhebung des provinziellen Sonderwesens (3. Kap.), öffentliches Leben (5. Kap.) und Gleichberechtigung der Parteien (3. Kap.). Selbstverständlich darf ferner die Volksvertretung in einem konstitutionellen Staate als der eine gesetzgebende Faktor in seinem Eigenleben nicht beschränkt oder beeinflußt sein durch den anderen Faktor oder durch eine einzelne Person; daher Autonomie des Landtags. (4. Kap.)

Diesem Beweis aus den Tatsachen fügen sich die ge-

---

stitution berufen glaubt, und daß er zur Erlangung der Konstitution gerade das einzige Mittel in Bewegung setzt, welches später im Repräsentativstaat das Vehikel der Maschine wird . . ." (d. h. das Geld). (No. 169, 18. 6.)

[1]) Siehe S. 52.

[2]) Oncken (das Zeitalter des Kaisers Wilhelm, Bd. I, S. 93) schreibt zu der Thronrede des Königs: „. . . In der Versammlung, an die sie [die Thronrede] gerichtet war, hatte diese Lehre [vom Parlamentarismus] gar keine Bekenner." Das ist doch wohl der Fall gewesen. (Vgl. auch Koser, a. a. O. S. 326).

[3]) Bleich II, 56. 7.

legentlichen Äußerungen der rheinischen Deputierten an, die indirekt das Bekenntnis zum konstitutionellen System enthalten (vgl. weiter unten den Ausspruch Mevissens). Wenn ich noch auf die Stellung der Mehrheit der rheinischen, besonders der den liberalen Deputierten näherstehenden Presse zur Konstitution hinweise,[1]) so dürfte auch in der hier notwendigen Beschränkung auf den Vereinigten Landtag jede Lücke in der Erkenntnis der konstitutionellen Gesinnung der Rheinländer ausgefüllt werden.[2])

Eine besondere Frage ist noch: Wollten die Rheinländer eine Konstitution nur in Verbindung mit einer aus allgemeinen Wahlen nach der Kopfzahl hervorgegangenen Kammer, oder hätten sie die Konstitution auch in Verbindung mit ständischer Bildung der Kammern angenommen?

Konstitution und ständische Kammern schließen sich nicht aus. Sie tuen es weder theoretisch, noch haben sie es praktisch getan. Theoretisch nicht, denn Benzenberg und andere politische Schriftsteller der ersten Jahrzehnte des 19. Jahrhunderts, die über das konstitutionelle System schrieben, sahen für dasselbe kein Hindernis in der ständischen Bildung der Kammer. Praktisch nicht, denn die Verfassungen

---

[1]) Siehe S. 62 ff.

[2]) Biedermann (a. a. O. S. 489) schreibt: Das Ziel der rheinischen Oppositon „war im Politischen die konstitutionelle Monarchie – ohne romantische Schnörkel — das allgemeine freie Staatsbürgertum ohne trennende Standesunterschiede, die Auflösung des Provinziellen in der nationalen Einheit, eine ausgedehnte Teilnahme aller Klassen des Volkes am Gemeinwesen durch wahrhaft lebenskräftige, mit allen notwendigen Rechten ausgestattete Stände."

Treitschke (V, 618) hat gegen die Opposition des Vereinigten Landtags den Vorwurf „geheimer Unwahrheit" erhoben, weil sie, die sich so streng auf den Rechtsboden beriefen, in Wirklichkeit weit mehr, zum Teil die Konstitution, gewollt hätten. Koser hat in seiner Untersuchung den Nachweis geliefert, daß dieser Vorwurf unberechtigt ist. Wie sollte auch eine Unwahrhaftigkeit darin liegen, daß jemand, der ein bestimmtes Ziel verfolgt, das er nicht sofort erreichen kann, die sich ihm bietenden Mittel anwendet, um wenigstens einen Schritt weiter zu kommen? Liegt denn in der Annahme des Wenigen das Anerkenntnis, daß er nicht mehr will?

der süddeutschen Staaten, die nach der französischen Charte von 1814 entstanden waren, hatten zwar sonst die letztere zum Vorbild genommen, aber in der Bildung der Kammern waren sie davon abgewichen, indem sie Stände als Grundlage dafür nahmen, wobei allerdings festzuhalten ist, daß der tatsächlich vollzogene Umschwung in den sozialen Verhältnissen die Grundlage für die Argumentation der Theoretiker wie für die Bestimmungen der süddeutschen Verfassungsgesetze bildete. Die Theorie, wonach die Abgeordneten in einer ständischen Kammer nur die Rechte des Standes vertreten, der sie delegiert hat, wonach ihnen ferner nur beratende Befugnis zukommt, während im Gegensatz dazu repräsentative Vertretungen aus allgemeinen Wahlen nach der Kopfzahl hervorgehen, das ganze Volk vertreten sollen und gesetzgebende Gewalt haben, wurzelt in der Hallerschen Staatslehre und war von Gentz für die praktische Politik nutzbar gemacht worden. Diese Unterscheidung war nur möglich, wenn man allein an die alten Stände dachte und die neuständische Entwicklung ignorierte.[1])

Wie dachten nun die Rheinländer über ein ständisch-konstitutionelles System? Lehnten sie es ab und wollten ausschließlich — sagen wir — das französisch-konstitutionelle System?

Die Antwort ergibt sich aus früheren Ausführungen über die Frage: Wie dachten die Rheinländer über die Bildung der Kammer nach Ständen? Sie haben, so lautete die Antwort, zum Teil ausdrücklich die Beseitigung jeglicher ständischen Gruppierung gewünscht, alle haben die damals in Preußen durchgeführte Art der ständischen Gliederung nicht gebilligt, aber sie haben sie hingenommen und als ihre Hauptaufgabe angesehen, die Befugnisse der Stände zu erweitern.[2]) Zu erweitern im konstitutionellen Sinne, können wir jetzt hinzufügen. Sie glaubten in der Tat an die Vereinbarkeit von Konstitution und ständischer

---

[1]) Vgl E. Jordan, Friedr. Wilh. IV. und der preuß. Adel bei Umwandlung der Ersten Kammer in das Herrenhaus (Hist. Stud. Heft 71) Berlin 1909.

[2]) Siehe S. 136 ff.

Kammer (letztere selbst in der preußischen Form), wie es der früher zitierte Ausspruch Mevissens ausdrücklich bekundet, wo er es als einen Vorzug der „ständischen Monarchie" vor der absoluten rühmte, daß die Krone in ersterer aus einem größeren Kreise ihre Ratgeber wählen könne wie in letzterer. Er hoffe den Tag noch zu erleben, „wo auch in unserem Staate, wie auch in Frankreich und England und in allen übrigen konstitutionellen Staaten das Talent aus allen Kreisen, wo es hervorgetreten, also auch und sogar vorzugsweise aus der ständischen Versammlung zum Rate der Krone berufen werden wird." [1])

Somit gilt, daß die liberalen Deputierten der Rheinprovinz die ständische Theorie von Gentz ablehnten, daß sie insbesondere, im Gegensatz zu ihm, von einem inneren Zusammenhang zwischen Entstehung und Befugnissen der Kammer nichts wissen wollten. Sie waren der Ansicht, der Mevissen mit den Worten Ausdruck verliehen hatte: „In bezug auf die Rechte der Vertretung ist es durchaus ohne Einfluß, ob diese auf dem ständischen oder auf dem repräsentativen System basiert." [2])

Da es konstitutionelle Monarchien gegeben hat und gibt, in denen das Prinzip der Volkssouveränität anerkannt war bezw. ist (Frankreich unter Louis Philipp, Belgien), so wäre auch noch die Frage zu beantworten, wie die Rheinländer hierüber dachten. Da sie aber Praktiker, keine Theoretiker waren und die praktische Politik des Jahres 1847 in Preußen keine Stellungnahme zu diesem Prinzip erforderte, so muß das Urteil, im alleinigen Hinblick auf das Jahr 1847, lauten: Non liquet. Indes hatte Camphausen schon auf dem Landtag von 1845 die Volkssouveränität als eine Utopie charakterisiert. [3]) In der stürmischen Bewegung des Jahres 1848 war es die Ablehnung dieses Prinzips, was die liberalen Führer von 1847 und ihre Gesinnungsgenossen von den Demokraten trennte. Damals stellten sie ihm das „Vereinbarungsprinzip" entgegen, d. h. sie wollten die Verfassung aus einer Verein-

---

[1]) Bleich II, 1355.

[2]) Siehe S. 136.

[3]) Prot. des Rhein. Prov. Landt. 1845, S. 120.

barung zwischen König und Volk hervorgehen lassen. Nur im Lichte des Jahres 1848 betrachtet erscheint auch schon die auf dem Ersten Vereinigten Landtag erhobene Forderung, daß über die Abänderung von Verfassungsgesetzen Vereinbarung zwischen König und Ständen stattfinden möge, als ein Zeichen ihrer Ablehnung der Volkssouveränität, denn es ist etwas anderes, ob man letztere in einer Zeit bekämpft, wo das Königtum gefährdet ist, oder aber, wo man es mit einem absoluten mächtigen Monarchen zu tun hat. Einem solchen gegenüber werden praktische Politiker nicht die Volkssouveränität proklamieren, selbst wenn sie sie theoretisch billigen. [1])

In der Ablehnung des Souveränitätsprinzips treffen die rheinischen Liberalen mit einem Teil der süddeutschen Konstitutionellen zusammen. Der erste Herausgeber des Staatslexikons, Karl von Rotteck, ist dagegen sein Anhänger. [2]) Zwar rechnet auch er in seinem „Staatsrecht der konstitutionellen Monarchie“ zu den Pflichten des konstitutionellen Monarchen, daß er kein Gesetz eigenmächtig ändert oder erläßt und daß er auch in der Verfassung nichts einseitig abändert, [3]) aber es liegt auf der Hand, daß hier das Recht des Monarchen beschränkt wird, aber, entsprechend dem Prinzip der Volks-

---

[1]) Als Material zur Beurteilung der Frage gebe ich auch folgende Sätze der Köln. Ztg. aus einem die Februargesetzgebung besprechenden Artikel an: Der Monarch habe der freien Volkstätigkeit eine Arena zur Erpobung ihrer Kräfte eröffnet. „Der König hat aus seinem eigenen Willen seiner Herrschermacht die Schranken gezogen, die ihm die Erreichung des Staatszwecks zur Zeit am sichersten zu verbürgen scheinen.“ Die Krone habe ihre Selbstsucht bezwungen. Der Beweis sei geliefert, daß der König aus freier, eigener Überzeugung mit den erweiterten Bedürfnissen seines Volkes gleichen Schritt zu halten entschlossen sei. (No. 57, 26. 2. 1847). Auch diese Äußerungen kann man allerdings, weil der konkreten Wirklichkeit angepaßt, nicht als eine grundsätzliche Verwerfung der Volkssouveränität ansehen, aber sie verraten doch wenig Veranlagung für eine Vertretung der Volkssouveränität. 1848 hat das Blatt sie denn auch tatsächlich abgelehnt.

[2]) Vgl. den Artikel „Konstitution“ im Staatslexikon, Bd. 3, 761 und Rotteck, Staatsrecht der konstitutionellen Monarchie, Leipzig 1838, S. 148.

[3]) a. a. O. S. 184/5.

souveränität, nicht unbedingt auch das des Volkes. An anderer Stelle[1]) sagt er, das Volk habe beim Staatsvertrag unmöglich gemeint sein können, dem Monarchen eine unbeschränkte Gewalt zu überlassen; sie sei nur eine bedingte. Welcker, der zweite Herausgeber des Staatslexikons lehnt dagegen die Volkssouveränität ab.[2]) In der praktischen Politik aber ist auch von den süddeutschen Konstitutionellen, die auf dem Boden der Welckerschen Theorie standen, diese letztere nicht immer hochgehalten worden. In den stürmischen Debatten der badischen Kammer im Februar 1848 z. B. haben selbst Welcker und Matthy, die Führer der Konstitutionellen, nach dem Prinzip der Volkssouveränität operiert. Welcker zitierte beispielsweise zustimmend das Wort: „Das Recht der Nation ist älter und heiliger als das der Dynastie." [3])

---

[1]) a. a. O. S. 167.

[2]) Staatslexikon, Bd. 15, S. 65, 66.

[3]) Vgl. Hebeisen, Der Kampf der politischen Parteien in Baden am Vorabend des Frühjahrsaufstandes von 1848, in der Zeitschrift der Gesellschaft zur Beförderung der Geschichts- usw. Kunde von Freiburg. Bd. XXV. (1909.)

Dritter Abschnitt.

Nach Landtagsschluss.

1. Kap. **Der Empfang der rheinischen Abgeordneten in der Heimat. Die Volksstimmung.**

Die heimkehrenden Abgeordneten der Städte und Landgemeinden wurden am Rhein festlich empfangen. Fackelzüge, Ständchen, Festessen wurden ihnen zu Ehren veranstaltet. Dem Abgeordneten von Beckerath zog eine lange Wagenreihe unter Anführung des Krefelder Gemeinderats, eine berittene Deputation der Polizei sowie ein stattlicher Reiterzug mit Musikchor bis zu dem zwei Stunden entfernten Osterath entgegen. In den fahnengeschmückten Straßen empfing ihn eine zahlreiche Menge mit lauten Ovationen.[1]) Von ähnlichen Festlichkeiten berichten die Blätter für Mevissen, von der Heydt, Baum, Mohr, Reichardt, Hüffer, Beemelmanns, Kyllmann, v. Eynern, Seulen. Dem Abgeordneten Hansemann wurde schon in Köln auf seiner Durchreise nach Aachen eine spontane Huldigung dargebracht von einer Menge, die nach dem Bericht der Kölnischen Zeitung[2]) den ganzen vor dem Bahnhof liegenden Frankenplatz füllte. Seine Heimatstadt Aachen, von wo ihm eine Deputation bis Düren entgegengefahren war, feierte ihn ebenfalls.[3])

---

[1]) So bericht die K. Z., 1. Beil. z. No. 186 5. 7.

[2]) K. Z. No. 193, 12. 7.

[3]) A. Z. No. 208, 27. 7.

In Koblenz wurde ein gemeinsames Fest für die Abgeordneten des Regierungsbezirks gefeiert, bei dem der Kaufmann A. Deinhardt von der „vollen Übereinstimmung in allen Fragen mit den Deputierten" sprach. Unter den ausgebrachten Toasten befanden sich auch solche auf „die 138" und auf „die Deputierten von Ostpreußen". [1])

Bei Beratungen in Köln hatte man auch beschlossen, ein gemeinsames Fest für die sämtlichen „freisinnigen" — wie man ausdrücklich betonte — Deputierten in Düsseldorf zu veranstalten. Aber die Regierung untersagte die Feier, wahrscheinlich in Erinnerung an die ihr unliebsamen Vorkommnisse auf einem anläßlich der erfolgreichen Bekämpfung des Strafgesetzentwurfs von 1843 gefeierten Feste, das von Mitgliedern des Provinziallandtags und Vertretern der Behörden zahlreich besucht gewesen war. [2])

Charakteristisch für die Stimmung im Rheinland war, daß einzig die Rückkehr der Kölner Deputierten, Camphausen und Merkens, die in öffentlicher Debatte weniger hervorgetreten waren, [3]) mit Stillschweigen übergangen wurde, wie Camphausens Bruder in einem Schreiben an ihn ausdrücklich hervorhebt. [4]) Erst verspätet kam auch für sie eine Feier zustande. Die Köln. Ztg. [5]) berichtete zwar von einer glänzenden Beteiligung des Volkes, aber erst die Trierer [6]) und die Rhein -und Mosel-Zeitung, [7]) dann auch die aus dem Rheinland gut unterrichtete Augsburger „Allgemeine Zeitung" traten diesem Bericht entgegen und stellten einmütig fest, daß die Beteiligung schwächer gewesen sei wie bei der Ovation für Hansemann. Der Kern der Bürgerschaft habe sich teilnahmslos gezeigt. Erst nach Hansemanns herzlichem Empfang in Köln hätten seine Freunde und Verehrer auf

---

[1]) K Z. No. 204, 23. 7.

[2]) R. M Z No. 160, 15. 7.

[3]) Noch während des Landtags bedauert eine Kölner Korrespondenz in der R. M. Z. (No. 130, 9. 6) die schwache Beteiligung der Kölner Abgeordneten an der Debatte.

[4]) Kaspary, Lud. Camphausen, S. 140.

[5]) K. Z. No. 199, 18. 7.

[6]) T. Z. No. 196 vom 20. Juli.

[7]) R M. Z. No. 177, 4. 8.

jene Manifestation gesonnen, die trotz aller aufgewandten Mühe eine sehr künstliche, kalte geblieben sei. [1]) Die Trierer Zeitung spricht von einer Kundgebung der Geldaristokratie.

Es scheint auch, als habe zwischen Camphausen und den übrigen rheinischen Führern infolge der verschiedentlichen taktischen Differenzen einige Mißstimmung bestanden. Darauf deutet wenigstens eine Stelle in einem Briefe Camphausens hin, den er nach seiner Rückkehr geschrieben hat: „Das Verhältnis der rheinischen Deputierten zueinander und zu mir scheint keine Störung erfahren zu sollen. Ich erfuhr zufällig, daß von Beckerath sich über mich in einer viel anerkennenderen Weise ausspricht, als ich es verdiene." Er erwähnt weiter, daß Hansemann in Köln gesagt habe, Camphausen sei es zu verdanken, daß der Landtag nicht auseinandergegangen. [2])

Aus den Berichten über den Empfang der heimkehrenden Abgeordneten geht deutlich hervor, daß dieser Empfang um so enthusiastischer und freundlicher war, je entschiedener der betr. Deputierte in Opposition gestanden hatte. [3]) Es hatte sich in den letzten Monaten in weiten Kreisen der rheinischen Bevölkerung ein bemerkenswerter Umschwung vollzogen. Das politische Interesse war durch die Verhandlungen des Landtages geweckt worden. Manche Befürchtungen, die früher zur Ablehnung eines zentralständischen Instituts geführt hatten, waren verschwunden. Gewissen Erscheinungen, die der Landtag in Fragen der Religion gezeitigt hatte, stand man zwar nicht unbedenklich gegenüber, aber vor der im großen Ganzen günstigen Stimmung traten sie

---

[1]) Allg. Ztg. No. 210 v. 29. 7.

[2]) Kaspary, a. a. O. S. 141.

[3]) Der Kölner Korrespondent der Allg. Ztg. charakterisierte am 18. Juni die Stimmung gegenüber den rheinischen Deputierten wie folgt: „Von den rheinischen Repräsentanten erfreuen sich hier des größten Beifalls Hansemann und v. Beckerath. Von Camphausen kann man etwa sagen, daß der Prophet wenig im eigenen Lande gilt. Er hat das Schicksal, von vielen nicht verstanden, von einigen sogar verdächtigt zu werden, wenn er auch bei allen Urteilsfähigen und Unbefangenen die einst allgemeine Hochachtung, nicht im mindesten verloren hat." (No. 172 v. 23. Juni).

doch zurück. Eine Abschwächung des Provinzialismus ist die unzweifelhafte Folge des Vereinigten Landtags gewesen,[1] was jedoch nicht ausschließt, daß der Unterschied in der Auffassung der Zentralisation, wie er oben (S. 157) hervorgehoben wurde, fortbestand. Was die freudige Zustimmung weiter rheinischer Bevölkerungskreise fand, war nicht in erster Linie das Streben der rheinischen Führer nach Erringung parlamentarischen Einflusses für die Volksvertreter, sondern die von ihnen vertretene demokratische Idee des allgemeinen Staatsbürgertums und der persönlichen Freiheit. Wohl hat auch der konstitutionelle Gedanke dank dem Verlauf des Landtags an Zugkraft gewonnen, weil die rheinischen Abgeordneten aus dem Vereinigten Landtage etwas ganz anderes gemacht haben, als von vornherein zu erwarten war.

2. Kap. **Das Schlußurteil der Presse.**

Nachdem der Erste Vereinigte Landtag geschlossen war, mußte sich die Frage nach seiner Gesamtbewertung aufdrängen. So finden sich denn in allen rheinischen Blättern zusammenfassende Urteile. Sie sind durchweg reich an Lob und Anerkennung für ihn bezw. seine oppositionelle Mehrheit.

Die Köln. Ztg. sagt: „Die Männer des ersten Landtags haben im ganzen ihre Pflicht erfüllt und durch ihr besonnenes und mannhaftes Auftreten unseren besten Hoffnungen entsprochen.“ Sie freut sich, daß der „konstitutionelle Doktrinarismus“ keinen Erfolg gehabt, daß andrerseits kein falsches Vertrauen Platz gegriffen habe, sondern daß der Rechtsboden gewahrt worden sei. Der Landtag „hat in seiner Mehrheit die rechte Linie keinen Augenblick verlassen, wie lockende Ziele sich auch zur Seite zeigen möchten. Er hat der Wohltat der Rentenbanken pflichtgetreu entsagt und den ersehnten Bau der Ostbahn mit schwerem, aber männlich entschlossenem Herzen abgelehnt.“[2]

Die Aachener Ztg. nennt die Verhandlungen „Saaten,

---

[1]) Vgl. Allg. Ztg. No. 166 v. 15. 6 und 186 v. 5. 7.

[2]) K. Z. No. 185, 4. 7.

deren Ernte erst bevorsteht". Auch sie lobt das Festhalten am Recht. „Der Landtag hat nur eine Fahne gehabt, und es war die des Rechtes." Parteien habe es in der Versammlung nicht gegeben, und „die Partei, die heute konsolidiert erschien, war morgen schon zersplittert". Sie erblickt darin einen Beweis für die Unschuld der Versammlung.[1])

Sogar die Trierer Ztg. gibt, vom Boden der Bourgeoisie aus urteilend, zu: „Wer das Wesen des Landtags begreift, wer die Bedingungen des preußischen Landtags erwägt, der muß sich mit den Ergebnissen des Landtags vollkommen befriedigt erklären."[2])

In der Elberfelder Ztg. urteilt der Berliner Korrespondent, die große Furcht des Landtages liege darin, daß die Abgeordneten „den entschiedenen, jedoch besonnenen Fortschritt mit Macht zur Geltung gebracht haben".[3]) Sie bringt sogar eine Zuschrift vom Niederrhein, die ganz im Sinne der Opposition gehalten ist und die „Ultrakonservativen" in den schärfsten Wendungen angreift.[4])

Von besonderem Interesse ist, was die Rhein- und Mosel-Zeitung schreibt: „Wenn auch die Frage der Periodizität nicht nach dem Wunsch der Stände gelöst sei und dies auch mit früheren Versprechungen in Widerspruch stehen sollte, so sei doch die Zusammenberufung eines allgemeinen Landtages ein Zugeständnis, das alle Mängel mildere und die Vollendung des Gebäudes in kurzer Zeit unzweifelhaft sicher stelle." Ihre Kritik setzt da ein, wo es sich um die Religion handelt. „Die Stände haben nur einen gefährlichen Irrweg zu vermeiden: sich nicht zu Repräsentanten gewisser moderner Zeitströmungen zu machen." In politischen Fragen hätten sie ihn mit Takt vermieden, aber nicht in der Dissidenten- und Judenfrage. Die Gefahr einer revolutionären Entwicklung sei darum nicht ausgeschlossen.[5]) An dieser Stelle schreibt die neue Redaktion nicht einmal ein Wort

---

[1]) A. Z. No. 192, 11. 7.
[2]) T. Z. No. 206, 25. 7.
[3]) E Z. No. 182, 4. 7.
[4]) E. Z. No. 178, 30. 6.
[5]) R. M. Z. No. 152, 6. 7.

gegen die Zentralisation, während sie noch am 6. Juni die rheinischen Deputierten wegen ihres „modern-konstitutionellen Trachtens nach dem Prinzip der äußeren Staatseinheit“ angegriffen hatte.[1])

So verstärkt ein Überblick über die Kundgebungen der Presse den Gesamteindruck, daß der Landtag am Rhein im großen Ganzen ein günstiges abschließendes Urteil gefunden hat.

Schluß.

Fassen wir in großen Zügen unsere Untersuchung noch einmal zusammen und ergänzen sie durch einige naheliegende Erwägungen.

Als Vertreter der Rheinprovinz auf dem ersten Vereinigten Landtag treten uns in den Debatten fast nur Vertreter der liberalen Richtung entgegen. Die auf den letzten rheinischen Provinziallandtagen neben ihr so stark hervorgetretenen Wortführer des konservativen autonomen Adels

[1]) Mit verstärkter Wucht macht sie dagegen später wieder ihren partikularistischen Standpunkt geltend, so im Dezember, wohl unter dem Eindruck des damals publizierten, am Rhein sehr ungünstig aufgenommenen, neuen Strafgesetzentwurfs. Ihre schärfere Tonart erhellt aus folgender Auslassung: Der Vereinigte Landtag „hat eine den christlich-monarchischen Traditionen bei weitem feindlichere Physiognomie angenommen als dies bei der seitherigen Wirksamkeit der Provinziallandtage vielleicht hätte erwartet werden können.“ Die Wahrnehmung, daß „der Geist des Pseudoliberalismus, der Lichtfreundlichkeit und des Antichristianismus“ die Landtags-Majorität beherrscht hat, hat „die Anerkennung seiner schöneren Seiten, seiner mit hohem Geiste, mit seltener Beredsamkeit und mit warmer Begeisterung geführten Verteidigung wohlerworbener Volks- und Standschaftsrechte allzusehr verkümmert.“ Neben der religiösen Haltung ist es das Zentralisationsstreben der Liberalen, welches die Rhein- und Mosel-Zeitung tadelt. Sie verurteilt die Haltung der rheinischen Abgeordneten, besonders Beckeraths, bei der Adreßdebatte, die „im Gegensatz zur traditionellen Politik der Rheinlande dem modernen Konstitutionalismus entnommene Parole der Einheit des Staates;“ ebenso tadelt sie das Verhalten Camphausens und Beckeraths bei der Debatte über die Provinzialhülfskassen, bei der Beckerath „das Prinzip des provinzialständischen Rechtes selber, das Lebensprinzip des Rheinlandes bekämpft“ habe. (No. 292, 18.12).

fehlen fast ganz. Die durch das Patent vom 3. Februar inaugurierte neue Ära hatte den Autonomen den Boden entzogen. Sie waren sich dessen auch bewußt und zogen daraus die Konsequenzen. Sie gaben die Opposition auf. Sie vollzogen natürlich nicht den Anschluß an das Programm der Liberalen — sie lehnten den Anspruch auf die in den früheren Gesetzen verheißenen Rechte ab und machten die politische Opposition, z. B. bei der Ostbahn-Vorlage, nicht mit[1]) — aber gegen die periodische Einberufung des Vereinigten Landtages an und für sich opponierte kein einziges Mitglied der rheinischen Ritterschaft, wie die Abstimmung über die Periodizitäts-Petition der Herren-Kurie zeigt. Darin liegt die Aufgabe des noch 1845 vertretenen Standpunktes und die Anerkennung der zentralistischen Entwicklung.

Eine Gruppe von 10 oder 11 ritterschaftlichen Abgeordneten, deren Kern die im Jahre 1843 im Gegensatz zu den Autonomen gewählten Herren bildeten,[2]) schloß sich den rheinischen liberalen Abgeordneten im Kampf um den Rechtsboden an. Wie weit diese Gruppe die konstitutionellen Ideen der bürgerlichen Abgeordneten geteilt hat, ist nicht zu ersehen. In manchen Punkten werden sie aber einig gewesen sein (vgl. z. B. die Abstimmungen in der Judenfrage).

Was als Vertretung des Rheinlandes an die Öffentlichkeit trat und als Organ der Meinung der Provinz galt, das stand im Lager der liberalen Opposition. Zeichnen wir nochmals kurz die politische Theorie und Praxis der rheinischen Abgeordneten, so wie sie uns in den Debatten entgegentritt. Ihre politische Theorie war der Konstitutionalismus, d. h. sie wollten eine grundgesetzlich festgelegte Mitwirkung des Volkes bei der Gesetzgebung, nicht auf ständischer, sondern repräsentativer Grundlage, aber ohne demokratisches Wahlrecht. Hieraus ergibt sich ihr Eintreten für die verschiedenen politischen Freiheiten: Preßfreiheit,

---

[1]) S. Anhang II. Vgl auch die Äußerung v. Haw's (S. 107).

[2]) Siehe S. 69. Die Herren v. Hilgers und v. Gudenau, die die K. Z. den Gegnern der Autonomen zurechnete, stimmten niemals mit den Liberalen.

Petitionsfreiheit sowie für alles das, was im zweiten Teil des zweiten Abschnitts behandelt worden ist.

So war ihre Doktrin. Aber ihre Politik war nicht doktrinär, d. h. sie rechneten mit den gegebenen Verhältnissen und den realen Machtfaktoren. Sie nahmen das, was der König ihnen in dem Februarpatent bot: die Stände mit ihren beschränkten Befugnissen, an, um mit den ihnen gegebenen Mitteln auf das nicht aus den Augen verlorene Ziel hinzuarbeiten. Diese Taktik im entscheidenden Augenblick festgelegt zu haben, ist indes nicht das Verdienst der Gesamtheit der rheinischen Abgeordneten, nicht einmal der Gesamtheit der führenden Persönlichkeiten, sondern vor allem eines Mannes — Camphausen. Ich erinnere an die Meinungsverschiedenheiten bei den Kölner Beratungen im Februar, bei denen Camphausens Ansicht zuletzt durchdrang. Das Gebotene annehmen und das Verweigerte verwahren, das war die von ihm vorgeschlagene Taktik, der er zunächst bei den Rheinländern, dann auch bei den übrigen Gruppen der Opposition zum Siege verhalf. Hierdurch ist die ganze weitere gewichtige Tätigkeit des Vereinigten Landtags erst möglich geworden. Daß die Meinungsverschiedenheiten unter den rheinischen Abgeordneten nicht ein für allemal überwunden waren, zeigten die verschiedentlichen Spaltungen, die in ihren Reihen hervortraten. Dabei kamen die Oppositionsgelüste einer starken Hälfte der Stadt- und Landgemeinde-Abgeordneten zum Vorschein. Wie stark das Bedürfnis war, auch im Rahmen der einmal akzeptierten Taktik eine scharfe, selbstbewußte Tonart anzuschlagen, zeigte sich darin, daß sie in allen Stadien des Kampfes um den Rechtsboden allemal geschlossen der entschiedensten der sich dabei herausbildenden Richtungen folgten, so bei der Adreß- und bei der Verfassungsdebatte.

Die Mischung von diplomatischer Mäßigung und Neigung zu scharfer Opposition, wie sie bei den Rheinländern in die Erscheinung trat, scheint mir vorteilhaft gewirkt zu haben, indem einerseits der Rechtsstandpunkt genügend zur Geltung gebracht, andererseits ein offener Konflikt mit der Krone vermieden wurde.

* * *

Nicht in allen Stadien des Kampfes um den Rechtsboden hatten die Rheinländer eine so führende Rolle wie in den Vorberatungen und in der Adreßdebatte. Hier fiel einem der Ihrigen, Beckerath, die Aufgabe zu, zum ersten Male die Differenzpunkte zwischen König und Ständen zu formulieren. In der Debatte über die Rentenbank-Garantie und die Ostbahn-Anleihe sowie in der Verfassungsdebatte steht die Provinz in ihrer Gesamtheit infolge ihres meist geschlossenen Auftretens an der Spitze der Opposition, aber die Führung der Debatte lag in anderen Händen, von Vinckes und einiger Preußen. Wo es sich aber im allgemeinen um die Fortbildung der politischen Verhältnisse in Preußen im konstitutionellen Sinne handelt, muß den Rheinländern unbestritten der Vorrang zuerkannt werden. Es gibt keine Provinz, die so eifrige und unermüdliche Kämpfer für die konstitutionellen Ideen gestellt hat, wie die Rheinprovinz.

* * *

Einige Aufmerksamkeit müssen wir noch den verschiedentlichen Meinungsverschiedenheiten unter den Rheinländern schenken, die die Geschichte des Vereinigten Landtages aufweist.

In dem Kampfe um den Rechtsboden bestand grundsätzliche Übereinstimmung unter allen Abgeordneten der Städte und Landgemeinden (Conze ausgenommen). Wo Differenzen auftraten, waren sie taktischer Natur: bei der „Deklaration“ war nicht der Inhalt, sondern die Form der Grund der mangelnden Einmütigkeit; in den übrigen Fällen die Frage der Taktik: die Petition der Abteilung in der Periodizitätsdebatte schien der Hälfte der rheinischen Deputierten den Rechtsstandpunkt nicht entschieden genug zu betonen; bei der Zustimmung zu den Petitionen der Herrenkurie war es die Hoffnung, durch eine Petition an den König das Ziel sofort zu erreichen, die einen Teil der Rheinländer bestimmte, den Rechtsstandpunkt in der Form preiszugeben; bei den Ausschußwahlen wollten die einen durch einen offenen Konflikt mit dem König Zugeständnisse erzwingen, die anderen wollten noch bei der Politik des Abwartens beharren.

Wie ist es nun mit den verfassungsrechtlichen Anschauungen? Hier kann nicht mit der gleichen Bestimmtheit behauptet werden, daß in jeder Hinsicht grundsätzliche Einigkeit bestand. Öffentlich hat sich ja wohl keine Differenz bemerkbar gemacht. Auch gelegentlichen kleinen Absplitterungen, z. B. in der Angelegenheit der Juden-Emanzipation, kann man keine große Bedeutung beimessen. Aber man kann daran zweifeln, ob das unbedingte Zentralisationsstreben der Führer und die unbedingte Ablehnung jeglichen provinziellen Eigenlebens von allen Abgeordneten der Stadt- und Landgemeinden gebilligt wurde. Es wäre möglich, daß ein Teil der Abgeordneten der Landgemeinden und kleinen Städte, die nicht der Großindustrie und dem Großkaufmannsstande angehörten, anderer Meinung gewesen wäre,[1]) daß sie gegenüber einer zentralisierten Staatsverfassung denselben Vorbehalt machten, wie der größte Teil des rheinischen Volkes (s. S. 157). Bestanden in diesem Punkte abweichende Anschauungen, so auch folgerichtig in bezug auf die Konstitution. In allen übrigen Fragen der Freiheit und des Fortschritts werden aber keine abweichenden Meinungen bestanden haben.

* * *

In diesem Zusammenhang muß der führenden rheinischen Abgeordneten noch besonders gedacht werden. Sie waren ja im Kampfe um den Rechtsboden die beredten Organe der in den rheinischen Deputiertenkreisen herrschenden übereinstimmenden und abweichenden Anschauungen. Auch unter ihnen treten die Meinungsverschiedenheiten hervor, die wir oben bezüglich der Rheinländer im allgemeinen festgestellt haben.

Sie waren alle darin einig, daß ein bestimmtes Maß von Rechten dem Vereinigten Landtag als dem verheißenen zentralständischen Institut gebühre. Über die Art und Weise, wie diese Rechte zu wahren seien, gingen die Ansichten aber schon bald auseinander, als es sich darum handelte, ob der

---

[1]) Es sei an das Auftreten des Abg. Brust bei Beratung der Rentenbank-Garantie erinnert. (Siehe S. 98).

Rechtsstandpunkt auch in der Form oder nur durch die Enthaltung von ihm zuwiderlaufenden Handlungen zu vertreten sei. Die Entscheidung hing davon ab, wieviel der Einzelne von seinem grundsätzlichen Standpunkt an die Taktik zu konzedieren geneigt war, und das richtete sich wieder nach der größeren oder geringeren Neigung zur Opposition. Wo die letztere groß war, da wurden auch der Taktik wenig Zugeständnisse gemacht. Hansemann weicht in etwa von dieser Regel ab, insofern als auch er stark oppositionell gesinnt, aber, wo er einen Erfolg winken sah, nicht genug Theoretiker war, um nicht aus praktischen Gründen von seinen Grundsätzen etwas zugunsten der Taktik zu opfern.

Diese allgemeine Formulierung ergibt sich aus dem tatsächlichen Verlauf der Dinge in den entscheidenden Momenten. In bezug auf Taktik und Tonart gehören auf der einen Seite Camphausen und Beckerath, auf der anderen Hansemann und Mevissen zusammen. v. d. Heydt, der weniger hervortrat und bei wichtigen Vorgängen im Landtag nicht anwesend war, neigte mehr auf die Seite Hansemann-Mevissen. Die beiden Erstgenannten haben in der Frage der Deklaration, bei der Abstimmung über die Petitionen der Herrenkurie betreffend den Verfassungsstreit und bei den Ausschußwahlen auf der Seite der Gemäßigten gestanden. Mevissen vertrat in allen drei Fällen die schärfere Tonart; die starre Logik philosophischen Denkens bestimmte auch seine politische Taktik. Hansemann dagegen, weniger philosophisch aber praktischer veranlagt, ließ sich bei der Abstimmung über die Petitionen der Herrenkurie von Nützlichkeitserwägungen zur Aufgabe seines bisherigen Standpunktes bewegen.

Was das rednerische Auftreten der Führer anlangt, so ist folgendes zu sagen. Camphausen tritt von der führenden Stellung, die er unter seinen Freunden auf dem Rheinischen Provinziallandtag von 1845 und auch noch zu Beginn des Vereinigten Landtags eingenommen hatte, zurück. Das erklärt sich wohl aus dem Zwiespalt, in dem er taktisch zu der übrigen Opposition stand. Daraus erklärt sich auch, daß er, wo er an den Verfassungsdebatten sich beteiligt, den Nachdruck auf den Nachweis der Nützlichkeit und Notwendigkeit des Geforderten legt. Darin unterscheidet er sich von Beckerath und Mevissen, während Hansemann, der übrigens der regsamste und tätigste unter den rheinischen Führern war, infolge seiner mehr praktisch gerichteten Sinnesart in seinen Reden ähnlich argumentierte. Beckerath und besonders Mevissen stützten sich sowohl auf das positive Recht als auch auf die Staatsrechts-Theorien des Liberalismus. Mevissens Neigung zu philosophischer Spekulation drückte auch seinen Reden den Stempel auf, was allerdings nicht zur Erhöhung ihrer Wirkung beitrug. Von den rheinischen Abgeordneten verriet keiner so wie er die Neigung zum Doktrinarismus, zu einseitiger Betonung der Theorie. Sein Antipode in dieser Hinsicht war Hansemann, der Mann der praktischen Erfahrung, dessen Reden von einem frischen Hauche konkreter Wirklichkeit durchweht sind. Mevissen in gewissem Sinne nahe stand Beckerath durch die weniger das praktische Moment betonende Art seiner Argumentation. Im Unterschied von ihm pflegte er aber nicht so sehr das rein Verstandesmäßige als das Gefühlsmoment und das ästhetisch Wirksame. Seine Reden zeigen rhetorischen Schwung, der manchmal in Pathos übergeht, und verraten einen gewissen Hang zum Sentimentalen. Von den rheinischen Führern trat v. d. Heydt in den Plenarversammlungen am wenigsten hervor, dafür leistete er aber emsige und bedeutsame Arbeit in wichtigen Kommissionen.

* * *

So geschlossen die Opposition des Vereinigten Landtags in dem Kampfe um den Rechtsboden auftrat, so hatte sie doch kein einheitliches politisches Programm, wenn man von einem politischen Programm bei den unentwickelten Verhältnissen überhaupt sprechen kann. Ein erschöpfender Vergleich zwischen den verschiedenen Gruppen der Opposition kann hier nicht angestellt werden; dazu wäre eine besondere Untersuchung nötig. Aber auch die nachstehenden Angaben mögen zeigen, daß die Opposition, die sich in dem Verfassungsstreit zusammenfand, aus heterogenen Elementen bestand.

Neben der rheinischen ist durch ihre Vertreter oder durch

ihre Zahl von Bedeutung die westfälische, die pommersche, die preußische und die schlesische. Am schärfsten ist der Gegensatz zwischen rheinischer und westfälisch-ritterschaftlicher Opposition. Ihr hervorragendster Vertreter war Frhr. von Vincke. Ihm war das historische Recht alles, die politische Fortentwicklung nichts. In der Verfassungsdebatte erklärte er, er sei der Ansicht, daß es nicht an der Zeit sei, die Krone jetzt mit Bitten um Verleihung neuer Rechte zu drängen; er wolle aber auch nur die Erhaltung schon bestehender früherer Rechte. Sein Ideal waren starke Stände gegenüber der Krone im althistorischen Sinne. Konstitutionalismus und Zentralisation lehnte er ab. Daraus ergab sich sein Gegensatz zum rheinischen Liberalismus. In der Bescholtenheitsdebatte verteidigte er den Rheinländern gegenüber das Duell u. a. unter Berufung auf einen Ausspruch Guizot's; dann gegen die Rheinländer gewandt: „Ich frage die Mitglieder aus jener Provinz, die sich vorzugsweise politischer Bildung rühmen: wenn Sie uns Ihre politische Weisheit von Frankreich herüberbringen, warum bringen Sie uns nicht auch diese Gesinnungen mit?" [1]) Hiermit konnte er nur die konstitutionellen Ideen bezeichnen und ablehnen wollen. In allen Fällen, wo die Führer der rheinischen Opposition gegen die provinzielle Sonderung kämpften, hatten sie Freiherrn von Vincke zum Gegner. [2])

Von den pommerschen und preußischen Mitgliedern der Opposition hat die Rheinländer in den zur Verhandlung gelangenden Fragen wohl nur die Nuance der Entschiedenheit getrennt. Graf Schwerin, der Hauptvertreter der schwachen

---

[1]) Bleich II, 259.

[2]) Biedermann beurteilt ihn also: „V. hat starke Idiosynkrasien gegen das konstitutionelle System. Er hat dies öfters ausgesprochen und hat es gar nicht Hehl gehabt, daß die Hinneigung der Rheinländer zu dem englischen und französischen Konstitutionalismus ihm zuwider sei. V. hat ferner mitunter eine besondere Vorliebe für provinzielle Absonderung und ein starkes aristokratisches Selbstgefühl verraten. Alles dieses könnte ihn früher oder später leicht mit den Ansichten seiner jetzigen politischen Freunde in Konflikt bringen" (a. a. O. S. 495). „Geschickt verdeckte, aber doch nur schlummernde Tendenzen der alten Aristokratie" entdeckte auch Mevissen bei ihm (Hansen I, 452).

pommerschen Opposition, zeigte bei der Bescholtenheitsdebatte, daß er die allgemeine staatsbürgerliche Idee, wie sie von den Rheinländern bei dieser Gelegenheit verfochten wurde, nicht in dem Grade teilte, daß er nicht neben dem bürgerlichen noch einen besonderen militärischen Ehrbegriff, der auch auf das politische Leben Einfluß haben sollte, anerkannt hätte. Bei der Beratung der Anträge Thiel-Wangotten und Flemming betr. den Etat bekämpfte Graf Schwerin zwar die beantragte Petition, aber ihren Inhalt billigte er. Wenn er das Etatsrecht gegen den Einwand in Schutz nahm, es bedeute den Übergang zur Konstitution, so hat er letztere damit nicht verwerfen wollen. Man begegnet ihm ja schon in allernächster Zeit im „Ehrenrat" der vom 1. Juli 1847 ab erscheinenden „Deutschen Zeitung", die ihre Hauptaufgabe in der Propagierung der konstitutionellen Ideen sah.[1]) Was die preußische Opposition anlangt, so führe ich hier die Charakteristik an, die Koser in seiner mehrfach zitierten Abhandlung von ihr entwirft: „Man perhorreszierte das Repräsentationssystem nicht, wie die Konservativen es taten, aber man betrachtete es auch nicht als das alleinseligmachende, als das richtige System schlechthin. Man war bereit, ohne inneren Vorbehalt auf dem Boden des ständischen Systems weiter zu bauen."[2]) Auch ihr Führer, Hr. von Auerswald, gehörte dem Ehrenrat der „Deutschen Zeitung" an. Kosers Urteil scheint mir etwas zu konservativ abgetönt zu sein. Tiefgehende sachliche Differenzen haben jedenfalls zwischen Rheinländern, Preußen und dem Grafen Schwerin nicht bestanden.

Wohl am nächsten standen aber den Rheinländern mit ihrem verfassungsrechtlichen Programm die schlesischen Liberalen, die in einem Bericht des Breslauer Regierungspräsidenten vom 6. April 1847 teils der radikalen, teils der gemäßigt liberalen Partei zugerechnet werden. Von der letzteren sagt er, daß sie „eine der englischen und französischen ähnliche Konstitution, aber keine Herrschaft der Massen, sondern die jetzt in diesen Staaten herrschende Aristokratie des

[1]) Vgl. ihr „Ankündigungsblatt" abgedruckt in „Aus dem Nachlaß von K. Matthy" (S. 24–40).

[2]) Koser, a. a. O. S. 311.

Geldes und des höheren Bürgerstandes" verlangen.[1]) Nach Biedermanns Angabe[2]) war die radikale Richtung auch auf dem Vereinigten Landtag durch einige Deputierte vertreten. Durch welches Programm diese Richtung ihren Radikalismus bekundete, wird nicht gesagt.

* *

Die einleitenden Bemerkungen über die rheinische Presse[3]) seien noch durch eine Parallele zwischen der Politik der rheinischen Deputierten und der Haltung der rheinischen Presse ergänzt.

Zwischen der Politik der rheinischen Deputierten und der Meinung der liberalen Presse am Rhein — Kölnische Zeitung und Aachener Zeitung — haben wir, wo beiderseitige Äußerungen vorlagen, stets grundsätzliche Übereinstimmung feststellen können. Wir sahen die Politik der Rheinländer auf dem Landtag die Bahnen wandeln, auf denen die gleichgesinnte Presse, vorab die Kölnische Zeitung, ihnen mit ihrer Kritik voraufgegangen ist. Die Widersprüche zwischen der alten und der neuen Gesetzgebung waren in den Artikeln der Köln. Ztg. schon Punkt für Punkt festgestellt worden, und auch die sonstigen weitergehenden Wünsche der Presse wurden zum größten Teil von den Abgeordneten aufgenommen.[4]) In der praktischen Politik, in der taktischen Behandlung der politischen Fragen ist von einer folgerichtigen Haltung nur bei der Kölnischen Zeitung die Rede. Die Aachener Zeitung widmet ja der Hauptfrage, dem Kampf um den

---

[1]) Geh. Staats-Arch. (Bei Koser, a. a. O. S. 308).

[2]) Biederman, a. a O. S. 92.

[3]) Siehe S. 32 ff.

[4]) Die Wirkung der Pressekritik auf die späteren Verhandlungen des Landtags hatte der Arnsberger Regierungspräsident K. von Bodelschwingh, richtig vorausgesehen. Er berichtete am 29. März über die Stimmung in Westfalen: „Die vielen Beurteilungen der Gesetze (vom 3. Februar) in der Kölner und anderen Zeitungen haben wohl dazu beigetragen, daß die Abgeordneten weniger unbefangen in Berlin erscheinen werden, und die Ansichten mehr in die Bahn gelenkt, welche gewöhnlich die konstitutionelle genannt wird". (Geh. Staats-Arch. – Bei Koser, a. a. O. S. 302.)

Rechtsboden, nur gelegentlich einen sympathischen, aber nicht aus einer konsequent durchgeführten Politik hervorgegangenen Artikel. Wo die rheinischen Abgeordneten auseinandergingen, da nahm die Köln. Zeitung eine dem gemäßigten Standpunkt Camphausens und Beckeraths sich nähernde Haltung ein.

Die Düsseldorfer Zeitung beschränkte sich während des Vereinigten Landtags darauf, bei namentlichen Abstimmungen das Votum der rheinischen Abgeordneten mitzuteilen. Die Trierer Zeitung bespricht nach langem Warten die Ereignisse auf dem Vereinigten Landtag in ausführlichen Artikeln; bei aller Anerkennung, die sie der Opposition spendet, läßt sie doch immer durchblicken, daß sie andere politische Grundsätze hat als die Liberalen. Die schwankende Haltung der Elberfelder Zeitung, auf die früher schon hingewiesen wurde, macht sich auch in dem Kampfe um den Rechtsboden bemerkbar; ihre allgemein politischen Anschauungen decken sich manchmal mit denen der Liberalen.

Auf den Umschwung in der Politik der Rhein- und Mosel-Zeitung ist im Laufe der Darstellung hingewiesen worden. Ihre Politik in der zweiten Periode unterscheidet sich von der ersten, in welcher sie der neuen Entwicklung mit nur geringen Vorbehalten sympathisch gegenüberstand, durch die Beurteilung der Konstitution und der damit zusammenhängenden staatlichen Zentralisation. Da sie beide entschieden ablehnte, so geriet sie in schroffen Gegensatz zu den rheinischen liberalen Führern, der noch durch die Verschiedenheit der beiderseitigen religiösen Anschauungen verschärft wurde. Damit steht durchaus nicht in Widerspruch, daß sie in politischen Fragen einen freiheitlichen Standpunkt einnahm.

* * *

Der zuletzt behandelte Gegenstand leitet über zu dem Thema: Rheinische Abgeordnete und rheinisches Volk. Im Laufe der Monate vollzog sich in der Stimmung eines großen Teiles der Bevölkerung gegenüber dem Vereinigten Landtage ein Umschwung. Während es vor seinem Zusammentritt nur eine dünne Oberschicht der Bevölkerung, im wesentlichen der höhere Kaufmanns- und Gewerbestand, war, der die neue politische Entwicklung begrüßte, weckte die Haltung der Opposition im allgemeinen und der rheinischen im besonderen, ihr Eintreten für Volksrechte und größere Freiheit viele Sympathien auch in anderen Kreisen der Bevölkerung. In dem Zeitraum seit 1815, seit der Zugehörigkeit der Rheinlande zu Preußen, war nur dann eine preußenfeindliche Stimmung am Rhein hervorgetreten, wenn sich die Berliner Politik im Gegensatz zu dem Empfinden der Rheinländer befand. Von Anfang an war diese Stimmung nicht vorhanden gewesen, und sie war keine unbedingte. Als daher die rheinischen Abgeordneten sich zu Vorkämpfern freiheitlicher Ideen machten und gegenüber der Bureaukratie ein entschiedenes Wort wagten, da hinderte keine grundsätzliche Abneigung gegen das preußische zentralständische Institut eine lebhafte Zustimmung. Starken Widerspruch rief nur die Äußerung der religiösen Anschauungen einzelner rheinischen liberalen Abgeordneten hervor, so daß von einer vollständigen Harmonie zwischen Abgeordneten und Volk keine Rede sein kann. Die religiös-politischen Kundgebungen einzelner Führer haben der von ihnen getragenen Bewegung viele Sympathien entzogen.[1])

Unberührt von dem politischen Umschwung blieben die proletarischen Kreise. Ihre Interesselosigkeit wird durch die Trierer Zeitung bezeugt, die rückschauend schrieb, das Volk

[1]) Vgl. R. M. Z. No. 135, 15. 6, 152, 6. 7 und 292, 18. 12. Ferner H. Sybel, Die politischen Parteien d. Rheinprovinz in ihrem Verhältnis zur preußischen Verfassung geschildert, Düsseldorf 1847. (Vor dem Vereinigten Landtag erschienen.) S. 21, 22, 56, 83. — Als Symptom der Stimmung in weiten Kreisen gegenüber den religiösen Anschauungen der liberalen Führer können die verschiedentlichen Polemiken der R. M. Z. gegen den Abg. Mevissen angesehen werden (No. 156, 10. 7; 292, 18. 12). In einer Neußer Korrespondenz des Blattes wird Klage geführt, daß man einen junghegelianischen Deputierten nach Berlin geschickt habe, „der unsere Gegend ebenso wenig und unwahr repräsentiert als hätten wir ihn aus dem Bann von Mekka's Toren oder aus dem entferntesten Heidentum genommen". Ein Deputierter, der sich nicht scheue, Sokrates, Christus und Hus auf eine Linie nebeneinander zu setzen, könne in keiner Beziehung ein rechtmäßiges Organ der Gegend sein. (R. M. Z. No. 135, 15. 6.)

habe der Liberalismus nicht hinter sich gehabt. „Woher sonst die Grabesruhe im eigentlichen Volke, in der Welt der Arbeiter?“ [1])

Auch die Anschauungen des einzigen konservativen rheinischen Städte-Abgeordneten, Conze (Langenberg), werden, wenn man vom Beamtentum absieht, in einer dünnen und lokal begrenzten Schicht des Volkes, im Bergischen, Anklang gefunden haben.

* * *

In der Verfassungsentwicklung Preußens bildet die Tagung des Vereinigten Landtags von 1847 eine wichtige Etappe. Die Bedeutung, die der erstmaligen Zusammenberufung eines gesamtpreußischen Landtages zukam, wurde nicht nur in Preußen erkannt. In ganz Deutschland, besonders in den konstitutionell regierten Staaten, folgte man der preußischen Entwicklung mit der allergrößten Spannung. In liberalen Kreisen erhoffte man von der Umwandlung des preußischen Staates in eine konstitutionelle Monarchie eine engere Verbindung mit dem übrigen Deutschland und eine befriedigendere Gestaltung der deutschen Verhältnisse im Sinne der deutschen Einheit. Das große Interesse, welchem der Vereinigte Landtag in Deutschland begegnete, wird durch die Aufmerksamkeit bezeugt, die ihm die Presse und politisch interessierte Kreise, besonders in Süddeutschland, schenkten.

Kaum minder groß war das Interesse außerdeutscher Politiker, in Belgien, Frankreich und England, wenn es auch nicht immer einen sympathischen Charakter hatte. Die englische Presse begrüßte das neue Verfassungsgesetz und die Bestrebungen der Opposition des Vereinigten Landtags beifällig; die französische dagegen war von der Entwicklung, die Preußen im Innern nahm, nicht erbaut. Durch dieselbe wurde ja den Spekulationen, die sich auf die Anziehungskraft der französischen Konstitution auf die benachbarten Rheinlande gründeten, der Boden entzogen. [2]) Zwischen Belgien

[1]) T. Z. No. 343, 9. 12. 47. — Vgl. auch Sybel, a. a. O. S. 80.

[2]) In einer Kölner Korrespondenz der Allg. Ztg. (Nr. 70) vom 11. März hieß es: „Frankreich hat durch die Verfassungsgesetze

und den Rheinlanden gab es langjährige Beziehungen geistiger und wirtschaftlicher Art. Daher war jetzt die belgische Presse, welche in diese Beziehungen mit einbegriffen war, besonders gut in der Lage, die preußischen Ereignisse zuverlässig zu kommentieren.

Die Bedeutung des Vereinigten Landtages von 1847 besteht darin, daß er gewissermaßen die Schleuse gewesen ist, durch die alles, was an verfassungsrechtlichen Bestrebungen in Preußen lebte und was sich auf andere Weise gar nicht oder nicht so nachdrücklich Geltung verschaffen konnte, hervorbrach. Wenn die ruhige Entwicklung im folgenden Jahre nicht durch eine Revolution unterbrochen worden wäre, würde er zweifellos eher als der König dachte, manches konstitutionelle Recht erobert haben. Bei mehr als einer Gelegenheit trat die einflußreiche Stellung, die der Landtag trotz aller Beschränkung seiner Befugnisse einnahm, deutlich in die Erscheinung, nicht nur in der Ablehnung der Rentenbank-Garantie und der Ostbahn-Anleihe, sondern auch in der ganzen Art des durch Sachkenntnis und parlamentarische Gewandtheit ausgezeichneten Auftretens seiner Mitglieder sowie durch die Entschiedenheit, mit der er seine Rechte vertrat und sich zum Herold einer neuen Staatsauffassung machte. Alle politischen Gruppen haben in irgend einer Weise zur Begründung der moralischen Macht des Landtages beigetragen, nicht nur die Opposition, sondern auch die starke konservative Gruppe, die zwar alle Rechtsforderungen ablehnte, aber in wichtigen Punkten, z. B. in der Überzeugung von der Notwendigkeit der Periodizität des Vereinigten Landtags, mit der Opposition eins war.

Nach den voraufgegangenen Untersuchungen darf behauptet werden, daß die Rheinländer zu der Begründung der moralischen Machtstellung des Landtags in hervorragender Weise beigetragen haben: durch ihre gemäßigte Taktik in der Kompetenzfrage, durch ihre lebhafte, auf Fortbildung der politischen Verhältnisse gerichtete Initiative, der sie einen

vom 3. Februar sowohl den Stützpunkt als den Hebel verloren, welchen es einerseits in der Verfassungszusage, andererseits in seiner eigenen Konstitution bisher oft zu finden wußte. Jetzt sind auch hier unsere Hoffnungen und Sympathien auf den Landtag in Berlin gerichtet.“

starken Rückhalt geben konnten durch ihre Vertrautheit mit den modernen, verfassungsrechtlichen Theorien, dann aber nicht zum wenigsten durch die finanzpolitische Befähigung Hansemanns, die der ganzen von ihm vertretenen Parteirichtung zugute kam. Seine Rede zur Ostbahn-Vorlage z. B. hatte den Charakter einer richtigen Etatsrede. Eine Versammlung, aus der solch sachverständige Kritik hervorging, mußte an Ansehen gewinnen.

Auch daß die Regierung zum erstenmal einer Vertretung des ganzen Landes gewissermaßen auf gleichem Fuße gegenübertrat und ihr Rede und Antwort stehen mußte, wirkte in dieser Richtung. Ein Vorgang mag dies illustrieren. Mevissen und Hansemann hatten in der Verfassungsdebatte das Ministerium scharf kritisiert. Hr. von Bodelschwingh sah sich dadurch zu einer Abwehr bewogen, die mit einer Verantwortung große Ähnlichkeit hatte: „Es ist uns vorgeworfen worden, daß wir nicht, wie unsere berühmten Vorgänger Stein und Hardenberg, bei dem Rate, den wir dem König bei der vorliegenden Veranlassung [bei der Februargesetzgebung] gegeben, konservativ gewesen seien; es ist uns endlich vorgeworfen, daß wir schläfrig seien und deshalb häufigerer Versammlungen der Zentralstände bedürften, um aufgeweckt zu werden.[1]) Es kann nicht meine Aufgabe sein, uns wegen dieser Vorwürfe zu verteidigen. Wir unterwerfen uns dieserhalb gern Ihrem Urteil, dem Urteil der Nation und dem Urteil unseres Königs." Die Minister machten aber auf den Glauben Anspruch, „daß wir nicht an unseren Plätzen kleben, daß, wenn der König bessere Räte zu finden weiß, wir den besseren Räten mit Freudigkeit unsere Stelle einräumen, sie auch dann gerne einräumen werden, wenn nach dem Rate, den ein geehrtes Mitglied, wenn ich nicht irre, der Abgeordnete von Dülken, hier gegeben hat, der König sich bewogen finden sollte, diese Räte nicht aus der gefürchteten Bureaukratie, sondern aus den beredten Rednern dieser Versammlung zu nehmen."[2])

Niemand hätte, als diese Worte gesprochen wurden, er-

---

[1]) Siehe S. 105.

[2]) Bleich II, 1308.

warten können, daß schon eine nahe Zukunft Abgeordnete der Opposition des Vereinigten Landtags als verantwortliche Ratgeber des Königs auf die Ministerstühle rufen würde. Die Verfassungsentwicklung in Preußen führte über die Tagung des Vereinigten Ständischen Ausschusses Anfang 1848 und über den zweiten Vereinigten Landtag zur Preußischen Nationalversammlung. Schon dem zweiten Vereinigten Landtag standen zwei Führer der ehemaligen rheinischen Opposition als Vertreter der Regierung gegenüber. Dem Ministerpräsidenten Ludolf Camphausen fiel die Aufgabe zu, die stürmische politische Bewegung in Preußen in gesetzliche Bahnen zu lenken und gegenüber dem revolutionären Prinzip das Prinzip der legitimen Entwicklung hochzuhalten. Dazu war niemand berufener als der gemäßigte, allem Radikalismus abholde Vorkämpfer des rheinischen Liberalismus.

Anhang I.

Verzeichnis der Mitglieder des rheinischen Provinziallandtages.[1])

5 Mitglieder des Herrenstandes.

Fürst zu Solms-Hohensolms-Lich	ev.
„ zu Solm-Braunsfels	ev.
Graf Hatzfeld-Kinsweiler	kath.
Fürst Salm-Reifferscheidt-Dyck	kath.
Fürst zu Wied	ev.

25 Abgeordnete des Standes der Ritterschaft.

Name und Stand	Wohnort	Wahlbezirk	Konf.
Graf Clemens von Boos-Waldeck	Koblenz	Köln, Koblenz, Trier	kath.
Freiherr Joh. Gerh. von Carnap	Bergheim		kath.
Frhr. Clemens von Eltz-Rübenach	Wahn		kath.
Graf Frz. Egon v. Fürstenberg-Stammheim	Stammheim		kath.
von Haw, Landrat a. D.	Trier		kath.
Graf von Hoensbroech	Haus Haag b. Geldern		kath.
Graf von Loë	Wissen		kath.
Frhr. von Mylius, Landger.-Assessor	Düsseldorf		kath.
Frhr. Carl von Nordeck	Hemmerich, Kr. Bonn		ev.
von Schadow, Dir. der Akademie	Düsseldorf		kath.
von Steffens, Oberforstmeister	Aachen		kath.
von Waldbott-Bornheim, Prov.-Feuer-Soz.-Dir.	Koblenz		kath.
Landrat von Coels	Aachen	Aachen, Düsseldorf	kath.
Geh. Kommerzien-Rat F. Diergardt	Viersen		ev.
Jos. Gormans, Notar	Erkelenz		kath.
von Gudenau, Landrat	Grevenbroich		kath.
Balthas. Herbertz, Gutsbesitzer,	Ürdingen		kath.
Frhr. von Hilgers, Landrat	Neuwied		ev.

[1]) Geh. St. A. (Min. d. Inn.) Rep. 77, Tit. 523 h, No. 37.

Name und Stand	Wohnort	Wahlbezirk	Konf.
Graf Phil. v. Hompesch-Rurig	Rurig	Aachen, Düsseldorf	kath.
Eberhard von Hymmen, Landrat	Bonn		ev.
Graf v. Nesselrode-Ehreshoven	Düsseldorf		kath.
Frhr. von Nyvenheim	Caldenhausen b. Crefeld		ev.
Pet. vom Rath	Bauersfort, Kr. Geldern		ev.
Frhr. von Rynsch	Winkel, Kr. Geldern		ev.
Frhr. von Wüllenweber	Millendonk b. M.-Gladbach		kath.

25 Abgeordnete des Standes der Städte.

Gerhard Baum, Kommerzienrat	Düsseldorf	Düsseldorf	ev.
Hermann v. Beckerath, Bankier	Krefeld	Krefeld	Mnt.
Richard Biesing, Gutsbes.	Bonn	Bonn, Münstereifel, Euskirchen, Zülpich	kath.
Friedr. Jos. Brust, Kaufmann	Boppard	Boppard, Kreuznach, Kirn, St. Goar, Oberwesel, Bacharach	kath.
Wilh. Budde, Bürgermstr.	Neustadt	Gummersbach, Deutz, Mülheim Rh., Siegburg, Neustadt, Königswinter, B. Gladbach	ev.
Ludolf Camphausen, Präs. d. Handels-Kammer	Köln	Köln	ev.
Pet. Diedr. Conze, Kaufmann	Langenberg	Langenberg Ratingen, Kaiserswerth, Gerresheim, Mettmann, Velbert	ev.
Karl Aug. Dahmen, Gutsbesitzer	Ahrweiler	Ahrweiler, Cochem, Zell, Trarbach, Mayen, Andernach, Remagen	kath.
Wilh. von Eynern, Kaufmann	Barmen	Barmen	ev.
Maxim. Flemming, Fabrikbesitzer	Geilenkirchen	Geilenkirchen, Jülich, Eschweiler, Heinsberg, Erkelenz	kath.
Jakob Funk, Gutsbesitzer	Saarburg	Saarburg	ev.
David Hansemann, Fabrikbesitzer	Aachen	Aachen	ev.

Name und Stand	Wohnort	Wahlbezirk	Konf.
August von der Heydt, Bankier	Elberfeld	Elberfeld	ev.
Ant. Wilh. Hüffer, Kom.-Rat	Eupen	Eupen, Montjoie, Malmedy, St. Vith	kath.
Ludwig Caspers, Kaufm.	Koblenz	Koblenz	kath.
Gottfr. Kirberg, Handelskamm.-Präs	Lennep	Lennep, Burg, Radevormwald, Ronsdorf	ev.
Karl Wilhelm Kyllmann, Kaufmann	Weyer, Kreis Solingen	Wald, Solingen, Remscheid, Opladen	ev.
Heinrich Merkens, Kaufm.	Köln	Köln	ev.
Gustav Mevissen, Fabrikbesitzer	Dülken	Dülken, Rheydt, Kempen, Neuß, Grevenbroich	kath.
Pet. Ludw. Mohr, Gutsbes. (fr. Bankier)	Trier	Trier	kath.
Bernhard. Müller, Präs. d. Handelskammer	Wesel	Wesel Kleve, Goch, Rheinberg, Mörs, Xanten	ev.
Clem. Jos. Reichardt, Fabrikbesitzer	Neuwied	Neuwied, Ehrenbreitstein, Linz, Wetzlar, Vallendar	ev.
Ludw. Hch. Röchling, Kaufmann	St. Johann	Saarlouis, Saarbrücken, Ottweiler, St. Wendel	ev.
Ernst Scheidt, Kaufmann	Kettwig	Kettwig, Duisburg, Mülheim (Ruhr), Ruhrort, Werden, Emmerich, Rees	ev.
Leopold Schöller, Komm.-Rat	Düren	Düren, Gemünd, Stolberg, Burtscheid	ev.

25 Abgeordnete des Standes der Landgemeinden.

	Wohnort	
Franz Aldenhoven, Gutsbesitzer	Zons	kath.
Balthas. Beemelmanns, Bürgermeister	Prümmern b. Geilenk.	kath.
Eugen Boch (Sohn) Gutsbesitzer	Mettlach	kath.
Martin Fasbinder, Bürgermeister	Dünwald	kath.
Adolf de Galhan, Gutsbesitzer	Wallerfangen	kath.
Joh. Bapt. Graach, Gutsbesitzer	Zeltingen	kath.
Chr. Grühn, jr.	Gmünden	ev.
Friedr. Häger	Ohl b. Gummersbach	ev.

Name und Stand	Wohnort	Konf.
Nik. Jörrissen, Steuerempfänger	Millen (Kreis Heinsberg)	kath.
Josef Jungbluth, Gutsbes.	Jülich	kath.
Frz. Ant. Kayser, Komm.-Rat	Trier	kath.
Wilh. König, Gutsbes.	Kloster bei Gummersbach	ev.
Anton Lang, Schultheiß	Hörnsheim	ev.
Lensing, Kanonikus, Gutsbesitzer	Emmerich	kath.
van der Loë, Gutsbes.	Üden	kath.
Joh. Jos. Minderjahn, Gutsbesitzer	Cornelimünster	kath.
Matth. Jos. Raffauf	Wolken	kath.
Pet. Rech, Steuereinn. Gutsbesitzer	Langenlonsheim	ev.
Nik. Rheinhard, Sohn, Gutsbesitzer	Okfen	kath.
Arnold Rombei, Gutsbes.	Louisenburg (Kr. Geldern)	kath.
Joh. Leng. Schult, Bürgermeister	Glessen	kath.
Gerhard Seulen, Bürgermeister	Vorst, (Kr. Kempen)	kath.
Karl Stedmann, Gutsbes.	Besselich	ev.
Aug. Üllenberg, Gutsbes.	Niederscheidt	ev.
Karl Zunderer, Gutsbes.	Kleeburg (Kr. Mayen)	kath.

Anhang II.

Verzeichnis der namentlichen Abstimmungen der Dreistände-Kurie.

(Nach Bleich I, 988 ff.)

1. Abstimmung über die Petition um Periodizität des Vereinigten Landtags.

	Antrag Vincke		Antrag Schwerin		Abteilungs-Antrag		Fassung der Herrenkurie	
	Ja	Nein	Ja	Nein	Ja	Nein	Ja	Nein
				Ritterschaft				
Rheinprovinz	9 [1]	15	11 [2]	13	20	3 [3]	22 [4]	–
Preußen	28	10	32	6	11	26	31	–
Brandenburg	1	30	4	27	19	12	27	–
Pommern	2	22	13	10	16	6	22	–
Posen	16	3	17	1	7	12	15	1
Schlesien	1	31	3	30	26	6	30	–
Sachsen	5	22	6	20	8	19	20	–
Westfalen	3	13	4	12	3	13	19	–
				Städte				
Rheinprovinz	24	1 [5]	23 [6]	1 [5]	15	9 [7]	12 [8]	12
Preußen	21	6	25	3	6	22	22	–
Brandenburg	8	14	14	8	12	9	19	2
Pommern	3	13	11	5	9	6	13	1
Posen	14	2	14	1	12	3	16	–
Schlesien	18	12	19	10	23	6	23	2
Sachsen	13	10	16	6	19	3	19	–
Westfalen	9	11	12	6	11	6	13	
				Landgemeinden				
Rheinprovinz	24 [9]	–	24 [9]	–	11 [10]	12	11 [11]	7
Preußen	18	4	20	2	6	16	17	1
Brandenburg	7	5	7	5	8	4	10	–
Pommern	1	6	6	1	5	1	5	–
Posen	7	–	6	–	6	1	6	–
Schlesien	14	2	16	–	11	5	13	2
Sachsen	4	9	7	5	11	1	11	1
Westfalen	11	6	17	–	13	3	12	2

[1]) v. Diergardt, Herbertz, Gormanns, v. Hompesch, v. Mylius, v. Nyvenheim, v. Rath, v. Rynsch, v. Wüllenweber; – v. Haw stimmt nicht ab. [2]) Zu Vorstehenden: v. Nesselrode und v. Hymmen. [3]) v. Hoensbroech, v. Nyvenheim, v. Rynsch – Gormanns und v. Mylius stimmen nicht ab. [4]) Gormanns, v. Haw, v. Nyvenheim stimmen nicht ab. [5]) Conze. [6]) Mohr stimmt nicht ab. [7]) Baum, Biesing, Brust, Dahmen, Flemming, Hansemann, Caspers, Mohr, Scheidt. [8]) Beckerath, Camphausen, Hansemann, Budde, Conze, v. Eynern, Hüffer, Kyllmann, Merkens, Müller, Scheidt, Schöller – v. d. Heydt stimmt nicht ab. [9]) Minderjahn stimmt nicht ab. [10]) Boch, Fasbinder, de Galhan, Grühn, Häger, Lang, Lensing, Rech, Rombei, Schult, Seulen. [11]) Aldenhoven, Beemelmanns, Fasbinder, Grühn, Häger, Jörrissen, Jungbluth, Lensing, Rech, Rombei, Seulen.

2. Abstimmung über die Petition betr. den Vereinigten Ständischen Ausschuss (Antrag Vincke).

	Ritterschaft		Städte		Landgemeiden	
	Ja	Nein	Ja	Nein	Ja	Nein
Rheinprovinz	9 [1]	14	24	1 [2]	24 [3]	–
Preußen	30	9	23	5	17	4
Brandenburg	4	26	10	12	8	4
Pommern	2	21	6	8	2	6
Posen	15	4	13	1	8	–
Schlesien	–	33	18	10	16	–
Sachsen	3	26	14	9	7	6
Westfalen	3	13	12	8	16	3

[1]) v. Diergardt, Herbertz, Gormanns, v. Hompesch, v. Hymmen, v. Mylius, v. Nyvenheim, v. Rynsch, v. Wüllenweber. [2]) Conze. [3]) Minderjahn stimmt nicht ab.

3. Abstimmung über die Petition betr. die Staatsschulden (Fassung der Herrenkurie).

	Ritterschaft		Städte		Landgemeinden	
	Ja	Nein	Ja	Nein	Ja	Nein
Rheinprovinz	6 [1]	13	1 [2]	23 [3]	–	19 [4]
Preußen	7	23	4	19	4	13
Brandenburg	14	14	5	16	2	8
Pommern	17	4	6	8	5	–
Posen	3	12	1	15	–	7
Schlesien	17	13	6	20	–	15
Sachsen	20	9	2	17	6	7
Westfalen	14	5	5	7	1	13

[1]) v. Boos-Waldeck, v. Carnap, v. Eltz, v. Nordeck, v. Steffens, v. Schadow. — Nicht abgestimmt haben: Gormanns, v. Gudenau, v. Haw, v. Hilgers, v. Mylius, v. Nyvenheim. [2]) Conze. [3]) v. d. Heydt fehlte wegen Krankheit. [4]) Boch, de Galhan, Caspers, Minderjahn, Rheinhard und Üllenberg fehlten bei der Abstimmung.

4. Abstimmung über die Ostbahn-Vorlage.

	Ritterschaft		Städte		Landgemeinden	
	Ja	Nein	Ja	Nein	Ja	Nein
Rheinprovinz	12	10 [1]	2 [2]	22	1 [3]	22
Preußen	10	28	4	23	4	16
Brandenburg	17	13	3	18	1	11
Pommern	10	12	6	9	2	5
Posen	3	16	–	14	2	5
Schlesien	14	18	6	24	–	15
Sachsen	16	11	3	16	1	12
Westfalen	10	6	4	12	1	18

[1]) v. Cöls, Herbertz, v. Hompesch, v. Hoensbroech, v. Hymmen, v. Mylius, v. Nesselrode, v. Rath, v. Rynsch, v. Wüllenweber. [2]) Conze, Merkens. [3]) Boch.

5. Abstimmungen beim Judengesetz.

	Recht der Standschaft		Zulassung zu Staatsämtern		Volle Emanzipation	
	Ja	Nein	Ja	Nein	Ja	Nein
			Ritterschaft			
Rheinprovinz	5 [1])	10	9 [2])	8	8 [3])	11
Preußen	23	8	24	6	15	10
Brandenburg	5	24	4	25	2	24
Pommern	5	10	11	8	5	13
Posen	14	4	14	4	13	5
Schlesien	9	20	10	18	9	20
Sachsen	–	27	–	25	1	22
Westfalen	3	13	4	13	3	12
			Städte			
Rheinprovinz	22	2 [4])	22	1 [5])	21	– [6])
Preußen	18	5	19	4	14	6
Brandenburg	7	9	12	8	10	9
Pommern	6	9	6	8	2	10
Posen	12	3	9	7	10	3
Schlesien	20	6	17	9	13	11
Sachsen	13	7	9	10	14	6
Westfalen	6	8	6	9	6	6
			Landgemeinden			
Rheinprovinz	18	3 [7])	18	2 [8])	17	3 [7])
Preußen	8	10	6	9	7	9
Brandenburg	6	5	6	4	2	5
Pommern	2	5	–	7	–	6
Posen	3	5	3	5	3	5
Schlesien	6	7	6	9	6	8
Sachsen	2	9	2	6	1	9
Westfalen	6	10	4	8	4	7

[1]) v. Diergardt, Herbertz, v. Nesselrode, v. Rath, v. Rynsch. [2]) v. Diergardt, Herbertz, v. Nesselrode, v. Rath, v. Boos, v. Hompesch, v. Hymmen, v. Nordeck, v. Schadow. [3]) v. Diergardt, Herbertz, v. Nesselrode, v. Rath, v. Rynsch, v. Hompesch, v. Hymmen, v. Nordeck. [4]) Conze, Biesing. [5]) Conze (v. d. Heydt fehlt). [6]) Conze, v. Eynern, v. d. Heydt, Kirberg stimmen nicht ab. [7]) Jörrissen, Jungbluth, Lang. [8]) Jungbluth, Lang.

Anhang III.

Anträge rheinischer Abgeordneter, die auf dem 1. Vereinigten Landtag nicht zur Verhandlung gekommen und bisher noch nicht veröffentlicht worden sind.[1])

1. Antrag Hansemann „auf einige Veränderungen der Verordnung vom 3. Februar 1847 die Bildung des Vereinigten Landtags betreffend."

„Der Unterzeichnete trägt darauf an, daß der Vereinigte Landtag bei Sr. Majestät dem Könige die nachfolgenden Veränderungen der Verordnung vom 3. Februar c. die Bildung des Vereinigten Landtags betreffend ehrfurchtsvoll erbitten möge:

1. Eine Abänderung des § 14 dahin, daß jede Kurie, sowohl die des Herrenstandes wie die der drei Stände, allezeit abgesondert für sich zu beraten habe.

Nach meiner Überzeugung erfordert die Würde jeder Kurie, daß sie abgesondert ihre Funktionen ausübe. Das Zusammentreten beider Kurien in den durch § 14 vorgesehenen Fällen nimmt einer jeden einen Teil ihrer Selbständigkeit.

2. ad § 15. Die hier enthaltene Bestimmung, nach welcher jemand zugleich Mitglied der einen wie der andern Kurie sein kann, steht in Verbindung mit § 14 und würde aus den vorstehend angegebenen Gründen dahin abzuändern sein, daß ein Mitglied des Herrenstandes nicht zugleich als Abgeordneter eines der drei Stände gewählt werden könne.

3. ad § 16. Ich wünsche die Abänderung,

a) daß jeder Beschluß einer Kurie nur durch absolute Majorität gefaßt werden könne, und daß die Ansicht der Minorität nicht offiziell zur Kenntnis Sr. Ma-

[1]) Geh. St. A. (Min. d. Inn.) Rep. 77, Tit. 496, Vol. III, Nr. 11.

jestät gebracht werde; denn das eigentliche Wesen einer allgemeinen Ständeversammlung besteht darin, daß der Ausdruck ihrer Ansicht nur durch das Votum der Majorität erfolge. (Die im § 16 befindlichen Bestimmungen wegen Bitten und Beschwerden sind in meinem Antrage, das ungeschmälerte Petitionsrecht betreffend, besonders berücksichtigt.

4. ad § 17. Ich trage auf Aufhebung dieses Paragraphen an, weil die hier vorgesehene Zersplitterung das Wesen der allgemeinen Ständeversammlung alteriert, sie mithin schwächt und deshalb sie verhindert, dem Throne eine starke Stütze zu sein.

5. ad § 18. Eine durch Wahl hervorgegangene, allgemeine Ständeversammlung, welche nicht ihren Vorsitzenden erwählen oder mindestens den Vorschlag der zur königlichen Ernennung zu präsentierenden Kandidaten hat, existiert wohl in Deutschland und anderswo noch nicht. Wenn eine solche Versammlung die wahre Absicht ihrer Majorität zu erkennen geben soll — und hierauf muß doch die Absicht gerichtet sein —, so muß vor allem derjenige, welcher den größten Einfluß auf die Richtung der Verhandlungen hat, nicht einseitig von der Regierung ernannt werden. Ich trage deshalb darauf an,

> daß der Kurie der drei Stände das Recht erteilt werden möge, den Marschall sowie dessen Stellvertreter durch absolute Stimmenmehrheit zu wählen, und daß diesem entsprechend auch die betreffenden entgegengesetzten Bestimmungen der Geschäftsordnung vom 9. April c. abgeändert werden mögen.

6. Bei Wegfall des § 17 würden in § 22 die Worte: „oder einzelner Stände und Provinzen desselben" ebenfalls wegfallen müssen.

Die von mir gewünschte Aufhebung der §§ 20, 21 habe ich bereits in meinem Antrage, das ungeschmälerte Petitionsrecht betreffend, angeführt."

Berlin, den 27. April 1847.

gez. Hansemann.

* * *

2. Antrag Hüffer „auf eine richtigere ständische Vertretung".

„Hohe Stände-Versammlung!

In der Allerhöchsten Antwort auf die Adresse des Landtages vom 20. April haben Seine Majestät der König sich allergnädigst dahin auszusprechen geruht, daß Allerhöchstdieselben die Gesetzgebung vom 3. Februar nicht als abgeschlossen, sondern als bildungsfähig [in der bei den Akten befindlichen Abschrift steht „Bildungs-Führung"] betrachten, und uns angewiesen, die von uns allenfalls erkannten Lücken oder Mängel im Wege der Petition durch darauf bezügliche Anträge an den Thron niederzulegen, mit dem Versprechen, denselben die Gewährung nicht zu versagen, wenn sie mit den Rechten der Krone und der Wohlfahrt des Landes vereinbar seien.

Ein solcher hochwichtiger Gegenstand ist die mangelhafte Vertretung des Landes in der jetzigen Zusammensetzung des Landtages; eine angemessene Abänderung derselben kann den Rechten der Krone nicht entgegen sein und muß zur Wohlfahrt des Landes höchst segensreich wirken. Darum ist ein dahin gerichteter Antrag unzweifelhaft für den Landtag ein würdiger Gegenstand seiner Beratung und eine willkommene [i. d. Abschrift: vollkommene] Gelegenheit für die Krone, das Wohl des Landes zu fördern.

In dem Gesetz vom 22. Mai 1815 wurde dem Lande eine Repräsentation des Volkes verheißen.

Das Land verehrte in dieser Verheißung den Dank-Erguß eines königlichen Herzens seinem Volke gegenüber, das in beispielloser Hingebung für den Thron, Blut, Leben und jede Habe auf den Altar des Vaterlandes niedergelegt hatte.

Auf Grund dieser Verheißung wurde im Jahre 1823 nicht eine Volks-Repräsentation, aber Stände, und zwar für jede Provinz abgeschieden, eingerichtet, sie sollen der ausgesprochenen Absicht nach auf historischer Basis ruhen und die früheren Stände der einzelnen Landesteile wieder aufleben lassen. Abgesehen davon, daß eine solche provinzielle Absonderung die Kräfte des Staates in vielen Beziehungen lähmen mußte und die verliehene provinzialständische Einrichtung also als eine Volksrepräsentation keineswegs gelten konnte, mangelte ihr auch die historische Basis. Die früheren deutschen Stände bestanden nämlich fast überall aus Geistlichkeit, Adel und Städten; die Geistlichkeit repräsentierte nach damaliger Ansicht die wissenschaftlichen und geistigen Interessen, der Adel den Grundbesitz, die Städte Handel und Gewerbe.

Dagegen wurzelt bei den jetzigen Ständen der erste Stand, die Kurie der Fürsten und Herren, ganz wesentlich im Grundbesitz, die Ritterschaft ist ganz besonders berufen, den Grundbesitz zu vertreten, und fast noch in höherem Grade ist dieses ebenfalls die Aufgabe der Landgemeinden, deren Deputierte sogar ihre Güter als Hauptgewerbe bewirtschaften müssen; aber auch sogar die Vertretung der Städte basiert fast ganz auf dem Grundbesitz, da die Vertreter derselben diesen als zehnjährig nachweisen müssen, mag auch ihre gewerbliche Stellung erst von gestern datieren.

Eine solche Einseitigkeit des Stände-Verhältnisses kann nur verderblich wirken, besonders jetzt zu einer Zeit, wo Handel und Gewerbe eine früher nicht gekannte Wichtigkeit erlangt haben, wo auf ihrer Tätigkeit wesentlich die Wohlfahrt der Staaten beruht, jetzt wo uns der Handel vor dem Verhungern schützen muß, da Grund und Boden uns im Stiche lassen.

Nicht mit Unrecht zieht man den Schluß, daß die Staatsbehörden, die diese Einseitigkeit hervorgerufen haben, und hartnäckig dabei verharren, die Wichtigkeit des Handels und der Industrie sowie ihre Wechselwirkungen auf den Ackerbau verkennen. Daraus erklären sich dann die Mißgriffe, die wir bei Handelsverträgen und sonstigen Maßnahmen namentlich in unserem Zollsystem seit Jahren beklagen.

Statt Handel und Industrie dadurch [!] in jeder Weise zu begünstigen und zu heben, nach dem Vorbilde anderer großer kommerzieller Staaten, wird in ihm vor allem nur ein Mittel gesucht und gefunden, die Intraden des Fiskus auf leichte Weise zu vermehren. Deshalb gehen jährlich ungeheure Kapitalien dem eigenen Lande verloren und werden fremden Staaten zugewendet. Daher zum Teile der

Pauperismus in unserem Vaterlande, der ihm unheilbare Wunden zu schlagen und mit seinem Verderben zu endigen droht.

Aus diesen Gründen geht mein Antrag dahin:

es wolle einem hohen Landtage gefallen, bei Sr. Majestät dem Könige die Bitte zu stellen, daß Allerhöchstdieselben geruhen mögen, eine wahre Volksrepräsentation an die Stelle der bisherigen ständischen Gliederung anzuordnen, worin alle Interessen des Landes ihre geeignete Vertretung finden."

Berlin, den 30. April 1847.

Der Abgeordnete für Eupen
gez. A. W. Hüffer.

* * *

3. Antrag Mevissen betr. „Wahl des Marschalls durch die Stände".

„Nach § 18 der Verordnung vom 3. Februar 1847 die Bildung des Vereinigten Landtags betreffend werden durch Se. Majestät den König die Marschälle für die Herrenkurie und für die Kurie der drei Stände ernannt.

In fast allen übrigen Verfassungen ist den Ständen ein Recht der Mitwirkung bei dieser Wahl oder das Recht dieser Wahl überhaupt eingeräumt. Dieses Zugeständnis scheint tief in der Natur der Sache begründet. Der Marschall als Leiter der Verhandlung bedarf in jedem Augenblick des unbedingtesten Vertrauens der Versammlung, wenn seine Leitung der Debatte eine freudige und friedliche, eine mit Erfolg verbundene sein soll. Es scheint daher dem natürlichen Verhältnisse angemessen, daß der Vorsitzende durch das Vertrauen seiner Mitstände berufen werde, und es unterliegt keinem Zweifel, daß dieser Modus der Ernennung größere Gewähr für eine fruchtbringende Entwicklung ständischer Verhandlungen als irgend ein anderer bietet. Wie hoch die Versammlung auch die Wahl, die S. Majestät der König getroffen, verehren mag, so sind doch ohne Frage Fälle denkbar, wo der so ernannte Marschall Richtungen, die den Ansichten der Majorität der Kammer entgegengesetzte sind, vertritt, und in solchen Fällen wird es nicht zu vermeiden sein, daß der Marschall als der Vertreter der Regierung gegenüber den Ständen aufgefaßt wird, eine Auffassung, die den natürlichen Verhältnissen schnurstracks widerspricht, und die nur geeignet erscheinen kann, das Vertrauen auf beiden Seiten zu trüben. Die Regierung wird dann in der Kammer nicht allein durch die ihr angehörigen Organe, sondern auch durch das ihr fremde Organ des Marschalls vertreten. Der letztere erhält dadurch eine Parteistellung, die seiner Würde als Vorsitzender der unabhängigsten Männer des Reiches nicht entspricht.

Das Ansehen und die Würde der Stände-Versammlung hängt mit dem Ansehen und der Würde ihres Vorsitzenden aufs innigste zusammen und muß nach allen Richtungen hin ganz unantastbar erhalten werden, wenn die verfassungsmäßige Vermittelung der Stände zwischen Regierung und Volk nicht unfruchtbar und wirkungslos werden soll.

Im Interesse der gedeihlichen Weiterentwicklung der vaterländischen Verfassung, die nur durch volles Vertrauen zu den Ständen herbeigeführt werden kann, stelle ich der Hohen Kurie der drei Stände den ergebenen Antrag, S. Majestät den König zu bitten:

> unter Abänderung des § 18 der Verordnung vom 3. Februar 1847 über die Bildung des Vereinigten Landtags, die Ernennung der Marschälle der Herrenkurie und der Kurie der drei Stände aus einer Wahl jeder der beiden Kurien hervorgehen zu lassen."

Berlin, den 30. April 1847.

gez. Mevissen.

* * *

4. Antrag Mevissen betr. „Öffentlichkeit der ständischen Verhandlungen".

„Unbedingte Öffentlichkeit ständischer Verhandlungen ist eine Forderung, die so tief in das Leben unseres Volkes bereits eingedrungen, daß sie kaum einer weiteren Motivierung noch bedarf.

Öffentlichkeit wird in allen Gebieten des Staatslebens von Regierung und Volk gemeinsam angestrebt: Folgenreiche

Schritte dazu sind geschehen; noch fehlt aber dem Gebäude die Krone, solange das Wort seiner Vertreter nicht unmittelbar zu den Ohren des Volkes dringt. Die Öffentlichkeit ständischer Verhandlungen ist notwendiger wie irgend eine andere, weil in ihnen die heiligsten Interessen des Volkes durch aus dem Volke hervorgegangene Abgeordnete beraten werden. Das Volk hat ein Recht darauf, die Tätigkeit seiner Vertreter unmittelbar wahrzunehmen. Die Vertretung selbst gewinnt an Ernst und sittlicher Würde, wenn die offene Tür jeden in jedem Augenblick daran erinnert, daß dem ganzen Vaterlande dieser Saal geöffnet ist, daß es sich hier nicht um private, sondern lediglich um allgemeine Angelegenheiten handelt, daß alle Äußerungen und Handlungen, die vorgenommen werden, der unbestechlichen Kontrolle prüfender Geister unterworfen sind.

Der wichtigste Schritt der vollen Öffentlichkeit entgegen ist getan durch die unbedingte Veröffentlichung der Verhandlungen des Vereinigten Landtags. Die Konsequenz erfordert, daß nach anerkanntem Prinzip auch den provinzialständischen Versammlungen dieselbe unbedingte Veröffentlichung zugestanden werde, und die bloße Anregung von seiten des Vereinigten Landtags wird genügen, um S. Majestät zu veranlassen, diesen Grundsatz zum Gesetz für alle ständischen Verhandlungen zu erheben. Wenn zur Zeit noch keiner unbedingten Öffentlichkeit der Verhandlungen durch Zulassung von Zuhörern beim Vereinigten Landtage stattgegeben ist, so mag dieses ebenso sehr, ja vielmehr in dem Mangel passender Räumlichkeiten als in irgend einem anderen Motive begründet sein.

Die Verfassung Preußens ist durch das in dem Vereinigten Landtage jetzt gebildete Organ der Einheit zu einem gewissen Abschlusse gelangt, und S. Majestät der König wie sein Volk wollen gemeinsam mit allen Kräften dazu wirken, daß der junge Baum dieser Verfassung sich kräftig entwickele und bald in stolzer Größe und Stärke in die Lüfte rage. Die neue Institution kann ihren Segen nur dann ganz über die Lande ausbreiten, wenn sie auf dauerndem Fundamente ruht, wenn ihr Bestand gesichert, ihre bleibende Bedeutung vor aller Welt festgestellt ist.

Ein äußeres Zeichen, daß es dem Könige und dem Volke mit der jungen Verfassung heiliger Ernst, daß beide zum Fortbau auf Grundlage derselben ihre Kräfte vereinigen wollen, würde der Welt gegeben werden, wenn der Vereinigte Landtag Sr. Majestät die Bitte vortrüge, ein dem Bedürfnisse unbedingter Öffentlichkeit ständischer Verhandlungen entsprechendes Ständehaus in Berlin erbauen zu lassen.

Es läge in diesem Baue die Anerkennung der hohen dauernden Wichtigkeit der neuen Institution, die äußere Repräsentation der Einheit der acht Provinzen des Staates; zugleich wäre dieser Bau ein würdiges Andenken an die hohe Bedeutung des ersten Vereinigten Landtags. Mein Antrag an die hohe Kurie der drei Stände geht, gestützt auf die vorangedeuteten Motive dahin,

Sr. Majestät dem Könige die Bitte

1. für unbedingte Öffentlichkeit aller ständischen Verhandlungen und für unbedingte Veröffentlichung derselben mit Nennung der Namen,
2. die Bitte um Bau eines Ständehauses in Berlin für die Versammlung des Vereinigten Landtags hochgeneigtest vortragen zu wollen."

Berlin, den 30. April 1847.

gez. Mevissen.

* * *

5. Antrag Hansemann „auf Öffentlichkeit des Vereinigten Landtags und der Provinziallandtage, resp. auf vollständige Veröffentlichung der provinzial-ständischen Verhandlungen".

„Der Unterzeichnete trägt darauf an, der Vereinigte Landtag möge S. Majestät den König ehrfurchtsvoll bitten, Allerhöchst befehlen zu wollen:

a) daß die Sitzungen des Vereinigten Landtags, wenigstens der Kurie der drei Stände, öffentlich seien, sobald dazu ein geeignetes Lokal vorhanden sein wird;
b) daß eine gleiche Öffentlichkeit für die Provinziallandtage eintrete, und daß, wenn dies nicht bewilligt werden möchte, wenigstens die vollständige Veröffent-

lichung ihrer Verhandlungen in gleicher Art stattfinde, wie solches für den Vereinigten Landtag angeordnet ist.

Unter den Wegen, auf welchen S. Majestät der König die Nation zu größerer Selbständigkeit, Intelligenz und Kraft hinführt, hat sich keiner segensreicher erwiesen, als die sukzessive Erweiterung der Öffentlichkeit der Verhandlungen der Stände. So möge die Nation durch Bewilligung der bevorstehenden Bitten zu gleichem Zwecke noch weiter geführt und die Monarchie durch Ausbildung der Nationalkraft gestützt und gestärkt werden."

Berlin, den 30. April 1847.

Der Abgeordnete
gez. Hansemann.

Julius Beltz, Hofbuchdrucker, Langensalza.

FSC
www.fsc.org
MIX
Papier | Fördert
gute Waldnutzung
FSC® C083411

Kolibri 360 GmbH
Ferdinand-Jühlke-Straße 7
99095 Erfurt, Deutschland
produktsicherheit@kolibri360.de